7817

H. 402.

AF338150

8° П
2055

TRAITÉ

DES

PRIVILÉGES

ET DES

HYPOTHÈQUES.

PARIS. — IMPRIMERIE DE FAIN ET THUNOT,
Rue Racine, 29, près de l'Odéon.

TRAITÉ

DES

PRIVILÉGES

ET DES

HYPOTHÈQUES

Par A. VALETTE,

AVOCAT A LA COUR ROYALE,

PROFESSEUR DE CODE CIVIL A LA FACULTÉ DE DROIT DE PARIS.

TOME PREMIER.

BIBLIOTHÈQUE NATIONALE — R. F.

ACQUISITION N.° 80,930

PARIS.

JOUBERT, LIBRAIRE DE LA COUR DE CASSATION,

RUE DES GRÈS, 14, PRÈS LA FACULTÉ DE DROIT.

—

1846

AVERTISSEMENT.

Je me suis proposé de développer dans cet ouvrage les leçons que j'ai faites à la faculté de droit sur le titre du Code civil, consacré aux priviléges et aux hypothèques. J'ai donc conservé en très-grande partie le plan que j'avais adopté dans mon enseignement.

Beaucoup d'excellents travaux ont été publiés sur le régime hypothécaire ; mais à chaque esprit ses opinions, sa manière de concevoir les choses et enfin sa méthode.

Loin de moi la prétention d'avoir fait mieux que tant d'hommes distingués, dont plusieurs ont été mes maîtres. Mais il m'est souvent arrivé de faire autrement.

J'ai donné, sur chaque partie de la matière, une indication, sinon complète, du moins suffisante, des sources et des précédents historiques ; puis un résumé des principes fondamentaux du droit actuel ; enfin, à part et sous une forme saillante, une discussion des questions encore controversées dans la doctrine ou dans la pratique. Le tout est accompagné de citations fort étendues indiquant l'opinion des auteurs et l'état de la jurisprudence. Je ne me suis point, d'ailleurs, asservi dans mon exposition à l'ordre des articles ni même à l'ordre des chapitres ou des autres divisions du Code, lorsqu'une marche différente me paraissait faciliter l'intelligence du sujet. Mais, à la fin de l'ouvrage, plusieurs tables, soit des articles des Codes, soit des différents mots sous lesquels peuvent se placer les diverses parties de la matière, serviront à rendre les recherches plus commodes. Dès le commencement du tome Ier (p. 19), on trouvera indiquées les divisions principales de l'ouvrage.

Enfin je n'ai pas négligé de présenter, chaque fois que j'en ai trouvé l'occasion, un aperçu des critiques dirigées contre notre régime hypothécaire actuel et des réformes de quelque importance proposées, sur l'invitation de M. le garde des sceaux, Martin (du Nord), par les cours ou par les facultés de droit.

ABRÉVIATIONS

Employées pour indiquer les arrêts de la cour de cassation.

Req. rej. *signifie* arrêt de rejet de la chambre des requêtes.

Civ. rej.   —   arrêt de rejet de la chambre civile.

Civ. cass.   —   arrêt de cassation de la chambre civile.

N. B. Tout l'ouvrage est divisé en *numéros* indiqués par une seule série de chiffres. Lorsqu'on renvoie à tel ou tel *numéro*, on se réfère toujours à cette division, et non à la rubrique de certaines parties qualifiées aussi Nᵒˢ (V., par exemple , t. Iᵉʳ, p. 237, en tête du nᵒ 133 , un intitulé ainsi conçu : Nᵒ 1ᵉʳ. *Des hypothèques légales*).

DES

PRIVILÉGES ET HYPOTHÈQUES

(LIVRE III, TITRE XVIII DU CODE CIVIL).

PRÉLIMINAIRES

CORRESPONDANT AUX *DISPOSITIONS GÉNÉRALES*

PLACÉES DANS LE CODE CIVIL EN TÊTE DE CE TITRE.

(Art. 2092 à 2094.)

Sommaire.

1. Les créanciers ont des garanties générales ou particulières , indépendamment du privilége et de l'hypothèque.

2. De l'exécution forcée de l'obligation, sans qu'il y ait saisie proprement dite des biens du débiteur.

3. De la saisie et de la vente des biens du débiteur, ou de l'exercice du *droit de gage* pris dans le sens le plus large.

4. Indication des sûretés particulières que peut avoir le créancier.

5. Du droit de contrainte par corps.

6. Du droit de rétention non expressément stipulé.

7. Du nantissement.

8. Renvoi quant aux priviléges et aux hypothèques.

1. *Les créanciers ont des garanties générales ou particulières, indépendamment du privilége et de l'hypothèque. —* Les priviléges et les hypothèques, dont nous allons nous occuper dans cet ouvrage, constituent au profit de certains créanciers un droit de préférence, et même le plus

1

ordinairement un droit de suite sur tels ou tels biens du débiteur. En forme d'avant-propos à cette matière, le Code civil consacre quelques articles aux droits qui appartiennent à tous les créanciers sans distinction. Nous compléterons cette espèce de prolégomènes, et nous donnerons en outre, fort en abrégé, quelques notions relatives aux sûretés particulières qui peuvent garantir certaines créances, abstraction faite de toute cause de préférence sur des sommes d'argent appartenant au débiteur ou provenant de la vente de ses biens.

2. *De l'exécution forcée de l'obligation, sans qu'il y ait saisie proprement dite des biens du débiteur.* — Supposons d'abord que l'obligation a pour objet une chose certaine et déterminée, ou un certain fait, ou bien une certaine abstention. Si le débiteur n'exécute pas volontairement son obligation, et s'il est possible de procurer au créancier, sans exercer des violences matérielles sur la personne du débiteur, le bénéfice effectif qui est l'objet de l'obligation, ce résultat sera atteint au moyen de l'intervention de la force publique. Ainsi la chose due sera enlevée au débiteur, les travaux promis seront exécutés malgré lui et sur son propre terrain, les ouvrages faits en contravention à l'obligation seront détruits (V. art. 1143 et 1144). C'est là une conséquence logique du principe que l'obligation est un *lien de droit*, en d'autres termes une *nécessité légale* imposée à une personne au profit d'une autre personne.

Cette sorte d'exécution forcée ne peut avoir lieu qu'en vertu d'un jugement prescrivant les formes à suivre ; car ces formes ne sont pas réglées au Code de procédure civile, où il n'est question que des *saisies* proprement dites.

3. *De la saisie et de la vente des biens du débiteur, ou de l'exercice du* DROIT DE GAGE *pris dans le sens le plus large.* —

Au point de vue de la saisie et de la vente des biens du débiteur, l'exécution forcée que peut requérir le créancier, a été organisée d'une manière fort complète par les lois de la procédure. L'article 2093 se réfère évidemment à ces lois sur la saisie et la vente des biens, lorsque, prenant le mot *gage* dans son acception la plus large, il dit que les biens du débiteur sont *le gage commun de ses créanciers.*

Pour que le créancier puisse s'emparer des sommes appartenant à son débiteur ou transformer en argent ses autres biens, certaines règles doivent être observées. Si le créancier a dès l'origine un *titre exécutoire*, c'est-à-dire, une *grosse* d'acte notarié, et une créance liquide, certaine et exigible, en deniers ou en *espèces*, il peut procéder à toute saisie mobilière ou immobilière des biens du débiteur. Une fois la saisie valablement opérée, et relativement aux poursuites ultérieures, une distinction se présente. Si la créance est d'une somme d'argent, le créancier peut continuer les poursuites et arriver à l'expropriation. Si au contraire, la dette, quoique liquide, certaine et exigible, n'est pas d'une somme d'argent, mais d'espèces ou de denrées, il doit être sursis à toutes poursuites ultérieures jusqu'à ce que l'appréciation en ait été faite (V. C. de pr., art. 551, et C. civ., art. 2213) (1).

Si le créancier n'a pas originairement de titre exécutoire, il pourra obtenir un jugement portant contre le débiteur condamnation à payer, soit la somme d'argent objet de la dette, soit une somme à titre de dommages-intérêts (V. art. 1146 et suiv.); et en vertu de ce jugement il pourra saisir et vendre les biens du débiteur, comme il vient d'être dit (V. C. de pr., art. 551; comp. art. 545).

---

(1) V. aussi M. Berriat Saint-Prix, *Cours de procédure civile*, 6ᵉ édit., t. II, p. 569, nᵒ IV, y compris les notes.

Certaines saisies peuvent néanmoins être faites sans titre exécutoire par un créancier quelconque (V. C. de pr., art. 557 et suiv.; v. aussi *ibid.*, art. 822 et suiv.). Bien plus , le titre exécutoire n'est jamais nécessaire au créancier qui veut simplement se faire admettre à la distribution des sommes saisies ou du prix des biens saisis et vendus (Comp. C. de pr., art. 656, 660, 665, 753, 754; V. aussi les art. 1166 et 1167 du C. civil, qui sont une sorte de corollaire du principe général posé dans notre art. 2093).

En règle générale, le créancier peut choisir celui des biens du débiteur qu'il lui convient de faire saisir et vendre ; mais cette règle comporte certaines exceptions. Ainsi, d'après l'article 2206 , les immeubles des mineurs ne peuvent en général être mis en vente avant la discussion du mobilier (Comp. art. 2207). Ainsi encore, aux termes de l'article 2209 , le créancier ne peut poursuivre la vente des immeubles qui ne lui sont pas hypothéqués, que dans le cas d'insuffisance des biens qui lui sont hypothéqués.

Enfin la règle d'après laquelle le créancier réunissant les conditions indiquées ci-dessus, peut faire saisir et vendre tous les biens de son débiteur, reçoit elle-même quelques exceptions. On peut en voir le détail dans les art. 580 , 581 , 582 et 592 du Code de procédure civile. Parmi les lois spéciales auxquelles renvoie l'article 581, n° 1, du C. de pr., comme ayant déclaré certaines choses insaisissables , nous signalerons la loi du 8 nivôse an VI, article 4 , qui déclare insaisissables *les rentes sur l'État*, et celle du 21 ventôse an IX, relative aux traitements des employés (1).

---

(1) Pour plus de détails sur ce dernier point, V. M. Berriat Saint-Prix, 6ᵉ édit., p. 576 et suiv.

4. *Indication des sûretés particulières que peut avoir le créancier*. — Indépendamment du droit de gage général qui pèse sur les biens du débiteur au profit de la masse des créanciers, certaines créances peuvent être garanties par des sûretés particulières. Lorsque la sûreté particulière du créancier consiste dans un droit sur une chose appartenant au débiteur, cette chose est souvent qualifiée de *gage* du créancier, ce mot *gage* étant pris dans un sens plus restreint qu'il ne l'est dans l'article 2093.

Comme sûretés spéciales de certains créanciers nous indiquerons, indépendamment des *priviléges* et des *hypothèques* : 1° le droit de contrainte par corps ; 2° le droit de rétention ; 3° le nantissement.

5. *Du droit de contrainte par corps*. — Le créancier peut quelquefois faire incarcérer son débiteur pour le contraindre à l'exécution de l'obligation. Mais ce droit rigoureux et tout à fait exorbitant n'a lieu que dans des cas formellement déterminés par la loi. Nous n'entrerons à cet égard dans aucun détail. Nous avertirons seulement que la contrainte par corps existe dans certains cas où l'obligation n'est pas de payer une somme d'argent, ni même des *espèces susceptibles de liquidation*, mais d'accomplir un certain fait (1).

6. *Du droit de rétention non expressément stipulé*. — Le droit de rétention est le droit qu'a le détenteur d'une chose d'en conserver la détention, jusqu'à l'acquittement de ce qui lui est dû à raison de cette même chose. Ce droit est formellement consacré par plusieurs articles du Code,

---

(1) V. art. 2059 et suiv. V. aussi C. de pr., art. 126 et 552 ; C. pén., art. 52, etc. V. enfin la loi du 17 mars 1832 sur la contrainte par corps, notamment les art. 14 et 15 relatifs *aux étrangers*.

comme existant indépendamment de toute convention expresse. Ainsi, d'après l'article 1612, le vendeur qui n'a pas
accordé de terme à l'acheteur, a le droit, bien que la propriété soit transférée par la vente, de retenir jusqu'au payement la chose qu'il a vendue. Ainsi encore, aux termes de
l'article 1749, s'il a été convenu dans un contrat de bail
d'immeuble, qu'en cas de vente de la chose louée, l'acheteur pourra expulser le preneur , ce dernier retiendra le
fonds tant qu'il ne sera pas payé de l'indemnité qui lui
est due en cas d'expulsion. Dans ces hypothèses, et
autres semblables qu'il faut admettre par identité de
raison, la rétention est fondée sur la réciprocité des
droits qui découlent d'un même contrat synallagma-
tique. Pour que le droit d'exiger la chose puisse être
exercé, il faut que l'obligation corrélative qui existe au
profit du détenteur soit exécutée.

Il en est de même dans les contrats qui ne sont pas à
proprement parler synallagmatiques, et dans lesquels l'o-
bligation de l'une des parties ne prend naissance que *ex
accidenti*. C'est ainsi que le dépositaire a le droit de retenir la chose déposée jusqu'au payemnt de ce qui lui est
dû à raison du dépôt (V. art. 1948). Cette disposition doit
être étendue au mandataire, et, en général, à quiconque
s'est obligé à restituer la chose d'autrui, s'il se trouve
en même temps créancier à raison de cette chose (Comp.
art. 867; *nec obst.* art. 1885, où il n'est pas question du
debitum cum re junctum).

Enfin, le simple possesseur, même de mauvaise foi, a
un droit de rétention sur la chose par lui possédée, à raison des frais, soit de labours, travaux et semences (V. article 548), soit de plantations, constructions et autres
ouvrages faits sur l'immeuble d'autrui, en observant du
reste la distinction établie par l'article 555, relativement à
l'étendue des obligations du propriétaire (*Reddat impensam*

ut fundum recipiat. V. I.. 38 , ff. *de rei vind.*, lib. VI, tit. 1 , et l'art. 1381 du Code) (1).

7. *Du nantissement.* — Le *nantissement* est défini dans le Code, un contrat par lequel un débiteur remet une chose à son créancier pour sûreté de la dette (V. art. 2071). Ce contrat s'applique aux meubles et aux immeubles. Le nantissement d'une chose mobilière s'appelle *gage*, ce mot étant pris dans son sens le plus restreint (Comp. art. 2093 et ci-dessus, n° 3, *in princip.*). Celui d'une chose immobilière s'appelle *antichrèse* (art. 2072).

Le créancier gagiste ou antichrésiste acquiert aussi un droit de rétention, en vertu d'une convention expresse (V. art. 2082 , 1ᵉʳ alin., et 2087). On trouve même, dans l'article 2082, l'indication d'un cas où le droit de rétention, établi par le contrat de gage, est tacitement étendu à une dette postérieure (2).

(V., quant au *privilége* qui naît du gage conventionnel, l'art. 2102, 4°, et plus loin ce que nous en dirons en traitant *des priviléges et hypothèques*, 1ʳᵉ partie, § 2, art. 1, n° 1.)

L'*antichrèse*, considérée d'une manière générale et quant à l'ensemble de ses effets légaux, diffère beaucoup du gage; car elle ne confère point de *privilége* sur le prix de l'immeuble (V. art. 2085; comp. art. 2093 et 2094). Mais, au point de vue qui nous occupe en ce moment, ces deux contrats ont un caractère commun qui les a fait réunir sous la dénomination de *nantissement*, le créancier gagiste et le créancier antichrésiste pouvant tous deux retenir, jusqu'à l'entier payement de la dette, la chose qui

---

(1) V., sur le *droit de rétention en général*, l'article de M. Rauter, dans la *Revue étrangère et française*, etc., t. VIII, 1841, p. 769. V. aussi Zachariæ, traduit par MM. Aubry et Rau, t. 1, p. 370.

(2) Comp. Cod. Just., L. unic., *etiam ob chirogr. pec.* (VIII , 27), où a été puisée cette règle du Code civil.

1*

leur a été remise (V. art. 2082, 1ᵉʳ alin., et 2087). En outre, la loi reconnaît en termes exprès au créancier antichrésiste le droit de percevoir les fruits de l'immeuble qui lui a été remis, à la charge de les imputer annuellement sur les intérêts et ensuite sur le capital de sa créance (V. art. 2085 et suiv.). La même faculté est attribuée au créancier gagiste, lorsque l'objet donné en gage est une créance qui elle-même est productive d'intérêts (V. art. 2075 et 2081).

Le droit de rétention, soit tacite, soit résultant du *nantissement*, doit être considéré comme un véritable droit réel, opposable même à des tiers, et ce, pour les raisons suivantes : 1º Ce droit serait illusoire s'il devait s'évanouir au gré du propriétaire de l'objet retenu, par suite des aliénations qu'il aurait faites ou des obligations qu'il aurait contractées envers d'autres personnes (Argument de l'art. 1749). Cela est surtout évident quant au droit de rétention établi par contrat de *gage* ou d'*antichrèse* : car dans la loi ces deux contrats sont qualifiés du nom commun de *nantissement*, et signalés comme ayant pour objet *la sûreté de la dette* (V. art. 2071); or, serait-il possible de dire que le créancier gagiste ou antichrésiste est *nanti*, ou qu'il a une véritable *sûreté*, si son droit n'était opposable qu'au débiteur, et pouvait disparaître par les aliénations qu'il plairait à ce débiteur de faire au profit des tiers? 2º On ne doit pas regarder comme contraire à cette doctrine, relativement au créancier antichrésiste, l'article 2091, qui veut que l'antichrèse ne puisse préjudicier aux droits que des tiers auraient sur le même immeuble; en effet, cet article doit s'entendre naturellement des droits que les tiers avaient acquis avant la constitution de l'antichrèse, et non des droits qui ont été concédés à une époque postérieure. 3º Le nouvel article 446 du Code de commerce considère évidemment le droit d'antichrèse comme étant, en principe, opposable à la masse des créanciers.

8. *Renvoi quant aux priviléges et aux hypothèques.* — Les *priviléges et hypothèques,* qui sont aussi des *sûretés parti-culières* données à certains créanciers, sûretés consistant dans un droit de préférence sur le prix des biens ou de certains biens du débiteur, sont maintenant l'objet unique dont nous ayons à nous occuper. Nous donnerons d'abord des *Notions générales* sur ces deux espèces de droits, et nous déterminerons en peu de mots le caractère propre et essentiel de chacun d'eux. Puis nous diviserons notre matière en deux PARTIES : la première consacrée aux *Priviléges sur les meubles,* et la seconde aux *Hypothèques et Priviléges sur les immeubles.*

NOTIONS GÉNÉRALES

SUR

LES PRIVILÉGES ET LES HYPOTHÈQUES.

(C. civ., art. 2094 à 2097, 2099, 2114, 2134 , 2135 et 2166.)

Sommaire.

9. Définition de l'hypothèque et du privilége.
10. Comment se détermine la priorité entre les hypothèques. Sens de la maxime : *Prior tempore potior jure.*
11. Comment se détermine la priorité entre les priviléges. Sens de la maxime : *Privilegia æstimantur non ex tempore sed ex causâ.*
12. Les hypothèques peuvent être établies par convention ; les priviléges ne résultent que de la loi.
13. Les priviléges peuvent exister sur les biens meubles et immeubles ; les hypothèques n'existent que sur les immeubles.
14. Le privilége prime la simple hypothèque.
15. Sens du mot *privilegium* en droit romain.
16. Autre sens du mot *privilége* dans le droit français ancien et nouveau. Chez nous, les priviléges sur les immeubles sont tous des hypothèques privilégiées.

9. *Définition de l'hypothèque et du privilége.* — D'après l'article 2094, *les causes légitimes de préférence sont les priviléges et les hypothèques.* Les priviléges immobiliers et les hypothèques renferment aussi un *droit de suite,* c'est-à-dire qu'ils sont opposables même aux tiers détenteurs (V. art. 2114 *in fine* et 2166). Il y a même, comme nous le verrons plus loin (1ʳᵉ partie), un *droit de*

suite attaché aux priviléges mobiliers qui ne grèvent que certains meubles.

Le Code définit le privilége, *un droit que la qualité de la créance donne à un créancier d'être préféré aux autres créanciers, même hypothécaires* (V. art. 2195); et l'hypothèque, *un droit réel sur les immeubles affectés à l'acquittement d'une obligation* (art. 2114). Le privilége et l'hypothèque ont cela de commun, que l'un et l'autre constituent au profit du créancier, 1° un *droit de préférence;* 2° (sauf les restrictions convenables à faire, quant aux priviléges mobiliers), un *droit de suite.* Nous allons voir maintenant en quoi ils diffèrent.

10. *Comment se détermine la priorité entre les hypothèques. Sens de la maxime :* Prior tempore potior jure. — En matière d'hypothèques, la règle fondamentale est que la priorité de rang se détermine par la priorité du temps, c'est-à-dire, à raison de l'époque où chacune des hypothèques a été acquise. Tel est le sens de l'ancienne maxime romaine : *Qui prior est tempore potior est jure* (1). Dans notre droit, cette acquisition de l'hypothèque à l'égard des tiers a lieu, en règle générale, par une inscription sur les registres publics. D'autres fois, et par exception, l'hypothèque a des effets plus ou moins étendus indépendamment de l'inscription. Mais dans l'un et l'autre cas, c'est toujours une question de date qui s'agite entre les divers créanciers hypothécaires (2). En d'autres termes, les premières hypothèques diminuent le montant de la valeur qui peut être affectée aux hypothèques subséquentes; ce que Cujas ex-

---

(1) V. L. 12 , ff. *qui pot. in pign.* (lib. XX, tit. 4), et *passim eod. tit.* Add. Poth., *Pand. Just., hoc tit.*

(2) V. à cet égard les articles 2134 et 2135. V. aussi *Rép. de Jurispr.,* v° *Privilége de créance*, sect. 1, n° 1.

prime très-bien, lorsqu'il dit d'une seconde hypothèque: *In id tantùm efficax est quo summa pignoris excedit summam prioris sortis* (1). Relativement au cas où plusieurs hypothèques sont inscrites le même jour sur le même immeuble, V. l'article 2147.

11. *Comment se détermine la priorité entre les priviléges. Sens de la maxime :* Privilegia æstimantur non ex tempore sed ex causa. — Entre les créanciers privilégiés, au contraire, la préférence ne se détermine point, en règle ordinaire, par une priorité de temps. Le principe constamment répété par les jurisconsultes, est que les priviléges sont classés entre eux d'après la *qualité,* ou , en d'autres termes, d'après la *cause* de chacune des créances privilégiées. *Privilegia œstimantur,* dit-on en droit romain , *non ex tempore, sed ex causá* (2); ce que Loyseau exprimait en ces termes : *Les plus privilégiés entrent en ordre les premiers* (3). Cette règle est reproduite dans l'article 2096 du Code civil, où il est dit : « Entre les créanciers privilégiés , la préférence se règle par les différentes qualités des priviléges. »

Une conséquence naturelle de la règle *privilegia œstimantur non ex tempore sed ex causá*, est que les créanciers privilégiés de la même classe, c'est-à-dire dont les créances ont la même qualité, sont payés par concurrence, bien que leurs droits aient pris naissance à des dates différentes. C'est ce que déclarait déjà la loi 32, ff. *de reb. auct. judic.* (lib. XLII, tit. 5), en ces termes : *Et si ejusdem fuerunt tituli, concurrunt, licet diversitates temporis in his fuerint.* L'article 2097 reproduit la même décision,

---

(1) Cujac., *Paratit. ad. tit. Cod., qui pot. in pignore* (lib. VIII, tit. 18).
(2) L. 32 , ff. *de reb. auctor. jud. possid.* (lib. XLII, tit. 5).
(3) *Traité des Offices* , liv. 3 , chap. 8 , n° 88.

en disant que *les créanciers privilégiés qui sont dans le même rang sont payés par concurrence.*

On trouvera dans les différents numéros de l'article 2101 de nombreuses applications à faire de cette règle; mais il faut se garder de l'entendre dans un sens trop absolu, car, hors des cas prévus par l'article 2101, elle fléchit très-souvent devant des règles d'une autre nature.

Ainsi, d'abord, relativement aux meubles, et par application de la maxime *en fait de meubles, la possession vaut titre,* la possession actuelle, acquise de bonne foi, est, en principe, et indépendamment de la qualité des diverses créances, une véritable raison de préférence, contre tous autres que ceux qui ont fait des frais pour conserver la chose au possesseur (1). L'article 2102, 4°, fournit une application de ce principe, en décidant que le locateur de la maison ou de la ferme, est préféré, quant au privilége, même au vendeur qui n'a pas été payé du prix des meubles employés à garnir le fonds, lorsque ce locateur ignorait l'existence du privilége du vendeur.

Ensuite, lorsque le privilége est constitué par une sorte de réserve ou de détraction, opérée au profit d'un créancier au moment même où le bien a été transmis au débiteur, comme le sont les priviléges spéciaux sur les immeubles et certains priviléges particuliers sur les meubles (V., par ex., art. 2102, 4°, 2103 et 2111), *la priorité du rang* appartient, sauf l'application de la maxime : *en fait de meubles, la possession vaut titre,* à celui au profit duquel la première *réserve* ou *retenue* a été opérée ;

---

(1) Nous indiquerons les exceptions que comporte cette règle, en traitant *du classement des priviléges sur certains meubles* (V. ci-dessous 1re partie, § 3,). On verra que ces exceptions ont toujours lieu dans des cas où la possession du meuble a été acquise par suite d'une perte ou d'une espèce de vol (Comp. art. 2280, 2° alin.).

par exemple, au premier vendeur. Nous expliquerons plus tard en détail, que le bien ne passant dans le patrimoine d'un premier acquéreur qu'avec la réserve d'un privilége, les priviléges spéciaux postérieurs, tels que celui d'un deuxième vendeur, ne peuvent s'établir que sur la valeur qui excède le premier privilége. Dans ce classement de droits, il y a certainement quelque chose de l'application de la règle *prior tempore potior jure*. Mais néanmoins nous reconnaîtrons que toujours le privilége retenu lors de la transmission d'un immeuble, prime les créanciers hypothécaires de l'acquéreur, lors même que l'hypothèque de ces derniers remonte à une date antérieure à la constitution du privilége (V. plus loin le n° 14).

12. *Les hypothèques peuvent être établies par convention; les priviléges ne résultent que de la loi.* — Le droit d'hypothèque peut s'établir par convention avec l'étendue que lui donne la volonté des parties (1), et pour toute espèce de créance. Au contraire, les priviléges tenant à la qualité ou à la cause de la créance, ne peuvent exister que dans les cas et dans les limites que la loi détermine. Cependant lorsqu'il s'agit d'un privilége consistant dans une retenue opérée sur un objet transféré au débiteur, on peut dire presque toujours que ce privilége est le résultat d'une stipulation tacite, intervenue entre les contractants (V. les divers cas énumérés dans l'art. 2103; opp. art. 2114).

Toutefois, ce que l'on vient de dire des priviléges reçoit exception, en ce qui touche le droit de préférence du créancier gagiste (V. art. 2102, 2°); car ce droit est fondé sur une pure convention, qui est le contrat de gage, ou de nantissement sur un meuble. Aussi le droit de pré-

---

(1) En se conformant aux dispositions relatives à la *spécialité* des hypothèques (V. art. 2129 et suiv.).

férence du créancier gagiste n'est-il pas, à proprement parler, un *privilége*, mais plutôt une sorte d'hypothèque mobilière, qui n'est en aucune façon basée sur la qualité de la créance. Seulement il faut remarquer qu'en matière de gage, la tradition de l'objet est exigée, et qu'en outre la règle *prior tempore potior jure* se modifiera par l'application de la maxime *en fait de meubles, la possession vaut titre* (V. art. 2076 ; comp. art. 2102, 2° et ce qui vient d'être dit, n° 11).

13. *Les priviléges peuvent exister sur les biens meubles et immeubles ; les hypothèques n'existent que sur les immeubles.* — Le principe que les hypothèques proprement dites ne peuvent être établies que sur des immeubles (V. art. 2114, 2118 et 2119), n'est pas nouveau dans notre Code. Il formait déjà le droit commun des pays coutumiers, ainsi qu'on peut le voir dans les articles 170 de la coutume de Paris, et 477 de la coutume d'Orléans. Dans les pays de droit écrit et même dans plusieurs coutumes, notamment dans celle de Normandie, on admettait la validité de l'hypothèque sur les meubles (1). Mais cette hypothèque des meubles, admise dans certains pays, n'était encore qu'une hypothèque bien imparfaite ; car elle ne consistait qu'en un *droit de préférence*, non accompagné du *droit de suite*. Il est donc vrai de dire que la maxime : *Les meubles n'ont pas de suite par hypothèque* (Comp. C. civ., art. 2119), était autrefois, en France, une maxime universelle.

14. *Le privilége prime la simple hypothèque.* —Les meubles n'étant pas susceptibles d'hypothèque, il ne saurait être question, quant à cette nature de biens, d'un conflit entre les hypothèques et les priviléges. Ce conflit ne se pré-

---

(1) V. Pothier, *de la Procédure civile*, 4ᵉ partie, chap. 2, sect. 2, art. 7, § 2 *in fine*.

sente que relativement aux immeubles ; et, dans ce cas, le privilége est préféré à l'hypothèque (V. art. 2095).

Souvent on appelle *hypothèques privilégiées* les priviléges sur les immeubles, et c'est avec raison ; car, en réalité, ces priviléges ne sont rien autre chose que des hypothèques plus favorisées que les autres (Comp. la définition de l'art. 2114) ; ce qui explique pourquoi la créance *privilégiée* ne cesse pas d'être *hypothécaire*, lorsque les formes prescrites pour la conservation du privilége n'ont pas été observées (V. art. 2113). Le privilége sur les immeubles renferme donc en lui une véritable hypothèque; et nous verrons, plus tard, qu'il faut lui appliquer un grand nombre de règles écrites dans des articles où il n'est littéralement parlé que de l'hypothèque.

15. *Sens du mot* PRIVILEGIUM *en droit romain.* Chez les Romains, ce qu'on appelait *privilegium* était un droit bien différent de celui que nous appelons *privilége;* car les priviléges ne primaient que les créanciers chirographaires et non les hypothécaires (1).

Mais, par exception, certaines hypothèques étaient privilégiées et, en conséquence, primaient les hypothèques même antérieures. Ainsi une hypothèque privilégiée était accordée à celui qui avait prêté des deniers pour payer un bien, et qui s'était fait donner immédiatement hypothèque (2). Cette faveur extraordinaire était fondée, comme elle l'est chez nous en pareille circonstance (V. art. 2102, 2° et 4°; aj. art. 1250 et 1251), sur ce que le prêteur avait mis le bien dans le patrimoine du débiteur commun. De même celui qui avait prêté des deniers pour la reconstruction ou la conservation d'une chose, pouvait acquérir

---

(1) V. L. 9, C., *qui pot. in pign.* (lib. VIII, tit. 18).
(2) V. L. 7, C., *qui pot. in pign.*

conventionnellement sur cette chose une hypothèque privilégiée, comme ayant sauvé le gage commun de tous les créanciers ; *hujus enim pecunia salvam fecit totius pignoris causam.* L'hypothèque privilégiée existait même de plein droit et sans convention, en vertu d'un sénatus-consulte, si le prêt avait été fait pour la reconstruction d'une maison (1).

Une autre hypothèque privilégiée, dont l'établissement ne se justifie point par l'intérêt commun des créanciers , est établie par une constitution de Justinien au profit de la femme pour le recouvrement de sa dot (2).

16. *Autre sens du mot* PRIVILÉGE *dans le droit français ancien et nouveau. Chez nous , les priviléges sur les immeubles sont tous des hypothèques privilégiées.* — En droit français, on a fait une règle générale de ce qui , chez les Romains, n'était que l'exception ; on a transformé tous les priviléges s'appliquant aux immeubles en de véritables *hypothèques privilégiées,* lesquelles l'emportent sur les hypothèques ordinaires (V. ci-dessus, n° 11, et comp. art. 2095, 2101, 2105 et 2113). Ce système, que nous étudierons plus tard dans tous ses détails , est parfaitement rationnel en tant qu'il s'applique aux priviléges *sur certains immeubles;* car, ainsi que nous l'avons indiqué plus haut (n° 11 *in fine*), ces priviléges ne sont autre chose que des droits de pré-férence retenus sur un immeuble, au moment où cet im-meuble entre dans le patrimoine du débiteur; et, par conséquent, les créanciers hypothécaires antérieurs ne

____

(1) V. L. 5 et 6, ff. *qui pot. in pign.*; aj. L. 1, ff. *in quib. caus. pign. vel. hyp.* (XX, 2).

(2) V. la célèbre loi *Assiduis,* 1, § 1, *Cod. Just.*, *qui potior in pign.* (VIII , 18), et *Inst.*, § 29, *de Action.* (IV, 6).—V. aussi un exposé complet de la matière des hypothèques privilégiées , dans le *Traité du droit de gage et d'hypothèque ,* traduit de l'histoire du droit romain de Schilling par M. Pellat, § 18.

peuvent aucunement s'en plaindre. Mais la même règle, étendue aux *priviléges généraux* sur les immeubles autres que le privilége des frais de justice (Comp. art. 2101 et 2105), cause un véritable préjudice aux créanciers hypothécaires antérieurs. Le législateur s'est décidé sans doute par cette considération que les créances de l'art. 2101, créances d'ailleurs très-favorables, sont communément d'une assez faible importance.

DIVISION

DE LA

MATIÈRE DES PRIVILÉGES ET HYPOTHÈQUES.

PREMIÈRE PARTIE.

DES PRIVILÉGES SUR LES MEUBLES.

§ I.   Des priviléges généraux sur les meubles.

§ II. Des priviléges particuliers ou sur certains meubles.

Art. 1. Des priviléges fondés sur un gage exprès ou tacite.

Art. 2. Des priviléges fondés sur une plus-value mise dans le patrimoine du débiteur.

§ III. Du classement des divers priviléges sur les meubles.

DEUXIÈME PARTIE.

DES HYPOTHÈQUES ET DES PRIVILÉGES SUR LES IMMEUBLES.

Première section. De la nature de l'hypothèque, de ses causes et de ses effets, indépendamment du droit de suite.

§ I.   De la nature de l'hypothèque.

§ II. Des causes de l'hypothèque.

Art. 1. Des hypothèques générales.

N° 1. Des hypothèques légales.

N° 2. Des hypothèques judiciaires.

N° 3. De la restriction des hypothèques générales.

Art. 2. Des hypothèques spéciales.

§ III. De l'effet des hypothèques, indépendamment du droit de suite (*droit de préférence*).

Art. 1. Des hypothèques assujetties à l'inscription.

Art. 2. Des hypothèques dispensées d'inscription.

Deuxième section. Des priviléges sur les immeubles, de leurs causes et de leurs effets, indépendamment du droit de suite.

§ I.   De la nature des priviléges sur les immeubles.

PREMIÈRE PARTIE.

DES PRIVILÉGES SUR LES MEUBLES.

(Code civil, tit. 18, chap. II, sect. 1, *Priviléges sur les meubles*, art. 2100 à 2102.)

Sommaire.

17. Division des priviléges sur les meubles en généraux et particuliers.

17. *Division des priviléges sur les meubles en généraux et particuliers.* — Les priviléges sur les meubles se divisent en *généraux* et *particuliers*. Les premiers s'étendent sur l'universalité des meubles du débiteur, les autres ne grèvent que certains meubles déterminés (art. 2100).

Nous allons dans deux *paragraphes* distincts traiter de ces deux sortes de priviléges sur les meubles. Un troisième *paragraphe* sera consacré au *classement général des divers priviléges sur les meubles.*

§ 1er. DES PRIVILÉGES GÉNÉRAUX SUR LES MEUBLES.

(C. civ., art. 2101.)

Sommaire.

18. Les priviléges généraux s'étendent à tous les biens meubles.
19. Classement des priviléges généraux sur les meubles.

18. *Les priviléges généraux s'étendent à tous les biens meubles.* — L'article 2101 donne l'énumération de certaines créances qui sont privilégiées sur la généralité des meubles. A cet égard, il importe tout d'abord d'être bien fixé sur le sens exact du mot *meuble* dans cette matière.

Aux termes de l'article 533 du Code, le mot *meuble*,

employé seul dans les dispositions de la loi ou de l'homme, sans autre addition ni désignation, ne comprend pas l'argent comptant, les pierreries, les dettes actives, les livres, les médailles, les instruments des sciences, des arts et métiers, le linge de corps, les chevaux, équipages, armes, grains, vins, foins et autres denrées; il ne comprend pas aussi ce qui fait l'objet d'un commerce.

Dans notre article 2101, le mot *meubles* ne doit pas être pris dans ce sens restrictif; il faut, au contraire, lui donner la signification la plus étendue, c'est-à-dire celle qu'il reçoit dans les articles 527 à 532; en d'autres termes, il doit s'entendre de tous les biens qui ne sont pas immeubles (comp. art. 516). En effet, l'article 533 ne donne au mot *meuble* un sens restreint et exclusif d'un grand nombre de meubles, qu'autant que ce mot est *employé seul dans les dispositions de la loi ou de l'homme, sans autre addition ni désignation*. Or, le Code traitant à part, dans deux sections distinctes de ce titre (sect. 1 et 2 du chap. 2), d'abord des priviléges *sur les meubles,* et ensuite des priviléges *sur les immeubles,* il est évident qu'il emploie le mot *meubles* dans son acception complète et absolue, c'est-à-dire par opposition au mot *immeubles.*

19. *Classement des priviléges généraux sur les meubles.* — Toute bonne loi sur les priviléges doit se proposer un double but : 1° déterminer limitativement quelles sont les créances privilégiées; 2° déterminer le degré de faveur de chacune de ces créances, c'est-à-dire l'ordre de préférence dans lequel on devra les classer. Sur ces deux points il régnait dans l'ancienne jurisprudence française une très-grande incertitude, presque rien n'étant réglé par des lois positives (1). Le Code civil a donc apporté

____

(1) V. Pothier, *Coutume d'Orléans*, tit. XX, chap. 2, § 9; V. aussi le même auteur, *Procédure civile*, 4° part., chap. 2, sect. 2, art. 7, § 2.

une grande amélioration et fait disparaître bien des difficultés ; en donnant à la fois une énumération et un classement régulier des priviléges généraux sur les meubles ; ce qui est clairement indiqué par ces mots du premier alinéa de l'article 2101 : ... *et s'exercent dans l'ordre suivant.* Ainsi, le législateur a donné un rang fixe et invariable à chacun des priviléges généraux, en se dirigeant d'après le degré de faveur qu'a paru mériter chacune des différentes créances privilégiées sur tous les meubles (comp. art. 2096). Nous rappellerons ici le principe déjà posé ci-dessus dans les *notions générales* (n° 11), à savoir, que l'ordre ou le rang des priviléges est indépendant de la priorité du temps, c'est-à-dire de l'époque où chacune des créances privilégiées a pris naissance ; et, en outre, que les créanciers privilégiés qui sont dans le même rang sont payés par concurrence.

Nous allons étudier successivement chacun des priviléges généraux sur les meubles, dans l'ordre même de leur classement légal par numéros. (V. art. 2101.)

N° 1. Frais de justice.

Sommaire.

20. Motif de ce privilége.

21. Frais divers auxquels s'applique ce privilége.

22. Ne sont pas privilégiés les frais de justice qui n'ont pas été utiles à la masse de créanciers.

23. Le privilége est restreint aux meubles pour lesquels les frais ont été faits.

24. Droit particulier accordé à l'officier qui a fait la vente des meubles.

20. *Motif de ce privilége.* — La créance pour frais de justice est sans contredit celle où la cause de préférence apparaît le plus nettement ; elle est privilégiée, *parce que l'intérêt de tous les créanciers exige qu'elle le soit*, attendu que les frais dont il s'agit ont servi à conserver et à utiliser le gage commun. La même considération explique

suffisamment pourquoi la loi place cette créance au premier rang.

21. *Frais divers auxquels s'applique ce privilége.* — On doit considérer comme privilégiés sur la masse des meubles, tous les frais faits pour la *conservation*, la *liquidation* et la *répartition* du mobilier qui est le gage commun des créanciers.

Ainsi doivent être considérés comme frais de justice, dans le sens de notre article : 1° les frais d'apposition et de levée des scellés, ainsi que les frais d'inventaire; car tous ces frais ont pour but d'empêcher le détournement des sommes d'argent et des meubles corporels appartenant au débiteur commun, ainsi que des titres de ses créances (comp. C. de pr., art. 907 à 944 et notamment art. 943). C'est ce qu'exprime en d'autres termes l'article 810 du Code civil, qui met les frais de scellés et d'inventaire d'une succession bénéficiaire *à la charge de la succession;* 2° les frais d'administration et de compte, dans le cas où il y a un administrateur légal ou judiciaire des biens soit d'une succession bénéficiaire ou vacante, soit d'un failli (V. art. 810 et 814, et C. de com., art. 565) (1), soit d'un présumé absent (comp. art. 112 et 113); 3° les frais de saisie et de vente des meubles, ainsi que les frais de distribution, tant de ce prix que des sommes saisies sur le débiteur ou recouvrées par l'exercice des créances mobilières exercées en son nom. (V., quant à la *distribution,* C. de pr., art. 579, 635, 655, et 656 à 672).

22. *Ne sont pas privilégiés les frais de justice qui n'ont pas été utiles à la masse des créanciers.* — Évidemment on

---

(1) V. toutefois un arrêt de la cour royale de Paris, du 20 janvier 1842, rapporté par la *Gazette des Tribunaux* du 30 janvier 1842, qui a déclaré ce privilége non applicable aux frais, faux-frais et honoraires des *liquidateurs d'une société.*

ne doit pas ranger dans la classe des frais privilégiés ceux qui, bien que faits par le ministère d'officiers publics, n'ont pas eu pour but l'intérêt de la masse des créanciers. Ainsi, ne sont pas privilégiés les frais faits judiciairement par un créancier pour rendre son titre exécutoire, car ces frais n'ont trait qu'à l'intérêt individuel du créancier, et non à l'intérêt de la masse. Il y a plus ; si les frais de justice, utiles aux créanciers en général, ne l'ont pas été à quelques-uns d'entre eux, ils ne seront pas privilégiés à l'égard de ceux-ci. L'article 662 du Code de procédure fournit une application remarquable de ce principe. Suivant cet article, lorsque les meubles d'un locataire ont été saisis et vendus à la requête de ses créanciers, les frais qui sont faits *pour opérer la distribution du prix de vente* sont préférés, par privilége, avant toute créance autre que celle pour loyers dus au propriétaire. Voilà donc *des frais de justice* qui ne seront pas privilégiés à l'égard d'un certain créancier. Et pourquoi ? Parce que le propriétaire pouvant, aux termes de l'article 661 du même Code, faire statuer sur son privilége par simple procédure de référé, et avant toute procédure de distribution par contribution, les frais faits pour opérer cette distribution lui sont complétement étrangers. (V. aussi C. de Pr., art. 768.)

De même, les frais relatifs aux scellés et à l'inventaire du mobilier du locataire seront primés par le propriétaire, parce que celui-ci étant en quelque sorte nanti des meubles, et pouvant d'ailleurs les revendiquer même entre les mains des tiers, se trouvait suffisamment protégé contre le détournement de son gage. (Comp., art. 2102, n° 1, et Cod. de pr., art. 819 à 821) (1).

---

(1) V. arrêts de la cour royale de Lyon, du 27 mars 1821 et du 14 décembre 1825 (Sir. 1826, p. 2, p. 51 et 53).

Mais bien entendu, les frais de *vente* seront privilégiés même à l'égard du propriétaire locateur ; car ils lui ont servi comme à tout autre créancier.

23. *Le privilége est restreint aux meubles pour lesquels les frais ont été faits.* — L'article 2101, n° 1, suppose des frais faits pour la conservation, la liquidation ou la répartition du prix de la masse du mobilier ; mais il est bien évident que des frais relatifs seulement à une portion du mobilier ne sont point privilégiés sur la valeur d'une portion qui en est distincte. Ainsi, par exemple, si on a vendu d'abord une certaine quantité des meubles du débiteur, les frais de cette vente ne seront point privilégiés sur le prix des autres meubles, dont la vente s'est faite postérieurement.

24. *Droit particulier accordé à l'officier qui a fait la vente des meubles.* — Nous terminerons nos observations sur les *frais de justice*, en faisant remarquer que l'officier chargé de la vente des meubles a un droit tout particulier, celui de déduire sur le prix de la vente faite par son ministère les frais qui lui sont dus (V. art. 657, C. de pr.). Mais s'il a consigné le montant des sommes provenant de la vente, sans exercer ce droit de déduction, il ne vient plus que par concurrence avec les autres créanciers pour frais de justice.

N° 2. Frais funéraires.

Sommaire.

25. Motif de ce privilége.
26. Créances auxquelles ce privilége est attaché.

25. *Motif de ce privilége.* — Cette faveur, attachée à la créance des frais funéraires, est basée à la fois et sur des motifs de salubrité publique, et sur des considérations d'un ordre plus élevé, qui tiennent au respect que presque tous les peuples ont toujours manifesté pour la sépulture des morts (1).

26. *Créances auxquelles ce privilége est attaché.* — On doit considérer comme *frais funéraires,* non-seulement les frais d'*ensevelissement* et de *sépulture,* mais encore les émoluments de la fabrique et les honoraires du ministre du culte. Mais, bien entendu, le privilége doit être restreint aux frais faits dans de justes limites et d'une manière raisonnable, *ex bono et œquo,* comme disent les lois romaines; car le but de la loi n'est pas de favoriser, au préjudice des créanciers qui sont déjà en perte, les dépenses exagérées du luxe et de la vanité. La question de savoir si les dettes contractées pour frais funéraires sont raisonnables ou exagérées, doit être jugée d'après la condition du défunt et eu égard à l'étendue de son insolvabilité (2).

Première question. — Doit-on comprendre dans les frais funéraires les frais de deuil dus à la veuve? (Comp. art. 1481 et 1570.)

Dans l'ancien droit, la jurisprudence et les auteurs étaient partagés sur cette question. Ainsi, d'une part, l'affirmative était décidée par Pothier (*Traité de la communauté,* n° 678), Lebrun (*Traité de la communauté,* liv. 2, chap. 3, n° 38) et autres. Telle était aussi la jurisprudence des parlements de Paris et de Toulouse. Mais, en sens contraire, on pourrait citer Basnage (*Hypothèques,* chap. 9) et la jurisprudence du parlement de Bordeaux (V. Salviat, *Jurisp. du parl. de Bordeaux,* v° *Veuve,* p. 506).

____

(1) V., au *Digeste,* le titre *de religiosis et sumptibus funerum,* etc., (lib. XI, tit. 7), et M. Troplong, *des priv. et hyp.,* t. I , n° 132.

(2) *Sumptus funeris arbitrantur pro facultatibus, vel dignitate defuncti.... ex causâ, ex tempore, et ex bonâ fide.* L. 12, § 5, et L. 14, § 6. ff. *de relig. et sumpt.,* etc.

Voici les principaux arguments présentés pour soutenir que le privilége dont il s'agit existe sous l'empire du Code civil : 1° Il est à croire, a-t-on dit, que les rédacteurs du Code ont entendu suivre la jurisprudence du parlement de Paris et l'opinion de la majorité des auteurs, lesquelles étaient favorables au privilége de la veuve ; 2° ce privilége se recommande par des sentiments de haute convenance et décence publique (1).

L'opinion contraire que nous croyons devoir adopter, du moins dans les usages généralement suivis en France, est fondée sur ce que les frais de deuil ne sont point faits *propter funus*, c'est-à-dire, pour les funérailles du défunt, et que c'est forcer le sens des mots *frais funéraires* que de les appliquer aux dépenses des habits de deuil, qu'une veuve porte pendant un certain temps après la mort de son mari, mais non pour assister à ses funérailles. Quant à l'argument tiré de l'ancienne jurisprudence et de l'ancienne doctrine, nous savons qu'elles étaient loin d'être unanimes sur ce point ; et, dans le silence du Code qui ne parle que des *frais funéraires*, on doit croire qu'il a voulu rejeter l'opinion qu'on pouvait soutenir jadis en l'absence d'un texte de loi. Enfin, nous rappellerons que les priviléges sont de droit étroit, et ne peuvent être étendus d'un cas à un autre à l'aide de simples considérations (2).

Deuxième question. — Doit-on considérer comme pri-

---

(1) V., dans le sens de cette opinion, MM. Tarrible, *Rép. de jur.*, v° *Privilége*, sect. 3, § 1, n° 3 ; Persil, *Questions*, liv. 1er, chap. 2, § 2, et *Comm. sur l'art.* 2101, n° 4 ; Duranton, t. XIX, n° 48 ; Dalloz, v° *Hypothèques*, chap. I, sect. 1, art. 1, n° 5 ; Favard de Langlade, *Rép.*, v° *Privilége*, sect. I, § 1, n° 3.

(2) V., dans ce dernier sens, Merlin, *Rép. de Jur.*, v° *Deuil*, § 2, n. 8 ; Grenier, t. II, n° 301 ; MM. Troplong, t. I, n° 136, Battur, t. I, n° 32, Bellot des Minières, *Contrat de mariage*, t. II, p. 507.

vilégiés sur les biens d'un débiteur les frais faits par lui pour les funérailles d'autres personnes, par exemple, de ses enfants ou de ses proches parents?

Pour soutenir l'affirmative sans aucune distinction, on peut alléguer que l'article 2101, n° 2, parle des *frais funéraires* en termes généraux, et en cela semble reproduire la décision contenue dans la loi 17, ff., *de reb. auct. jud. poss.* (XLII, 5), en ces termes : *Et hoc jure utimur, ut quicumque sit funeratus, id est, sive is cujus de bonis agitur, sive quid is debuit quod reddere eum, si viveret, funeraria actione cogi oporteret, privilegio locus sit* (1).

Mais dans le sens de la solution opposée se présentent les motifs suivants : 1° Si l'on étend le privilége à des frais funéraires faits par suite du décès d'une personne autre que le débiteur, celui-ci pourra donc toujours, en se chargeant de semblables frais, grever ses biens de priviléges indéfinis au grand détriment des autres créanciers; et pour être conséquent, il faudra étendre cette doctrine aux autres numéros de notre article, et dire que tous les priviléges qui y sont contenus frapperont les biens de celui qui aura commandé ou cautionné, pour le compte d'autrui, les dépenses d'où résultent ces divers priviléges. Or, évidemment tel n'est pas l'esprit de la loi, dont le point de départ est que les priviléges généraux sur les meubles n'absorbent jamais des sommes bien considérables (Comp. art. 2105; V. d'ailleurs le texte du n° 5 de l'art. 2101, où il n'est parlé que des fournitures faites *au débiteur et à sa famille*); 2° Le texte de droit romain, cité dans le sens de la solution opposée, est uniquement relatif aux frais funéraires dus par le père de famille, à raison du décès de son esclave ou de son fils qu'il avait en sa puissance. (V. LL. 24 et 34,

---

(1) V., en ce sens, M. Duranton, t. XIX, n° 50.

§ 1, *de relig. et sumpt. fun.*). C'est qu'il fallait bien qu'il y eût un débiteur quelconque des frais funéraires; or l'esclave et le fils de famille n'ayant rien en propre (sauf l'exception relative au pécule *castrens*), n'avaient pu laisser aucun patrimoine.

Quant à nous, il nous semble qu'une distinction est ici nécessaire, et que le privilége ne doit exister qu'autant que le débiteur a commandé les frais funéraires, soit de ses parents quelconques, vivant avec lui au sein de la famille dont il est le chef, soit même de ses enfants mineurs habitant hors de la maison (comp. le n° 5 de l'art. 2101). Nous supposons du reste que le défunt n'a pas laissé une succession suffisante pour l'acquittement des frais funéraires; car s'il en était autrement, il serait inutile de grever d'un privilége les biens du chef de famille.

N° 3. Frais de la dernière maladie.

Sommaire.

27. Motif de ce privilége.

27. *Motif de ce privilége.* — Le législateur en établissant ce privilége, a voulu encourager les personnes appelées à donner des soins et des remèdes au débiteur malade, telles que les médecins, les pharmaciens, les garde-malades, etc. Il eût été à craindre que souvent une personne qui est en danger de mourir ne fût privée des secours nécessaires, si les dettes contractées à raison de ces secours avaient dû venir par contribution avec toutes les autres.

Première question. — Les mots *de la dernière maladie* n'ont-ils trait qu'à la maladie dont le débiteur est mort; ou bien doivent-ils s'entendre généralement de la maladie qui a précédé l'événement quel qu'il soit, comme la faillite ou la déconfiture, qui donne lieu à la distribution des deniers ?

Dans l'ancienne jurisprudence le privilége n'était accordé que pour les frais de la maladie dont le débiteur était mort (1). Brodeau en donne le motif suivant : « A l'égard des maladies guéries, l'apothicaire faisant crédit au débiteur suit sa foi, rentre dans le droit commun et renonce tacitement à son privilége. Au lieu que la personne qui a reçu l'assistance *n'étant plus au monde pour avoir soin d'une dette si charitable et si favorable*, la loi y emploie son office et donne son privilége. »

Pour soutenir qu'aujourd'hui le privilége existe même pour la maladie dont le débiteur n'est pas mort, on fait valoir les arguments suivants : 1° Le médecin qui a sauvé son malade ne doit pas être moins bien traité que celui dont l'art a été impuissant contre le mal; 2° Notre article ne dit pas *les frais de dernière maladie*, mais *les frais de la dernière maladie*, expressions moins limitatives (Comp. art. 385), et qui peuvent très-bien s'appliquer à la maladie que le débiteur encore vivant a eue en dernier lieu; 3° Souvent on ne pourra reprocher aux médecins, aux pharmaciens, etc., de n'avoir pas eu soin de se faire payer immédiatement après la guérison du malade ; car ils ont pu en être empêchés par la déclaration presque immédiate de la déconfiture ou de la faillite (2).

L'opinion contraire, que nous adoptons, s'appuie sur les raisons suivantes : 1° Le motif principal de ce privilége est la nécessité de donner un peu de crédit au malheureux malade, pour le cas éventuel où sa mort viendrait anéantir toutes les ressources ultérieures de son travail et de son industrie; or, ce motif ne trouve plus sa place si le malade revient à la santé; 2° Il n'y a

---

(1) V. M. Troplong, t. 1, n° 137.
(2) V., en ce sens, M. Duranton, t. XIX, n° 54.

aucune probabilité que les rédacteurs du Code aient entendu innover sur ce point; 3° Le sens des mots *de la dernière maladie* semble d'ailleurs déterminé par la place qu'ils occupent dans notre article, à la suite du n° 2 où il est parlé des *frais funéraires* (Comp. L. 4, Cod. Just. *de petit. hered.* Lib. III, tit. 34) ; 4° Quant à l'espèce de plaisanterie souvent faite contre l'avantage accordé au médecin qui a laissé mourir son malade, elle tombe devant cette observation déjà présentée, qu'il ne s'agit nullement ici de récompenser la réussite des soins donnés au malade, mais de procurer à celui-ci un crédit convenable, pour le cas où les personnes qui le soignent le voyant menacé de mort, ne pourraient plus compter sur les ressources de son travail et de son industrie ; 5° Dans l'opinion opposée, comment concevrait-on le refus du privilége pour l'avant-dernière maladie, si le débiteur avait été deux fois malade à de très-courts intervalles, et, si l'on veut, soigné par des personnes différentes (1)? Au reste, nous convenons que la question est très-controversable. Nous remarquerons en terminant que relativement aux frais des maladies autres que la dernière (quelque sens qu'on donne à ce mot *dernière*), le médecin, le pharmacien, etc., auraient dû être subsidiairement classés parmi les créanciers privilégiés dont s'occupe le n° 5 de notre article.

Seconde question. — Si au moment de la déconfiture ou de la faillite le débiteur est atteint d'une maladie dangereuse, les frais de la maladie devront-ils être colloqués par privilége ?

La collocation doit être faite conditionnellement et pour se réaliser si le débiteur succombe à la maladie.

---

(1) V., en ce sens, Pigeau, t. II, p. 183 ; Grenier, t. II, n° 32, et M. Persil, *Comment. sur l'art.* 2101.

Cette solution est la conséquence de celle que nous avons donnée sur la question précédente. Du moment qu'on restreint le privilége aux frais de la maladie dont le débiteur est mort, il est clair que pendant le cours d'une maladie le privilége est en suspens, et subordonné à une véritable condition ; et que dès lors il doit être colloqué provisoirement comme tout autre droit de préférence conditionnel.

Troisième question. — Si le débiteur était atteint d'une maladie chronique, à la suite de laquelle il a fini par succomber, le privilége existe-t-il pour toutes les dépenses de la maladie ?

Le privilége est dû à partir de l'époque où la maladie a pris un caractère particulièrement dangereux.

On peut objecter que la maladie dont il s'agit étant la dernière dans le sens de l'article 2101, le privilége doit en garantir tous les frais, quelle qu'ait été la durée du mal, pourvu qu'il ne s'agisse pas de créances prescrites (V. art. 2272) ; qu'en un mot la loi ne fait aucune distinction entre les diverses époques de la maladie (1).

Mais on répond que tant que la maladie a eu son caractère chronique ordinaire, les médecins et les autres personnes qui donnaient des soins ou fournissaient des remèdes au malade, ont dû se faire payer régulièrement, au fur et à mesure de leurs services. Évidemment la loi n'a pu entendre par *dernière maladie* un état qui a duré pendant plusieurs années, et peut-être même pendant une grande partie de la vie du débiteur, mais seulement la maladie qui se rattache à la mort d'une manière immédiate et déterminante. Sans cela les frais privilégiés pourraient s'élever à des sommes énormes, si l'on sup-

____

(1) V., en ce sens, M. Duranton, t. XIX, n° 54.

pose que toutes les créances de détail des médecins, des pharmaciens, etc., ont été conservées par des interruptions de prescription (Comp. art. 2272 et 2274) (1).

N° 4. Privilége des gens de service.

Sommaire.

28. Motif de ce privilége.
29. Ancien droit à Paris.
30. Droit intermédiaire.
31. Système du Code.
32. Privilége résultant de la nouvelle loi sur les faillites, au profit des ouvriers et des commis.
33. Contradiction apparente entre l'art. 2101, n° 4, et l'art. 2272, 5e alin.

28. *Motif de ce privilége.* — La loi garantit, par privilége sur la généralité des meubles, une notable portion des salaires dus aux gens de service, parce que presque toujours les créanciers de cette classe n'ont que leurs gages pour vivre, et que d'ailleurs leur créance est d'ordinaire très-modique.

29. *Ancien droit à Paris.* — Un privilége était accordé aux *domestiques de ville* pour *une année de leurs gages* (V. acte de notoriété du Châtelet du 4 août 1692). Pothier trouvait ce privilége très-favorable, et exprimait le vœu qu'on le mît en pratique ailleurs; tout en reconnaissant qu'il ne l'avait pas vu employé dans les ordres et dans les distributions (2).

30. *Droit intermédiaire.* — La loi du 11 brumaire an VII, article 11, consacra ce privilége d'une manière expresse, en lui donnant même une portée qu'il ne recevait pas dans la pratique du Châtelet de Paris. Il ne fut

---

(1) V., en ce sens, MM. Persil, *Comment. de l'art.* 2101 ; Aubry et Rau, t. II, p. 103 ; Dalloz, *Jurispr. génér.*, v° *Hypothèque*, chap. 1er, sect. 1, art. 1er, n° 7.

(2) V. Pothier, *Procédure civile*, 4e part., chap. 2, sect. 2, art. 7, § 2.

plus restreint aux *domestiques de ville*, mais accordé en termes généraux *aux domestiques*, ce qui comprenait ceux même de la campagne.

31. *Système du Code.* — Enfin le Code civil accorde le même privilége aux *gens de service* pour l'année échue et ce qui est dû sur l'année courante.

Les *gens de service* sont les gens *qui servent*, qui ont et reconnaissent *un maître*. Du reste, personne ne doute que ces mots *gens de service* ne comprennent, comme le mot *domestiques* de la loi du 11 brumaire an VII, les valets de ferme, les pâtres, etc., aussi bien que les domestiques de ville.

Il va sans difficulté que le point de départ, pour la détermination de l'année échue et de l'année courante, est la date de l'entrée au *service*.

32. *Privilége résultant de la nouvelle loi sur les faillites, au profit des ouvriers et des commis.* — Un point qui a été vivement débattu dans la doctrine et dans la jurisprudence, est celui de savoir si le même privilége appartenait aux commis et aux ouvriers, qui louent leurs travaux sans être à proprement parler au service d'un maître.

L'opinion qui paraissait avoir prévalu, et qui était basée sur le texte de notre article 2101, leur refusait le privilége. La loi nouvelle sur les faillites, du 28 mai 1838, a implicitement confirmé cette opinion, en créant au profit des ouvriers et des commis employés directement par un débiteur tombé en faillite, un privilége spécial, qui doit occuper le même rang que celui des gens de service. Ce privilége est accordé aux ouvriers seulement pour les salaires *du mois* qui a précédé la déclaration de faillite, et aux commis pour les salaires *des six mois* qui ont précédé cette même déclaration (V. Cod. de com., nouv. art. 549).

33. *Contradiction apparente entre l'art.* 2101, n° 4, *et*

l'art. 2272, 5ᵉ alin. — L'étendue du privilége accordé aux gens de service semble, au premier coup d'œil, n'être pas en harmonie avec le temps fixé pour la prescription de leurs créances ; car, tandis que l'article 2101, n° 4, leur accorde privilége pour plus d'un an, l'article 2272, 5ᵉ alin., déclare leurs créances prescrites par un an. Il est facile de montrer que cette contradiction n'est qu'apparente. En effet, comme la prescription de la créance des domestiques qui se louent à l'année ne commence à courir que du jour de l'échéance de chacune de leurs créances (V. art. 2257), c'est-à-dire de la fin de l'année, on comprend qu'ils puissent se trouver créanciers d'une année entière et d'une fraction d'année courante. En outre, le droit des domestiques a pu être conservé par une interruption de prescription (V. art. 2274). Nous ne parlons pas en ce moment du cas où le salaire se paye à raison d'une fraction de temps plus courte, par exemple, au mois ; ce cas est l'objet d'une question que nous allons examiner.

Première question. — Le privilége existe-t-il au profit des domestiques qui s'engagent au mois, ou au trimestre, en un mot par fraction d'année ?

Pour la négative on a argumenté de ces derniers mots de l'article 2101, n° 4, *pour l'année échue*, ce qui semble ne se référer qu'à la créance des domestiques *qui se louent à l'année.* En outre, a-t-on dit, l'article 2272 n'établit une prescription d'un an qu'à l'égard des domestiques qui se louent à l'année, tandis que les autres personnes qui louent leur travail au mois, ou pour toute autre durée moindre qu'une année, sont soumises à une prescription de *six mois*, aux termes de l'article 2271 ; d'où il paraît résulter que ces personnes ne peuvent avoir une créance pour toute une année échue, et en outre pour une portion de l'année courante.

Mais il vaut mieux admettre l'opinion contraire, et dire que la loi n'a pu vouloir protéger uniquement les domestiques engagés à tant l'année. Qu'a fait notre article 2101, n° 4, en parlant de l'année échue et de l'année courante ? Pas autre chose que de déterminer le laps de temps le plus long pour lequel le privilége peut exister, sans s'occuper de la question de prescription. Il est bien évident que si une partie de la créance du domestique engagé au mois est éteinte, le privilége n'existera plus pour cette même partie ; mais la créance peut avoir été conservée pour plus d'une année par l'interruption de la prescription (1).

Deuxième question. — Le privilége de l'article 2101 n° 4, existe-t-il au profit des *précepteurs, bibliothécaires, secrétaires* et autres employés semblables ?

Non, il n'existe pas, car les précepteurs, bibliothécaires, etc., n'ont jamais été qualifiés de *gens de service,* et repousseraient cette dénomination, si on voulait la leur appliquer. Le privilége dont il s'agit n'existe qu'au profit des serviteurs proprement dits, dont la créance est d'ordinaire peu considérable et compose souvent tout leur avoir. (V. ci-dessus, n° 28.)

N° 5. Fournitures de subsistances.

Sommaire.

34. Motif de ce privilége.
35. Distinction faite entre les marchands en gros et les marchands en détail.

34. *Motif de ce privilége.*—L'article 2101, n° 5, accorde un privilége général pour les fournitures de *subsistances* faites au débiteur et à sa famille ; savoir, pendant les six derniers mois par les marchands en détail, tels que bou-

---

(1) V., en faveur de cette opinion, M. Duranton, t. XIX, n° 59.

langers, bouchers et autres, et pendant la dernière
année, par les maîtres de pension et les marchands en
gros.

On a accordé un privilége aux fournisseurs de subsistances, afin que la crainte de faire une perte ne les em-
pêchât pas de fournir au débiteur ce qui lui est nécessaire
pour ses besoins journaliers.

35. *Distinction faite entre les marchands en gros et les marchands en détail.* — L'art. 2101, n° 5, distingue entre ces
deux classes de marchands : Les premiers ont privilége
pour les fournitures faites *pendant la dernière année ;* les se-
conds pour celles qui ont été faites *pendant les six derniers
mois.* Cette distinction peut paraître singulière en présence
de la règle uniforme de l'article 2272, suivant lequel les
créances provenant des fournitures faites aux particuliers
non marchands se prescrivent *par un an*, aussi bien pour
les marchands en détail que pour les marchands en gros.
Relativement aux marchands en gros, l'étendue du privilége et la durée du temps fixé pour la prescription des
créances sont bien en rapport et marchent de front. Mais
il n'en est pas de même quant aux marchands en détail ; car
pour ces derniers, il n'y a de privilégiées que les créances résultant des fournitures faites dans les six derniers
mois ; celles qui remontent à plus de six mois, quoique
non atteintes par la prescription, sont purement chirographaires. Seulement, par exception, les créances des
hôteliers et des traiteurs, qui sont des espèces de marchands en détail, se prescrivant *par six mois* (Art. 2271,
2e alin.), l'étendue du privilége se trouve encore ici
cadrer avec le temps requis pour la prescription.

La distinction faite par notre article 2101, n° 4, entre
les marchands en gros et les marchands en détail, s'explique tout naturellement comme souvenir de l'ancien
droit, dans lequel la même distinction existait aussi pour

la prescription , laquelle était de six mois pour les marchands en détail et d'un an pour les marchands en gros(1). Les rédacteurs du Code ont maintenu ici, par une sorte d'inadvertance, cette classification des marchands, qu'ils ont fait disparaître (sauf quant aux hôteliers et aux traiteurs) dans le titre de la prescription.

Le point de départ de l'année ou des six derniers mois à compter en remontant en arrière, est la mort du débiteur, ou s'il est en déconfiture, l'époque de la dernière production que fait le créancier à la distribution (Comp. Cod. de pr. , art. 660) (2).

Première question. — Le mot *subsistances* ne doit-il s'entendre que des denrées alimentaires, ou comprend-il tout ce qui est nécessaire à la vie matérielle, comme le chauffage, l'éclairage, l'habillement, le logement, etc.?

La question posée ne nous paraît pas pouvoir être résolue d'une manière absolue et sans une distinction. Il faut dire, selon nous, que le chauffage et même l'éclairage sont compris dans la disposition de notre article, ainsi que toutes les autres denrées, même non alimentaires, dont la consommation se fait au jour le jour dans les ménages. Au contraire, nous en exclurons l'habillement et le logement; car dans notre langue, le mot *subsistances*, même pris dans une acception large, n'embrasse que les denrées que l'on consomme immédiatement, en les employant aux besoins ordinaires de la vie matérielle, et non les objets qui, bien que nécessaires à la personne, sont d'un emploi ou d'un usage plus ou moins durable.

----

(1) V. *Coutume de Paris*, art. 127 et 138, et ordonnance de 1673 sur le commerce, art. 7 et 8.

(2) En cas de faillite, le point de départ doit être le jour de la déclaration de faillite; car, à partir de cette époque, les secours alimentaires sont réglés par les syndics (V. C. de comm., art. 474; comp. *ibid.*, art. 549).

Ainsi jamais, dans notre langue, le bail d'un appartement, et les livraisons faites par un tailleur, une mar-
chande de modes, etc., n'ont été appelés des *fournitures
de subsistances*. Peut-être le législateur a-t-il redouté les
graves abus auxquels pourrait donner lieu une telle extension du privilége. Ajoutons, en ce qui concerne la
créance pour le logement, que le propriétaire-locateur a
des sûretés particulières (V. art. 2102, n°s 1 et 5). Ce qui
doit nous confirmer encore dans notre interprétation du
mot *subsistances*, c'est que sans aucun doute le médecin,
le pharmacien, etc., ne pourraient réclamer de privilége
pour des soins donnés ou des médicaments fournis dans
une maladie antérieure à la dernière, bien que ces soins
et ces médicaments aient pour but la conservation de la
vie (Comp. ce qui est dit ci-dessus, p. 32). — *Nec obst.*
L. 6. ff. *de alim. vel cib. leg.* (XXXIV, 1), où il est dit :
« *Legatis alimentis, cibaria et vestitus et habitatio debebitur,
quia sine his corpus ali non potest;* » en effet, le mot *ali-
menta* en droit romain, de même que le mot *aliments*
dans notre droit, a un sens spécial et technique comme
synonyme de *pension alimentaire*, c'est-à-dire de pension
destinée non-seulement à l'achat des subsistances, mais
encore à *l'entretien* de la personne (Comp. les art. 205 et
suiv.) (1).

Deuxième question. — Quel est le sens précis du mot
famille dans l'article 2101, n° 5 ?

Nous comprendrons sans difficulté sous cette dénomination les enfants du débiteur, même majeurs, s'ils
habitent avec lui. Nous y comprendrons également les
ascendants, et même enfin les autres parents ou alliés
du débiteur, tous habitant avec lui, s'il est considéré
comme chef de la maison. En rapprochant de notre ar-

---

(1) V., en ce sens, M. Duranton, t. XIX, n° 67. Aj. M. Troplong, t. I, n° 146.

ticle 2101 les articles 630 et 632 d'après lesquels, d'une part, celui qui a *l'usage des fruits d'un fonds* (c'est-à-dire l'usage d'un fonds productif de fruits) peut en exiger autant qu'il lui en faut pour ses besoins et ceux de *sa famille*, et, d'autre part, celui qui a un droit d'habitation sur une maison peut y demeurer avec *sa famille*, on reconnaît que dans ces deux dernières dispositions le sens du mot *famille* n'est pas complétement le même que dans la matière qui nous occupe. Dans les articles 630 et 632, il s'agit uniquement de la *famille* qu'a probablement eue en vue le constituant du droit d'usage ou d'habitation, sauf que cette intention s'interprète en faveur des enfants nés à une époque postérieure (V. art. 630 et 632, 2e alin.). Au contraire, le privilége de l'article 2101 est accordé par le législateur lui-même en termes généraux, au profit de la famille actuelle, quelle qu'elle soit, et sans aucune espèce de restriction (1).

APPENDICE.

PRIVILÉGES DU TRÉSOR QUI FRAPPENT SUR LA GÉNÉRALITÉ DES MEUBLES.

Sommaire.

36. Renvoi fait à des lois spéciales par l'article 2098 du Code.
37. Privilége des douanes.
38. Privilége de la régie des contributions indirectes.
39. Privilége pour les frais de justice criminelle.
40. Privilége du trésor sur les meubles des comptables.
41. Même privilége étendu au trésor de la couronne.
42. Privilége pour les contributions directes.
43. Privilége pour droits et amendes de timbre.

36. *Renvoi fait à des lois spéciales.* — L'article 2098 du Code porte que le privilége, à raison des droits du trésor royal, et l'ordre dans lequel il s'exerce, sont réglés par les

---

(1) V., sur le sens du mot *famille*, M. Persil, *Comment. sur l'art.* 2101, n° 5, et Pigeau, t. II, p. 283.

lois qui les concernent. Nous allons énumérer les différentes lois qui ont créé ces sortes de priviléges, en les
indiquant par ordre de dates.

37. 1° *Privilége des douanes*. — Ce privilége résulte de
la loi du 6 - 22 août 1791, tit. 13, art. 22. Il s'étend sur
tous les meubles des redevables pour les droits, mais il
ne passe qu'après *les frais de justice et autres privilégiés, et ce
qui est dû pour six mois du loyer seulement*. Ainsi le bailleur
est le seul qui ne soit pas préféré pour l'intégralité de la
créance privilégiée qui lui est accordée par l'article 2102,
n° 1, et dont nous nous occuperons plus tard (V. ci-dessous, n°s 50 et suiv.).

38. 2° *Privilége de la régie des contributions indirectes*. —
La loi du 1er germinal an XIII, article 47, a établi au profit de la régie des contributions indirectes, un privilége
semblable à celui que la loi du 6 - 22 août 1791 avait attribué à la régie des douanes. Toutefois, ce privilége est
beaucoup plus avantageux que celui des douanes, en ce
qu'il prime les autres priviléges, à l'exception des frais
de justice et de ce qui est dû pour six mois de loyer.

39. 3° *Privilége pour les frais de justice criminelle*. —Une
loi du 5 septembre 1807, art. 2, a créé au profit du trésor
public un privilége sur tous les meubles du condamné,
pour les frais faits contre lui. Mais ce privilége passe après
tous ceux des articles 2101 et 2102, et même après les
sommes dues pour la défense personnelle du condamné,
ce qui constitue virtuellement au profit du créancier de
ces sommes un véritable privilége.

40. 4° *Privilége du trésor sur les biens des comptables*.—
Une autre loi du 5 septembre 1807, article 2, attribue
un privilége au trésor public sur les meubles des comptables. Ce privilége est, comme le précédent, primé par
tous les autres priviléges généraux ou particuliers, énoncés aux articles 2101 et 2102.

41. 5° *Même privilége étendu au trésor de la couronne.*— Ce même privilége a été étendu au trésor de la couronne par un avis du conseil d'État du 25 février 1808. Les motifs qui servent de considérants à cet avis, sont que le trésor de la couronne n'est, à proprement parler, qu'une fraction du trésor public; que si l'article 2098 du Code civil ne parle pas textuellement du trésor de la couronne, c'est qu'à l'époque de la rédaction du Code la liste civile n'était pas encore formée, et que le trésor en acquittait directement les charges; mais que la séparation survenue depuis n'a pu altérer le privilége d'une portion de ce trésor, dont la loi du 5 septembre 1807 embrasse l'intégrité dans son esprit et dans son objet.

42. 6° *Privilége pour certaines contributions directes.* — La loi du 12 novembre 1808, art. 1ᵉʳ, a établi un privilége au profit du trésor public pour certaines contributions directes. Ce privilége existe pour l'année échue et l'année courante des contributions mobilière, des portes et fenêtres, des patentes et de toute autre contribution directe et personnelle, sur tous les meubles des redevables; mais non pour l'année échue et l'année courante de la contribution foncière, qui n'est privilégiée que sur les récoltes, fruits et loyers des immeubles soumis à cette contribution. Le privilége pour la contribution foncière ne doit donc pas être classé parmi les priviléges généraux sur les meubles; et nous aurons soin de le mentionner en traitant des *priviléges sur certains meubles.*

Aux termes de la loi (même art. 1ᵉʳ), le privilége pour le recouvrement des contributions directes s'exerce *avant tout autre.*

43. 7° *Privilége pour droits et amendes en matière de timbre.* — Le même privilége a été étendu aux droits et amendes pour timbre, par la loi de finances du 28 avril 1846, 1ʳᵉ partie, art. 76.

§ II. DES PRIVILÉGES PARTICULIERS OU SUR CERTAINS MEUBLES.

(C. CIV., art. 2102:)

Sommaire.

44. Division de la matière.
45. Renvoi quant au classement des priviléges particuliers.

44. *Division de la matière.* — L'article 2101 contient l'énumération de neuf espèces de priviléges particuliers ou sur certains meubles. Tous ces priviléges, considérés au point de vue de leur cause, peuvent être rangés dans deux catégories : la première renfermant les priviléges qui résultent d'une constitution de gage expresse ou tacite, et la seconde comprenant ceux qui sont fondés sur ce que le créancier a mis l'objet grevé dans le patrimoine du débiteur, ou du moins l'y a conservé.

Dans la première catégorie, se placent : 1° le privilége du créancier qui a reçu un gage conventionnel exprés (art. 2101, n° 2); 2° le privilége du locateur sur ce qui garnit la maison ou la ferme louée, et sur ce qui sert à l'exploitation de la même ferme (même art., n° 1); 3° le privilége de l'aubergiste sur les effets du voyageur (même art., n° 5); 4° le privilége du voiturier sur la chose voiturée (même art., n° 6); 5° le privilége qui frappe le cautionnement de certains fonctionnaires, pour les créances résultant d'abus et de prévarications commis par eux dans l'exercice de leurs fonctions (même art., n° 7).

Dans la seconde catégorie, nous mettrons : 1° le privilége de celui qui a fait des frais pour la conservation de la chose (art. 2101, n° 3); 2° le privilége du vendeur sur le meuble vendu (même art., n° 4); 3° le privilége du locateur d'un bien rural sur la récolte de l'année (même art., n° 1); 4° le privilége de ceux auxquels des sommes sont dues pour semences, pour ustensiles fournis ou réparés, et enfin pour travaux ayant servi à la production ou à la conservation de la récolte de l'année (même art. n° 1, 4ᵉ alin.).

45. *Renvoi quant au classement des priviléges particuliers.* — La loi ne donne point, tant s'en faut, un système complet sur l'ordre ou le rang de préférence dans lequel les priviléges spéciaux doivent être classés. Elle fournit seulement à cet égard quelques indications de détail (V. art. 2102, n° 1, 4ᵉ alin., et *ibid.*, n° 4, 3ᵉ alin.). De plus, le Code est complétement muet sur l'ordre de préférence à établir entre les priviléges particuliers, d'une part, et les priviléges généraux, d'autre part. Mais nous avons vu plus haut (n° 19) que l'ordre des priviléges généraux, considérés entre eux et abstraction faite des priviléges spéciaux, est déterminé d'une manière précise par l'article 2101.

Nous traiterons plus loin du classement général à établir entre tous les priviléges sur les meubles. Auparavant nous devons étudier séparément chacun des divers priviléges particuliers. Ce sera l'objet de deux *articles* correspondant aux deux grandes catégories indiquées ci-dessus, n° 44. (Comp. notre tableau général, p. 19.)

ART. 1ᵉʳ. PRIVILÉGES FONDÉS SUR UNE CONSTITUTION DE GAGE EXPRESSE OU TACITE.

A. *Privilége du créancier qui a reçu un gage conventionnel exprès.*
(Art. 2102, n° 2.)

Sommaire.

46. Renvoi au titre *du nantissement.*
47. Droit romain.
48. Ancien droit français.
49. Code civil.

46. *Renvoi au titre du nantissement.* — Le Code civil consacre à la matière du contrat de *gage* un chapitre du titre *du nantissement* (liv. 3, tit. 17, chap. 1ᵉʳ, art. 2073 à 2084).

Nous n'avons pas à nous occuper ici de tous les effets du contrat de *gage*, par exemple, des obligations qui en découlent entre les parties, ni du *droit de rétention* dont nous avons déjà parlé plus haut (n° 7). Notre sujet actuel est uniquement le *privilége* qui appartient au créancier gagiste. Néanmoins pour l'intelligence parfaite de cette matière, nous aurons soin de donner quelques notions sur la manière de constituer le *gage*, ou, en d'autres termes, d'en *saisir* le créancier.

47. *Droit romain.* — Le contrat de gage était un contrat très-anciennement connu à Rome. Le débiteur remettait à son créancier la *possession* de la chose, pour sûreté de la dette. Mais lorsque l'hypothèque fut établie par le droit prétorien, le droit de préférence et même le droit de suite résultèrent au profit du créancier de la simple convention faite avec le débiteur (*per pactum conventum.* V. l. 4. ff. *de pign. et hyp.*, lib. XX., tit. 1). Dès lors, la tradition ne fut plus nécessaire que pour procurer au créancier les avantages de la *possession actuelle*, tels que les *interdits possessoires* (1), et à faire naître entre les parties certaines obligations relatives à la conservation et à la restitution de l'objet engagé (2). Mais quant au droit réel de préférence et de suite, les jurisconsultes purent dire : *Inter pignus et hypothecam tantum nominis sonus differt* (3).

48. *Ancien droit français.* — Nos anciennes coutumes

---

(1) V. L. 35, § 1, ff., *de pign. act.* (XIII, 7), et L. 16, ff., *de usuc. et usurp.* (XLI, 3).

(2) V. Justin. Inst. *quib. mod. re contr. obl.* (III, 14).

(3) L. 5, § 1, ff, *de pign. et hypoth.*— On comprend difficilement que la pratique des Romains ait pu s'accommoder d'une clandestinité aussi complète des hypothèques, surtout quand on songe que l'hypothèque s'appliquait aux meubles comme aux immeubles, et que les possesseurs n'étaient point protégés par la maxime : *En fait de meubles la possession vaut titre.* (Comp. C. civ., art. 2279).

rejetèrent presque toutes l'hypothèque purement conventionnelle des meubles. Dans les pays même où cette hypothèque était admise, elle ne produisait qu'un *droit de préférence,* mais nullement un *droit de suite* (V. nouveau Denisart, v° *Hypothèque,* § 1, n° 1, et Pothier, *Traité de l'hypothèque,* chap. 1, sect. 2, § 1 ; Comp. ci-dessus, n° 13).

Pour donner au créancier un droit de préférence sur un objet mobilier, il fallut, dans les pays coutumiers, employer le *nantissement* ou *gage,* c'est-à-dire remettre au créancier la possession de l'objet. Plusieurs coutumes consacrèrent formellement le privilége du créancier nanti ou saisi du gage. On peut citer à cet égard les articles 181 de la coutume de Paris, et 450 de la coutume d'Orléans, rédigés tous deux en ces termes : *Et n'a lieu la contribution, quand le créancier se trouve saisi du meuble qui lui a été baillé en gage par le débiteur.*

Ainsi la possession de l'objet donné en gage était une condition indispensable du droit de préférence. Par conséquent, si le créancier avait volontairement abdiqué cette possession, ou, en d'autres termes, s'il s'était *dessaisi,* il perdait son privilége (1). Cependant si la chose lui avait été soustraite, il avait une action réelle contre quiconque la possédait, à l'imitation de l'action qui appartient au propriétaire du meuble volé (2).

Enfin l'*ordonnance sur le commerce* de 1673 prescrivit des formalités tendant à empêcher qu'un débiteur failli ne consentît des nantissements après sa faillite, ou dans les derniers jours qui l'avaient précédée. Voici ce que contient à ce sujet l'article 8 du titre 6 de l'ordonnance : « Aucun prêt ne sera fait sous gages qu'il n'y en ait un acte par-devant notaire, dont sera retenu minute, et qui contien-

---

(1) V. Pothier, *Hypothèque,* chap. 4, art. 2, § 1.
(2) V. Pothier, *ibid.*

dra la somme prêtée, et les gages qui auront été délivrés, à peine de restitution des gages, à laquelle le prêteur sera contraint par corps, sans qu'il puisse prétendre de privilége sur les gages, sauf à exercer ses autres actions. » Puis l'article 9 porte ce qui suit : « Les gages qui ne pourront être exprimés dans l'obligation seront énoncés dans une facture ou inventaire, dont sera fait mention dans l'obligation, et la facture ou inventaire contiendra la quantité, qualité, poids et mesure des marchandises ou autres effets donnés en gage, sous les peines portées par l'article précédent. »

La jurisprudence étendit ces règles aux gages donnés en matière non commerciale. Elle admit aussi l'établissement du gage sur les créances. Dans ce dernier cas, les formes à observer étaient empruntées à la pratique reçue en matière de *cession* des créances. Le débiteur faisait au créancier, par acte notarié, transport, *à titre de nantissement*, de la créance qu'il avait lui-même contre un tiers, et le transport était signifié au débiteur cédé. En outre, pour acquérir la possession de la créance engagée, le créancier devait s'en faire remettre le titre, s'il en existait un. Pothier cite un arrêt de la cour des aides, du 18 mars 1769, qui avait autorisé cette sorte de *nantissement* (1).

49. *Code civil.* — L'article 2102, n° 2, déclare privilégiée la créance *sur le gage dont le créancier est saisi.* Cette disposition ne fait que reproduire, en termes plus brefs, un principe déjà établi dans les articles 2073 et 2076. En effet, l'article 2073 porte que le gage confère au créancier le droit de se faire payer sur la chose qui en est l'objet, *par privilége et préférence aux autres créanciers*; et,

---

(1) V. Pothier, *Traité du nantissement*, n° 6. —V. aussi sur le *pignus nominis* en droit romain, la traduction de Schilling, par M. Pellat, *Traité du droit de gage et d'hypothèque*, § 13.

d'un autre côté, l'article 2076 subordonne la conservation du privilége à la *possession* de la chose.

Question. — Si le créancier gagiste se trouve dessaisi du gage par suite d'une perte ou d'un vol, peut-il le revendiquer contre les tiers possesseurs ?

De même que le propriétaire peut, en cas de perte ou de vol, revendiquer sa chose contre tous tiers possesseurs (V. art. 2279, 2ᵉ alin.), de même le créancier gagiste peut, dans les mêmes circonstances, revendiquer son gage. L'article 2101, n° 1, 4ᵉ alin., fournit la preuve de cette doctrine, puisque, d'après cet article, le propriétaire locateur qui a sur les meubles apportés par le locataire ou le fermier une sorte de droit de gage général, est autorisé à saisir, à titre de revendication, les objets qui ont été déplacés sans son consentement. Et cependant, d'une part, le locateur ne possède les meubles de son locataire que d'une manière très-imparfaite ; et, d'autre part, l'identité des objets déplacés de la maison ou de la ferme est souvent fort difficile à constater. A plus forte raison faut-il donc décider, que le détournement ou la perte d'un gage déterminé ne doit pas nuire au créancier gagiste proprement dit, qui a eu la possession matérielle de l'objet.

A la vérité, les articles 2076 et 2102, n° 2, exigent textuellement, pour la conservation du privilége, le premier, que le gage soit *resté en la possession* du créancier, ou du tiers convenu entre les parties, et le second (ce qui revient au même), que le créancier soit *saisi* du gage ; mais ces articles doivent s'interpréter conformément à l'ancien droit (V. ci-dessus, n° 48), c'est-à-dire en ce sens que le créancier gagiste perd son privilége, lorsqu'il *s'est volontairement dessaisi* de l'objet engagé. Comment, en effet, admettre qu'un simple *accident*, et surtout qu'un *délit*, puissent avoir pour résultat presque immédiat d'anéantir un droit réel légitimement acquis ?

4

On objectera peut-être que, suivant l'article 2119, *les meubles n'ont pas de suite par hypothèque*. Mais il faut répondre que cette règle, puisée dans notre ancien droit (V. ci-dessus, n° 13), avait trait seulement aux meubles laissés entre les mains du débiteur, et nullement aux gages dont le créancier avait été *saisi* par la mise en possession. Aussi Pothier, qui cite souvent la maxime *les meubles n'ont pas de suite par hypothèque*, accorde-t-il, sans difficulté, au créancier gagiste la revendication du gage qui lui a été soustrait (1).

Le locateur est tenu de faire sa revendication dans un bref délai (quarante ou quinze jours), suivant que l'héritage loué est un bien rural ou une maison (V. art. 2102, n° 1, *à la fin*, et ci-dessous, n°ˢ 65 et suiv.). Mais quant au créancier gagiste, il faut dire que son action en revendication, étant uniquement régie par l'article 2279, sera recevable, comme celle du propriétaire, pendant trois ans à compter du jour de la perte ou du vol. Plus loin, en traitant du privilége du locateur d'immeubles, nous exposerons les motifs de cette différence dans la durée des actions.

Des formes prescrites. — Le Code civil a soumis l'acquisition de ce privilége à des règles sévères, qui sont, en grande partie, la reproduction des règles anciennes. Il exige la rédaction d'un acte public, ou (ce qui n'était pas admis autrefois) d'un acte sous seing privé, dûment enregistré, contenant la déclaration de la somme due, ainsi que l'espèce et la nature des choses remises en gage, ou un état annexé de leurs qualités, poids ou mesure ; cependant ces formalités ne sont pas nécessaires pour les matières qui n'excèdent pas la valeur de cent cinquante francs (V. art. 2074 ; comp. art. 1341).

La date certaine que doit avoir nécessairement l'é-

____

(1) V. ci-dessus, n° 48 ; aj. MM. Persil, *Comment. sur l'art.* 2102, § 2, n° 1, et Duranton, t. XVIII, n° 529.

crit contenant la déclaration de la somme due et la désignation des objets engagés, empêche que le contrat n'ait
lieu frauduleusement, à une époque où le débiteur avait
perdu le droit d'avantager l'un de ses créanciers, par
exemple, depuis sa faillite ou depuis une saisie-arrêt
pratiquée par d'autres créanciers (1).

Question. — L'acte sous seing privé constitutif du gage
doit-il nécessairement être enregistré, et serait-il ineffi-
cace, si d'ailleurs il avait date certaine à raison d'une des
autres circonstances mentionnées dans l'article 1328 ?

MM. Duranton (t. 18, n° 514), et Aubry et Rau (trad.
de Zachariæ, t. 3, p. 170, note 5), se prononcent pour
l'affirmative. Mais il nous semble beaucoup plus probable
que les rédacteurs du Code n'ont parlé ici de l'enregistrement que d'une manière énonciative, et comme du moyen
le plus usuel de donner *date certaine* à l'acte sous seing
privé. C'est en ce sens que les articles 2075 et 2076 ont
été expliqués par M. Gary, dans son discours au corps
législatif (2). D'ailleurs rien, dans la discussion au conseil d'État, n'indique que l'on ait entendu donner à l'enregistrement, en matière de gage, une importance parti-

---

(1) La loi du 28 mai 1838 sur les faillites (V. le nouv. art. 446), ne
frappe pas de nullité tous les droits de gage constitués depuis la *cessation
des payements*, ou dans les dix jours qui précèdent cette époque.

Elle fait à cet égard une distinction éminemment raisonnable. Si, aux
époques qu'on vient d'indiquer, le débiteur a consenti le gage en même
temps qu'il contractait l'obligation, ce gage n'est point annulé de plein
droit ; car le créancier n'a consenti à traiter avec le commerçant, par
exemple à lui faire un prêt, qu'en considération de la garantie particulière qu'il recevait de lui. Mais, au contraire, la loi annule la constitution de gage faite depuis la cessation des payements ou dans les dix
jours qui l'ont précédée, pour dettes antérieurement contractées, parce
que le débiteur qui est tombé en faillite, ou qui est près d'y tomber, ne
doit pas avoir le moyen d'avantager l'un de ses créanciers aux dépens des
autres.

(2) V. Fenet, t. XV, p. 215.

culière, indépendante de la certitude de la date. On sait que, de droit commun, les actes sous seing privé ne sont point nuls, pour n'avoir pas été présentés à l'enregistrement dans un certain délai (1).

Des créances données en gage. — Le Code civil admet, comme l'ancien droit, la constitution du gage sur des créances mobilières. Il prescrit, comme pour les autres gages, la rédaction d'un acte public ou d'un acte sous seing privé enregistré, et, en outre, il veut que cet acte soit signifié au débiteur de la créance donnée en gage (art. 2075). On admet aussi, sans difficulté, que l'acceptation, faite dans un acte authentique, par le débiteur de la créance donnée en gage, équivaut à la signification de l'acte de nantissement (comp. art. 1690) (2). Cette acceptation offre aux tiers au moins autant de garantie que la simple signification, puisqu'elle nécessite le concours d'une personne de plus dans un acte qui inspire quelque défiance. D'un autre côté, le créancier gagiste a intérêt à être plutôt saisi de son gage au moyen d'une acceptation; car l'acceptation emporte, de la part de l'acceptant, la promesse tacite de ne pas faire valoir, contre le cessionnaire, certaines exceptions qui auraient pu être opposées au cédant (comp. art. 1295).

Mais, soit qu'on prenne la voie de l'acceptation authentique, soit qu'on recoure à la signification de l'acte de nantissement, la possession de la créance donnée en gage ne sera complète qu'autant que le titre de la créance, s'il en existe un, aura été remis au créancier, ou à un tiers désigné par les parties, conformément au principe général de l'article 2076. On conçoit que si le débiteur conservait

---

(1) V., en ce sens, Delvincourt, t. III, note 6 de la p. 217.

(2) V. MM. Duranton, t. XVIII, n° 524, et Aubry et Rau, t. III, p. 171, n° 10.

le titre de la créance, cette possession pourrait être pour lui un moyen de crédit fort dangereux pour les tiers (1).

Du gage constitué NON A DOMINO. — Si l'objet corporel donné en gage n'appartenait pas au débiteur, le créancier de bonne foi n'en acquerrait pas moins, sur cet objet, un droit de gage opposable au propriétaire; et ce, par application de la maxime *en fait de meubles la possession vaut titre*. Il faut, en effet, dire du créancier qui traite pour acquérir un gage mobilier, ce que l'on dit de l'acheteur qui traite pour acquérir la propriété. Dans l'un et l'autre cas, la mise en possession, jointe à la bonne foi, procure au possesseur, par une sorte de prescription instantanée, le droit réel qu'il croyait tenir du propriétaire lui-même (V. art. 1141, 2279, 1er alin. ; et arg. de l'art. 2102, n° 4, 3e alin.).

Mais cette règle reçoit exception lorsque le meuble remis à titre de gage est un objet perdu ou volé. En effet, aux termes du 2e alin. de l'article 2279, l'application de la maxime *en fait de meubles*, etc., n'a pas lieu lorsque l'objet vendu et livré est un meuble volé ou perdu; or le créancier gagiste de bonne foi ne peut être plus favorisé que l'acheteur de bonne foi. Il aura donc à craindre pendant trois ans, à compter de la perte ou du vol (V. art. 2279), l'action en revendication du propriétaire (2).

---

(1) V. les autorités indiquées par MM. Aubry et Rau, t. III, p. 171, n° 10; aj. arrêt de la cour royale d'Aix, du 21 juillet 1842. (Dev.-Car., 1843, p. 2, p. 199.)

(2) *Observation générale sur les gages commerciaux.* — Toutes les règles prescrites par le Code civil quant à la constitution et à la conservation du droit de gage conventionnel, doivent être suivies en matière commerciale. *Nec obst.* notre article 2084, qui n'a plus aujourd'hui la portée qu'il avait avant la promulgation du Code de commerce de 1807. En effet, l'article 2084, en déclarant maintenues les lois commerciales relatives au gage conventionnel, faisait allusion à l'ordonnance de 1673, qui, plus rigoureuse que le Code civil, exigeait que les gages délivrés au

B. *Privilége du locateur ou bailleur d'immeubles sur ce qui garnit la maison louée ou la ferme, et sur ce qui sert à l'exploitation de la ferme.*

(C. CIV., art. 2101, 1º.)

Sommaire.

a. Notions générales sur le privilége du locateur d'immeubles.

50. Droit romain.

51. Ancien droit français.

52. Code civil. Division de la matière.

b. Des meubles grevés du privilége, comme tacitement apportés en gage par le preneur.

53. Droit romain.

54. Ancien droit français.

55. Code civil. Explication du texte (art. 2101, nº 1).

56. Des meubles appartenant à des tiers.

57. Des meubles des sous-locataires.

c. De l'étendue de la créance privilégiée.

58. Droit romain.

59. Ancien droit français.

60. Code civil. Principe général.

61. Des obligations non échues.

62. Du cas où le bail a date certaine.

---

créancier fussent constatés *par acte public*. Mais aujourd'hui cette disposition de l'ordonnance se trouve abrogée par l'article 95 du Code de commerce, dont le sens évident est de renvoyer au Code civil pour toutes les constitutions de gage qui ne rentrent pas dans l'hypothèse exceptionnelle de l'article 93, dont nous allons dire quelques mots. V., en ce sens, ch. civ. cass., 5 juillet 1820 (Sir., 1821, 1, 14); cour roy. de Paris, 15 février 1842 (*Gaz. des Trib.* des 28 et 29 mars 1842); MM. Pardessus, *Cours de droit commercial*, 5e édit., t. I, nº 487, et Coulon, t. II, dial. 92, p. 560.

Une sorte de privilége de gage existe de plein droit, d'après l'article 93 du Code de comm., au profit du commissionnaire qui a fait des avances sur les marchandises à lui expédiées d'une autre place, pour être vendues pour le compte du commettant. Nous reviendrons sur ce privilége, en faisant un exposé sommaire de la nature des divers priviléges commerciaux, et de leur classement entre eux, dans un *appendice* qui terminera la matière *des priviléges sur les meubles.*

63. Du cas où le bail n'a pas date certaine.
64. Du droit de sous-louer réservé aux créanciers.

d. Du droit de revendication qu'a le locateur.

65. Droit romain.
66. Ancien droit français.
67. Code civil.

a. Notions générales sur le privilége du locateur d'immeubles.

50. *Droit romain.* — Le privilége du locateur d'immeubles a son origine première dans le droit romain. D'après l'édit du préteur, le locateur de maisons avait pour la garantie de la créance du bail , une hypothèque tacite sur les meubles apportés par le locataire et garnissant la maison louée. Quant au locateur de bien rural, on ne lui accordait pas la même hypothèque tacite, sur les meubles ou sur les instruments d'exploitation apportés par le fermier (1).

Il est facile de saisir le motif de cette différence entre l'effet du louage des maisons et celui du louage des biens ruraux. Le bailleur de la ferme ayant déjà un droit de préférence sur tous les fruits de la récolte, qui n'étaient aliénés par lui que moyennant le payement des fermages, on devait présumer, à défaut de convention expresse, qu'il avait entendu se contenter de cette première sûreté; tandis qu'au contraire le propriétaire de la maison n'avait d'autre garantie que les meubles de son locataire.

51. *Ancien droit français.* — Dans les pays de droit écrit, l'hypothèque tacite du propriétaire bailleur d'immeubles fut admise, avec la distinction que nous venons d'indiquer entre le bail des maisons et celui des fermes. Mais généralement, dans les mêmes pays de droit écrit, cette hypothèque se transforma en un véritable privi-

---

(1) « *Eo jure utimur, ut quæ in prædia urbana inducta illata sunt pignori esse credantur , quasi id tacite convenerit. In prædiis rusticis contra observatur.* » L. 4 pr., ff. *in quib. caus. pig. vel hyp.* (XX , 2).

lége (1). En pays coutumiers le droit commun fut aussi l'établissement d'un *privilége* au profit du bailleur. Mais plus favorables encore à ce dernier, les coutumes étendirent le privilége même aux meubles et aux instruments d'exploitation apportés dans la ferme. Quelques coutumes seulement suivirent, à cet égard, la règle du droit écrit et de l'ancien droit romain, et restreignirent le privilége du bailleur de la ferme aux fruits provenant de la récolte du fonds (2).

52. *Code civil. Division de la matière.* — Le Code civil, presque toujours fidèle aux principes du droit coutumier, a consacré le privilége du bailleur d'immeubles dans le sens le plus favorable, en le faisant porter *sur le prix de tout ce qui garnit la maison louée ou la ferme, et de tout ce qui sert à l'exploitation de la ferme* (art. 2102, n° 1, 1ᵉʳ alin.).

Dès lors, la distinction faite en droit romain, quant à la nature diverse des immeubles donnés à bail, a été définitivement rejetée.

Ces notions générales étant exposées, nous passons aux autres parties de notre matière. Nous allons donc traiter successivement, des meubles grevés du privilége comme tacitement apportés en gage par le preneur, de l'étendue de la créance privilégiée, et enfin du droit de revendication accordé au locateur.

Le privilége qu'a le bailleur sur les fruits de la récolte de l'année (art. 2102, n° 1, 1ᵉʳ alin.) appartenant à la deuxième catégorie des priviléges sur certains meubles (V. ci-dessus, p. 44), nous n'aurons à nous en occuper que dans le deuxième article de ce paragraphe.

----

(1) V. Domat, *Lois civiles; Des gages et hypothèques*, liv. 3, tit. I, sect. 5, n° 14.

(2) V. Pothier, *Introduction sur le tit.* 19 *de la cout. d'Orléans*, n° 30, et *Procédure civile*, 4ᵉ partie, chap. 2, sect. 2, art. 7, § 2.

b. **Des meubles grevés du privilége, comme tacitement apportés en gage
par le preneur.**

53. *Droit romain.* — Le préteur ne considérait point comme soumis à l'hypothèque, tous les meubles qui avaient été placés dans la maison par le locataire, mais seulement ceux qui étaient destinés à rester dans la maison pour la garnir; *non omnia illata vel inducta, sed ea sola quæ, ut ibi sint, illata fuerint* (1).

Bien plus, si les meubles apportés à demeure, *ut ibi sint,* n'appartenaient pas au locataire, ils n'étaient pas grevés de l'hypothèque, le locataire n'ayant pu, par sa seule volonté, hypothéquer des objets appartenant à autrui. Aussi décidait-on que si le locataire avait concédé à un tiers l'habitation gratuite d'une partie de la maison louée, les meubles de ce tiers n'étaient pas hypothéqués à la créance du locateur (2). Il en était autrement des meubles du sous-locataire; ces meubles étaient tacitement hypothéqués au profit du locataire principal et même du propriétaire, mais jamais au delà des obligations résultant de la sous-location (3).

54. *Ancien droit français.* — Les objets affectés au privilége du locateur étaient, comme en droit romain, les meubles apportés dans les lieux, non provisoirement et en passant, mais à demeure. Cela s'appliquait sans difficulté aux meubles meublants (4), et probablement aussi à tous les autres objets qui servent d'une manière apparente *à exploiter les lieux suivant le genre de destination auquel ils sont propres,* ou, en d'autres termes, qui *garnissent* les lieux d'une manière ostensible. Telles sont les marchan-

---

(1) L. 7, § 1, ff. , *in quib. caus. pign. vel hyp.*; et L. 32 *in fine,* ff. *de pign. et hyp.*

(2) L. 5, pr., ff., *in quib. caus. pign. vel hyp.*

(3) L. 11, § 5, *de pignor. act.* (XIII, 7.)

(4) Comp. Brodeau, sur l'art. 161, Cout. de Paris; Auzanet, *ibid.*; de Ferrière, *ibid.*

dises placées dans une boutique ou dans un magasin, et même les denrées destinées à la consommation, placées en évidence dans le grenier, dans la cave, ou dans les autres lieux destinés à les recevoir (1).

L'argent comptant n'étant pas destiné à rester dans la maison, mais à être dépensé d'un instant à l'autre, était généralement considéré comme échappant au privilége du propriétaire (2).

Quant aux objets qui doivent rester dans les lieux loués, mais qui ne servent pas à les exploiter ou à les garnir d'une manière apparente, tels que les bijoux, les pierreries, la vaisselle d'argent et autres choses semblables, les avis de nos anciens jurisconsultes étaient partagés : Pothier comprend ces objets dans le privilége; mais d'autres les en excluent (3).

Suivant le droit commun, les meubles du sous-locataire étaient affectés à la sûreté de la location principale, mais seulement, comme en droit romain, jusqu'à concurrence du prix de la sous-location. La coutume d'Orléans (art. 408) accordait, il est vrai, au propriétaire un droit indéfini sur les meubles du sous-locataire, c'est-à-dire pour le montant du bail principal; mais Pothier nous apprend que c'était là un droit exorbitant et spécial à cette coutume (4).

Une innovation fort importante fut admise en droit coutumier, dans l'intérêt des locateurs d'immeubles. Le privilége qui, sous l'empire des lois romaines, ne

---

(1) V. Pothier, *Contrat de louage*, n⁰ˢ 245 et 249.

(2) V. Pothier, *ibid.*, n⁰ 250.

(3) V. Pothier, *ibid.*, n⁰ 248; comp. Brodeau, de Ferrière et Auzanet, sur la *Cout. de Paris*, art. 161.—L'opinion de Pothier est conforme au texte littéral de l'art. 108, cout. d'Orléans (*sur tous les meubles qu'il trouve en son hôtel*), et de l'art. 161, cout. de Paris (*sur tous les biens étant dans la maison*).

(4) V. Pothier, *ibid.*, n⁰ˢ 234 et 235 ; Comp. *Cout. de Paris*, art. 162.

portait que sur les meubles appartenant au locataire, put s'exercer, suivant l'usage constant des coutumes, même sur les meubles appartenant à des tiers. Néanmoins, tous les auteurs paraissaient être d'accord pour n'appliquer cette règle, qu'autant que les meubles des tiers étaient placés en évidence, comme servant à garnir les lieux.

La raison donnée par Pothier de cette extension du privilége, consiste à dire que les tiers qui laissent introduire leurs meubles dans la maison ou la ferme louée, pour la garnir, ont tacitement consenti à ce que ces meubles soient affectés au payement des loyers; ou que, du moins, ils sont tenus de souffrir l'existence du privilége, comme ayant contribué par leur imprudence à induire en erreur le propriétaire de l'immeuble. Ajoutons qu'ici, évidemment, on aperçoit l'application d'une règle qui se manifeste partout en droit coutumier, bien qu'elle y soit moins nettement formulée que dans notre Code civil: c'est qu'en fait de meubles la possession vaut titre (V. art. 2279 ; comp. ce qui est dit ci-dessus, n° 49, *in fine*).

Par exception, les meubles qui n'appartenaient pas au locataire pouvaient être revendiqués par les tiers : 1° si le locateur avait eu connaissance de leur droit; 2° s'il n'y avait absolument rien à reprocher au propriétaire des meubles, c'est-à-dire quand il s'agissait de choses volées ou provenues d'un dépôt nécessaire (1).

55. *Code civil. Explication du texte.* — Le Code civil, en déclarant que le privilége existe *sur le prix de tout ce qui garnit la maison louée ou la ferme, et de tout ce qui sert à l'exploitation de la ferme* (art. 2102, n° 1, 1er alin.), tranche plusieurs des difficultés que faisait naître la rédaction des Coutumes de Paris et d'Orléans.

---

(1) V. Pothier, *Louage*, n° 247.

Ce qui garnit la maison louée ou la ferme n'est pas tout ce qui s'y trouve, mais tout ce qui, *à raison de la destination même des lieux et pour leur exploitation*, doit y rester d'une manière habituelle et permanente. Ces expressions comprennent donc d'abord, sans difficulté, *les meubles meublants*, c'est-à-dire ceux qui sont destinés à l'usage et à l'ornement des appartements (V. art. 534), et en outre les objets servant ou non à la consommation, placés en évidence dans les magasins, greniers, caves, galeries, etc., disposés pour les recevoir. Elles comprennent enfin, selon nous, certains objets renfermés, il est vrai, mais destinés par leur nature (comme le linge, la vaisselle, etc.), à rester à demeure dans les armoires et dans les autres meubles où ils sont placés. Ce sont là en effet des choses sur la valeur desquelles le propriétaire a pu raisonnablement compter. Mais quant à l'argent, aux billets et aux bijoux, c'est-à-dire, quant aux objets dont l'absence permanente ou momentanée n'aurait rien d'extraordinaire, et n'empêcherait pas les lieux loués d'être parfaitement garnis de ce qu'on y place d'habitude, il ne peut être dans l'esprit de la loi de les comprendre dans le privilége (1).

Relativement aux choses servant à l'exploitation de la ferme, nulle question de droit ne peut s'élever; tout se réduit à une vérification de fait, sur la consistance des ustensiles, des bestiaux, etc. (V. art. 524).

56. *Des meubles appartenant à des tiers.* — Tous les meubles garnissant les lieux, ainsi qu'on vient de l'expliquer, ou servant à l'exploitation de la ferme, quoique appartenant à des tiers qui les ont confiés au preneur, sont grevés du privilége du bailleur, pourvu que celui-ci soit de bonne foi. La revendication des

____

(1) V. M. Duranton, t. XIX, nos 79 et 88.

objets dont le locataire était dépositaire, emprunteur ou gagiste, ne doit pas nuire au bailleur, parce que ce dernier a sur ces objets une sorte de *possession* à titre de gage, en sorte que, dans les limites de son intérêt de créancier gagiste, il peut invoquer la maxime : *en fait de meubles, la possession vaut titre.* On se rappelle que nous avons déjà fait, en traitant du gage conventionnel proprement dit (V. ci-dessus, n° 49, p. 53), une application semblable du principe de l'article 2279.

Ainsi, de même que celui qui achète de bonne foi un meuble corporel *non a domino*, en devient propriétaire par la possession, de même le locateur, qui a la quasi-possession des meubles apportés dans sa maison ou dans sa ferme, acquiert sur ces meubles un privilége, par cela seul qu'il a été de bonne foi, croyant tenir son privilége d'une clause tacite du contrat passé avec le locataire. Le propriétaire de ces objets est forcé de supporter l'effet du privilége, comme dans d'autres cas il subit la perte de sa propriété; c'est à lui à s'imputer d'avoir mal placé sa confiance, en mettant à la disposition du locataire le meuble dont il s'agit.

Si le bailleur sait que les meubles qui garnissent les lieux loués ou qui servent à l'exploitation de la ferme, n'appartiennent pas au locataire ou au fermier, son privilége ne pourra être opposé au propriétaire des meubles; car le bailleur, étant de mauvaise foi, ne pourra invoquer le principe protecteur de l'article 2279 (comp. art. 1141).

C'est par application de cette doctrine, qu'aux termes de l'article 2102, n° 4, le locateur est préféré au vendeur des meubles, lorsqu'il a ignoré que le prix de vente n'avait pas été payé. De même, aux termes de l'article 1813, lorsqu'un cheptel de bétail est donné au fermier d'autrui, le bailleur du cheptel doit avoir soin d'en faire une notification au propriétaire de qui ce fermier tient; sans quoi ce propriétaire, qui a ignoré le droit du bailleur à cheptel, peut saisir le cheptel et le faire vendre pour ce que son fermier lui doit.

Le principe général que nous venons de formuler, quant à l'extension du droit du locateur de bonne foi sur les meubles des tiers, est tenu pour constant dans la jurisprudence et dans la doctrine (1).

On peut établir par toute espéce de preuves, la connaissance que le locateur avait du droit des tiers (2). Bien plus, cette connaissance sera présumée, à l'égard des objets mobiliers dont l'introduction dans la maison louée s'explique par la profession du locataire; par exemple, si le locataire est un artisan qui se charge de la réparation de certains meubles, ou un commissionnaire qui en effectue le transport ou la vente pour le compte d'autrui (3)

Il nous paraît certain que le locateur ne pourrait pas plus que le créancier gagiste ordinaire, exercer son privilége sur les meubles perdus ou volés, que le locataire ou le fermier aurait apportés comme lui appartenant (V. ci-dessus, n° 49; comp. art. 2279 et 2280) (4).

---

(1) V. Merlin, *Rép. de jur.*, v° *Privilége*, sect. 3, § 2, n° 4; Grenier, n° 311; Delvincourt, t. III, note 12 de la p. 150; MM. Duranton, t. XIX, n° 86; Persil, art. 2102, 1°, n° 2; Troplong, t. I, n° 151; Dalloz, *Hypoth.*, chap. 1, sec. 1, art. 2, n° 8 et suiv. V. enfin Paris, 26 mai 1814 (Sir., 15, 2, 227); Poitiers, 30 juin 1825 (Sir., 25, 2, 432); cass civ. rej. 9 août 1815 (Sir., 20, 1, 469), et cass. req. rej. 31 décembre 1833 (Sir., 34, 1, 869).

(2) L'art. 1813 indique un moyen de prévenir toute difficulté; mais il n'est point exclusif des autres natures de preuve (V. C. de cass., rej. 7 mars 1843 (*Gaz. des trib.* du 8 mars).

(3) V. en ce sens cass. req. rej., 22 juillet 1823 (Sir., 23, 1120), Poitiers, 30 juin 1825 (Dalloz, 26, 2, 56); cass. civ. rej. 21 mars 1826, (Sir., 26, 1, 390; Dalloz, 26, 1, 218). V. cependant Paris, 5 mai 1828 (Sir. 28, 2, 219; Dalloz, 28, 2, 113).

(4) V., en ce sens, MM. Persil, *Comment. sur l'art.* 2102, n° 4, et Duranton, t. XIX, n° 81.

57. *Des meubles des sous-locataires.* — Le propriétaire bailleur peut, comme dans le droit romain et dans l'ancienne jurisprudence française, exercer son privilége sur les meubles des sous-locataires; car l'article 820, C. de pr., l'autorise à les comprendre dans la saisie-gagerie des meubles garnissant la maison ou la ferme.

Mais aussi, comme dans le droit romain et dans le droit commun des coutumes, le privilége du bailleur est restreint au prix de la sous-location. Cela est dit textuellement dans l'article 1753, C. civ.; et cela résulte aussi de l'article 820, C. de pr., lequel, reproduisant à peu près littéralement l'article 162 de la coutume de Paris, réserve aux sous-locataires le droit d'obtenir mainlevée de la saisie, en justifiant qu'ils ont acquitté leurs loyers.

Afin de prévenir les fraudes qui pourraient être pratiquées entre le locataire principal et le sous-locataire, la loi considère comme non avenus, à l'égard du bailleur, les payements que le sous-locataire aurait faits *par anticipation* (C. civ., 1753, et C. de pr., art. 820). Néanmoins, les payements effectués avant l'échéance, soit en vertu d'une clause du bail, soit en conséquence de l'usage des lieux, ne sont pas réputés faits par anticipation, et peuvent être opposés au propriétaire (même art. 1753).

La garantie que le bailleur principal trouve dans les meubles des sous-locataires, se trouvant ainsi restreinte, ce propriétaire devra exiger que le locataire principal conserve, dans les lieux loués, des meubles suffisants pour garantir l'excédant du prix principal sur le prix des sous-locations.

Lorsque le propriétaire agit contre le sous-locataire, il n'a pas besoin d'invoquer l'article 1166, comme exerçant les droits de son débiteur. Il a contre le sous-locataire une action directe qu'il exerce en son propre nom. De là, pour lui deux avantages importants : 1° il n'est pas obligé de souffrir le concours des autres créanciers du locataire principal (1); 2° il peut, au lieu de recourir à la procédure de la saisie-arrêt, prendre la voie plus expéditive de la saisie-gagerie (V. C. de pr., art. 820).

c. De l'étendue de la créance privilégiée.

58. *Droit romain.* — En droit romain, l'hypothèque tacite accordée au locateur de la maison, garantissait non-seulement le payement des loyers, mais généralement toute la créance résultant du contrat de louage; comme, par exemple, les indemnités dues par le locataire à raison des dégradations par lui commises (2).

59. *Ancien droit français.* — Dans notre ancien droit français, les usages variaient beaucoup relativement à la quotité des loyers garantis par le privilége. A Orléans, l'usage était d'accorder le privilége pour tous les loyers échus ou à échoir, sans distinguer si le bail était authentique, fait sous seing privé, ou simplement verbal. Pothier cite une sentence du bailliage d'Orléans, de 1707, qui a adjugé à un locateur qui n'avait pas de bail (c'est-à-dire de titre écrit), la préférence pour huit années de loyers. Il atteste en outre, que tel était l'usage constant de la province (3).

A Paris, au contraire, où probablement les fraudes étaient plus communes, on distinguait entre les baux passés par-devant notaires et les baux faits sous signature privée ou verbalement. Lorsque le bail était notarié, le propriétaire était préféré pour toutes les obligations résultant de ce bail, et par conséquent pour tous les termes échus et à échoir. Mais, lorsqu'il n'était fait que verbale-

---

(1) V., en ce sens, M. Duranton, t. XIX, n° 73.
(2) V. L. 2 , ff. *in quib. caus. pign. vel hyp.*
(3) V. Pothier, *Louage*, n° 253.

ment ou sous signature privée, le propriétaire n'était
privilégié que pour *trois termes échus et pour le courant.*
Ainsi, quant à l'avenir, le privilége ne s'étendait pas
au delà du terme courant, et quant au passé, il était
resserré dans l'étroite limite de trois termes échus.

Les autres créances résultant du bail étaient également
garanties par le privilége. Suivant Pothier, le bailleur
était certainement privilégié à raison des avances par lui
faites au fermier, pour l'exploitation du domaine, lorsque
ces avances avaient eu lieu en exécution d'une clause du
bail. Dans le cas contraire, Pothier regardait la question
comme n'étant pas sans difficulté. Toutefois il accordait
le privilége, lorsqu'on ne pouvait douter que les avances
n'eussent été réellement faites pour l'exploitation du
fonds (1).

60. *Code civil. Principe général.* — Le Code civil, voulant, comme l'ancien droit, faciliter les locations, en
procurant au propriétaire une garantie convenable, accorde à celui-ci un privilége : 1° pour les obligations du
preneur qui sont de la nature du contrat de louage,
comme celle de payer les loyers ou les fermages, de
faire les réparations, soit locatives, soit nécessitées par
ses dégradations, etc. (Art. 2102, n° 1, 1ᵉʳ et 3ᵉ alin.;
comp. art. 1754 et 1755, 1728, n° 1, 1732-1735, 1760,
1764, 1766, 1768, 1777, 1778); 2° pour toutes les obligations résultant des clauses accessoires du contrat, telles
que celle de faire des engrais d'une nature déterminée,
des plantations et autres améliorations, ou de restituer au propriétaire les avances reçues de lui en bestiaux, en denrées ou en argent (Comp. art. 1821, 1824-
1826). C'est ce qu'exprime le Code par cette formule si

---

(1) Pothier, *Louage*, n° 254, et *Coutume d'Orléans*, tit. 19, n° 33.

générale dans sa brièveté : *et pour tout ce qui concerne l'exécution du bail* (Art. 2102, n° 1, 3° alin.).

Quant aux avances qui auraient été faites par le propriétaire indépendamment des clauses du bail, il faut décider, avec Pothier (V. ci-dessus, n° 59, *in fine*), que si elles ont été faites au fermier pour l'exploitation de la ferme, elles constituent en réalité une convention additionnelle, une sorte d'appendice au contrat primitif, et tombent ainsi sous l'application de ces termes généraux de notre article : *et pour tout ce qui concerne l'exécution du bail.* Rien n'indique d'ailleurs qu'à cet égard le Code ait entendu innover dans un sens restrictif (1).

61. *Des obligations non échues. Distinction relative à la date certaine du bail.* — Quand le locateur est le seul créancier poursuivant, il doit être traité conformément aux principes ordinaires du droit, et obtenir seulement ce qu'obtient en règle générale un créancier saisissant (2); il ne pourra donc exiger le payement des loyers non échus ou des autres prestations à venir. En effet, le débiteur ne peut être contraint de payer avant le terme (V. art. 1186); et même la plupart des obligations non encore échues du preneur, comme celle des loyers à échoir, ont quelque chose de *conditionnel*, étant subordonnées à la continuation de la jouissance, événement qui peut ne pas se réaliser (Comp. art. 1722 et 1769-1771).

En pareil cas, le locataire pourra donc, par application de l'article 622, C. de pr., faire restreindre la vente aux objets dont le prix suffit au payement des loyers et des

---

(1) V., en ce sens, MM. Duranton, t. XIX, n° 97, où il a abandonné l'opinion contraire émise par lui, t. XVII, n° 177; Troplong, t. I, n° 154; V. aussi C. roy. d'Angers, 27 août 1821 (Devill.-Car., *Collect. nouv.*, 1821, 2, 471). — Opp. Grenier, t. II, n° 309.

(2) Sauf l'emploi de la procédure plus rapide de la *saisie-gagerie* (V. C. de pr., art. 819 et suiv.).

autres obligations échues (1). Le mobilier non vendu garantira les obligations à venir; mais, bien entendu, si ce mobilier est devenu insuffisant, le locateur aura le droit d'exiger de nouvelles sûretés, ou, à défaut de ces sûretés, la résolution du bail (V. art. 1752).

Au contraire, si le locateur se trouve en conflit avec d'autres créanciers du locataire qui viennent diminuer son gage, il peut se faire colloquer par privilége, même pour les obligations non encore échues et relatives à une jouissance ultérieure, par exemple, pour les loyers à échoir. Il y a donc ici plus qu'une déchéance du bénéfice du terme (2); il faut y voir une disposition exorbitante qui s'explique par l'extrême faveur attachée au privilége du locateur.

Quant à l'étendue de ce droit extraordinaire du locateur, il faut distinguer si le bail a ou non *date certaine*, soit avant la faillite du locataire, soit avant la saisie de ses meubles faite par d'autres créanciers (3). En outre, suivant un système d'interprétation que nous adoptons et qui sera exposé plus loin, cette date certaine du bail est d'une haute importance dans cette matière, même quant

---

(1) V., en ce sens, MM. Persil, *Comment.* sur l'art. 2102, § 1, n° 16, et *Questions*, t. I, liv. 1, chap. 3, § 1; Grenier, t. 2, n° 309; Tarrible, *Rép.*, v° *Privilége*, sect. 3, § 2, n° 5; Aubry et Rau, t. II, p. 109, note 11.

(2) Si le locataire commerçant est tombé en faillite, la simple déchéance du terme peut s'expliquer par les principes du droit (C. civ., art. 1188 et C. de comm., art. 444). Il en est de même, si le locataire non commerçant est tombé en *déconfiture*, c'est-à-dire si son passif dépasse son actif (Arg. C. civ., art. 1913; Comp. Cout. de Paris, art. 180). Enfin, abstraction faite de la *faillite* et de la *déconfiture* proprement dite, on pourrait déduire la déchéance du simple terme, de ce que, par le concours des autres créanciers, le locateur souffre une diminution dans les *sûretés* fournies par le locateur (V. C. civ., art. 1188).

(3) Comp. Pothier, *Louage*, n° 253.

aux obligations *déjà exigibles* du locataire (V. ci-dessous, n° 63).

Le fondement de cette distinction relative à la date certaine de l'acte est ceci : d'une part, dans le cas de faillite, le jugement qui l'a déclarée a emporté de plein droit dessaisissement pour le failli de l'administration de ses biens (C. de comm., art. 443); et d'autre part, dans le cas de saisie pratiquée par les créanciers du locataire, celui-ci ne peut plus grever les meubles saisis d'un droit de préférence au profit d'un tiers. Il ne faut pas que le locataire failli, ou saisi dans ses meubles, puisse contracter pour l'avenir (1) un bail d'une durée telle et sous de telles conditions, que le privilége absorbe toute la valeur des meubles au détriment des autres créanciers.

Ceci étant posé, si le bail est authentique et antérieur, soit à la faillite, soit à la saisie des meubles, ou si étant sous signature privée, il a reçu date certaine antérieure à ces événements (Comp. art. 1328), le privilége existe *pour tout ce qui est échu et pour tout ce qui est* à échoir (art. 2102, n° 1, 1er alin.), c'est-à-dire, pour toute la créance du bail, sans distinction entre l'avenir et le passé; sauf le droit qu'ont toujours les créanciers d'établir l'existence de la fraude (Comp. C. civ., art. 1167, et C. de comm., art. 447).

Si, au contraire, le bail n'a pas acquis date certaine avant le dessaisissement du locataire, la loi ne concède le privilége que *pour une année à partir de l'expiration de l'année courante* (Même art. 2102, n° 1, 1er alin.). Nous allons examiner successivement chacune de ces deux hypothèses.

62. *Du cas où le bail a date certaine.* — Lorsque le bail

---

(1) Nous pourrons ajouter : *ou reconnaître pour le passé un bail*, etc.; mais ceci se rattache à la *question* examinée plus loin (n° 63).

a date certaine dès son origine, le privilége du locateur existe, comme nous venons de le dire, non-seulement pour les termes échus lors de la faillite ou de la saisie, mais encore pour les termes à échoir, et, en général, pour toutes les créances, même non encore exigibles, par exemple, pour des améliorations que le fermier devait effectuer dans le cours des années suivantes (V. art. 2102, n° 1, 1er et 3e alin.).

Néanmoins il faut évidemment exclure de cette règle les obligations qui dépendraient d'un délit ou d'un quasi-délit éventuel, comme des dégradations possibles, d'un incendie qui pourrait éclater par l'imprudence du locataire, etc.; car on ne peut présumer à l'avance des délits pour en réclamer la réparation; et d'ailleurs, comment se déterminerait le montant d'une telle indemnité?

Si le bail n'a reçu date certaine qu'après l'entrée en jouissance, par l'enregistrement ou de toute autre manière (V. art. 1328), mais avant la faillite ou la saisie, la décision doit encore être la même; car, par cela seul que l'acte de bail se place avec certitude avant le dessaisissement du locataire, il est présumé sincère dans toutes ses clauses, soit quant aux créances échues, soit quant aux créances à échoir.

Cependant, nous le répétons encore, cette présomption de sincérité peut être combattue par les autres créanciers du locataire. Ainsi elle tombera, nonobstant l'authenticité de l'acte, ou l'existence de la date certaine (Comp. art. 1328), s'il est établi que le bail a été fait frauduleusement, dans la prévision d'une faillite prochaine ou d'une saisie imminente. Dans ce cas, les créanciers feront annuler, suivant les circonstances, soit le bail en son entier, soit celles des clauses qui seraient reconnues frauduleuses (V. C. civ., art. 1167; C. de comm., art. 447).

63. *Du cas où le bail n'a pas date certaine.*—Aux termes de la loi, *à défaut de baux authentiques, ou lorsqu'étant sous seing privé ils n'ont pas une date certaine*, le privilége du locateur s'exerce *pour une année à partir de l'expiration de l'année courante* (Art. 2102, n° 1, 2° alin.).

Il résulte clairement de cette disposition que, si le bail n'a pas date certaine, le privilége est limité en ce qui touche *les années à échoir;* il s'arrête à l'expiration de l'année qui suit l'année courante. Le locataire dessaisi de la disposition de son mobilier ne peut plus l'engager pour la sûreté d'obligations indéfinies ; et d'ailleurs, il est à craindre qu'un concert frauduleux ne s'établisse entre lui et le bailleur. Mais, d'un autre côté, comme au fond la location peut être sincère, et même avoir précédé le dessaisissement, on a cru devoir, par une sorte de transaction, lui donner un certain effet, même pour l'avenir (1).

Question.— Lorsque le bail n'a pas date certaine, le bailleur a-t-il privilége pour les années échues et pour l'année courante?

Trois systèmes ont été présentés sur cette question. Nous allons les exposer successivement.

Premier système. — Le bailleur n'a privilége ni pour les années échues, ni même pour l'année courante, mais seulement pour l'année qui suit cette année courante (2). Ce système est celui qui s'écarte le moins du texte littéral de l'article 2102. Voici les motifs sur lesquels on l'appuie :

1° On ne doit pas créer des priviléges par voie d'analo-

---

(1) Ces résultats attachés au défaut de date certaine n'ont rien de commun avec la nullité dont le bail pourrait être frappé, suivant les circonstances, par application de l'art. 443 du C. de comm., comme ayant été réellement fait depuis le jugement déclaratif de la faillite.

(2) V., en ce sens, Grenier, t. II, n° 309 ; Favard de Langlade, *Rép.*, v° *Privilége*, sect. 1, § 2, n° 4.

gie, ni même par argument *à fortiori sensu*; il faut les justifier par des textes de loi bien positifs. Or, que trouve-
t-on dans l'article 2102? Que le locateur dont le bail n'a
pas date certaine aura privilége pour *une année* seulement, laquelle est prise tout entière dans l'avenir, puisque la loi lui donne pour point de départ *l'expiration de
l'année courante.*

2° Dans la pratique du Châtelet de Paris (1), le propriétaire, qui n'avait pas de bail notarié, n'était privilégié que pour les trois derniers termes échus et pour
le terme courant, c'est-à-dire, en tout *pour une année.*
Telle est la règle que les auteurs du Code semblent
vouloir reproduire. Ils accordent également le privilége
pour une année; mais seulement, au lieu de placer cette
année presque tout entière dans le passé, ils la rejet-
tent au contraire tout entière dans l'avenir.

3° M. Treilhard, soutenant au conseil d'État le projet
qui restreint le privilége à une année, à partir de l'expiration de l'année courante, motivait cette restriction en
disant : « La section (de législation) aurait craint de donner
ouverture à la collusion, si elle eût attaché cet effet (de donner le privilége) aux baux qui n'ont pas une date certaine,
pour un temps plus long que l'espace d'une année; » et d'un
autre côté, M. Defermon, combattant la restriction proposée, objectait qu'*elle est désavantageuse pour le propriétaire,
parce qu'elle l'expose à perdre les fermages arriérés* (2). La
question débattue était donc celle de savoir si, dans le
cas de bail sans date certaine, le privilége comprendrait
les loyers pour plus d'une année; d'où il suit que les rédacteurs du Code, en admettant la rédaction de M. Treil-

______

(1) Actes de notoriété des 7 février 1688, 24 mars 1702 et 19 septembre
1716.

(2) Séance du 3 ventôse an XII (V. Fenet, t. XV, p. 352).

hard, ont entendu décider cette question dans le sens de la négative.

4° La restriction du privilége à une seule année tend à prévenir des fraudes qui pourraient être concertées entre le bailleur et le preneur, pour enfler le prix de la location, ou pour exagérer l'importance d'autres obligations imposées au preneur, et même peut-être pour reporter le commencement du bail à une époque antérieure à sa véritable date. Des fraudes de ce genre, plus ou moins difficiles à découvrir et à constater, pourraient, comme l'a expliqué M. Treilhard au conseil d'État, causer le plus grave préjudice aux autres créanciers, si le privilége était exercé pour plus d'une année.

Deuxième système. — Le locateur a un privilége pour l'année courante et pour une autre année, à partir de l'expiration de celle-ci, mais non pour les années antérieures (1).

Comme on le voit, ce système s'accorde avec le premier, quant à l'exclusion des années antérieures à l'année courante ; mais il en diffère en ce qu'il accorde le privilége, non-seulement pour l'année qui suivra l'expiration de l'année courante, mais pour cette année courante elle-même ; en sorte que, s'il n'y a pas de termes déjà acquittés sur l'année courante, le privilége comprendra les loyers de deux années au lieu d'une seule.

On justifie ce système en disant que si, dans la discussion et dans le texte de la loi, il n'est pas question de *l'année courante,* c'est que, relativement à cette année, il ne pouvait y avoir lieu à aucune difficulté ; le loca-

---

(1) V., en ce sens, Delvincourt, t. III, note de la p. 151 ; M. Persil, sur l'art. 2102, § 1, n° 22.—M. Tarrible, *Rép.,* v° *Privilége,* sect. 3, § 2, n° 5, excluant aussi les années antérieures, ne s'explique pas nettement quant à l'année courante ; mais il le fait ailleurs (V. ci-dessous, p. 77).

taire étant en possession, l'existence du bail est prouvée, quant à l'année actuelle, par l'évidence des faits, tout aussi bien que si l'acte avait date certaine. Le doute ne pouvait exister et la question surgir que relativement à d'autres années échues ou à échoir; aussi la loi prend-elle soin d'allouer expressément le privilége pour l'année suivante. Pourrait-on concevoir qu'en accordant au créancier le droit d'être colloqué pour les loyers d'une année qui n'est pas encore commencée, on lui refusât les loyers de l'année présente, lesquels sont peut-être déjà échus en grande partie? Si la loi présume la sincérité du bail pour une année à venir, à plus forte raison entend-elle le faire pour l'année commencée; en effet, quant à l'avenir, la fraude peut porter, non-seulement sur le prix de location, mais encore sur l'existence même du bail; tandis que, relativement à l'année courante, la fraude ne peut avoir pour objet que l'exagération du prix.

Troisième système.—Le locateur est privilégié, non-seulement pour l'année qui suit l'année courante et pour l'année courante elle-même, mais encore pour toutes les années échues; en sorte que la restriction du privilége n'a lieu que dans l'avenir (1).

Ce système est de tous le plus favorable au locateur; car il laisse subsister le privilége intact, non-seulement pour l'année courante, mais encore pour tout le passé.

En ce qui concerne l'année courante, ce troisième système se confond avec le second, et il s'appuie sur les mêmes arguments. Nous avons donc seulement à donner les motifs qui se rapportent à l'allocation du privilége

____

(1) V., en ce sens, MM. Duranton, t. XIX, n° 92; Dalloz, v° *Hypothèque*, chap. 1, sect. 1, art. 2, n° 20; Troplong, t. I, n° 156; Aubry et Rau, t. II, p. 109, note 12; civ. cass., 28 juillet 1824 (S. 25, 1, 85); req. rej., 6 mai 1835 (S. 35, 1, 433); Rouen, 22 août 1821 et 12 juillet 1823 (Devill.-Car., *Collect. nouv.*, 1821, 2, 468, et 1823, 2, 240).

pour les années échues. Voici, en résumé, quels sont ces motifs :

1° La pensée du législateur paraît ne s'être portée, dans une intention restrictive, que sur l'avenir, et nullement sur le passé; car, relativement au passé, il n'a posé d'une manière expresse aucune limite, comme il l'a fait pour l'avenir. On a établi plus haut (p. 73) que les termes échus de l'année courante seraient nécessairement alloués au locateur, et qu'il y aurait absurdité à les lui refuser, lorsqu'on lui accorde même les termes de l'année suivante. Et pourtant les termes échus de l'année courante appartiennent au passé, tout aussi bien que les loyers des années antérieures. Toute distinction à cet égard serait donc purement arbitraire; car, encore une fois, la loi ne pose aucune limite fixe relativement au passé.

Tout s'expliquera facilement si l'on admet que la loi ne s'est occupée que de ce qu'elle refusait au propriétaire, et non de ce qu'elle laissait, à son égard, sous l'empire du droit commun. Elle n'a parlé expressément que de l'avenir, sans même s'occuper du privilége quant à l'année courante, parce qu'elle n'entendait limiter que pour l'avenir le privilége indéfini qu'en principe elle assure au bailleur.

2° On s'explique très-bien que le locateur dont le bail n'a pas date certaine n'obtienne pas de privilége pour toutes les années à échoir. Un arrangement frauduleux tendant à exagérer le nombre des années de bail à courir, aurait des résultats désastreux pour les autres créanciers.

Au contraire, la restriction du privilége n'a pas d'utilité réelle quant aux années déjà échues. Évidemment il ne peut être question ici d'une collusion tendant à faire disparaître les quittances des loyers acquittés; car c'est là une fraude possible dans tous les cas, et à laquelle la date

certaine de l'acte ne mettrait aucun obstacle. Dira-t-on que
les parties ont pu s'entendre pour enfler le prix de location
et grossir ainsi le montant des loyers arriérés? Mais dans
chaque pays, le prix de location d'une maison ou d'une
ferme et les clauses accessoires ont des bases à peu près
certaines; s'il y a eu exagération concertée au profit du
locateur, la fraude sera facilement découverte, soit par la
notoriété publique, soit au moyen d'une expertise. D'ailleurs, si réellement la crainte de cette fraude avait déterminé à refuser tous les loyers échus sans aucune exception,
à bien plus forte raison aurait-on refusé, d'une manière
absolue, tous les loyers non encore échus, cette dernière
créance étant certainement la moins favorable. Enfin,
redoute-t-on qu'au moyen d'un bail frauduleux, on n'aug-
mente le nombre des années échues, en reculant l'époque de la véritable entrée en jouissance? Mais une telle
collusion n'est pas dangereuse; car la date du commencement du bail sera toujours prouvée par le fait patent de
l'occupation du locataire. Cette fraude est trop grossière
et trop facile à dévoiler pour qu'on puisse penser que le
législateur s'en soit préoccupé.

3° A l'objection tirée de l'usage du Châtelet de Paris
qui n'accordait le privilége que pour *trois termes échus
et le courant*, lorsque le bail était verbal ou sous signature privée (V. ci-dessus, n° 59), on répond que le
Code civil a dérogé textuellement à cet usage, en accordant une année entière à partir de l'expiration de l'année
courante; et que, par conséquent, il a très-bien pu s'en
écarter aussi en étendant le privilége pour tous les termes
déjà échus.

L'usage de Paris était conçu très-logiquement; d'une
part, le locateur ne pouvait se plaindre de ce que tous les
termes à échoir, sauf le terme courant, étaient en dehors
du privilége, puisque les loyers à venir ne lui étaient pas en-

core dus; et, d'autre part, il ne pouvait non plus se plaindre de la restriction portant sur les années échues, car il n'encourait cette déchéance qu'autant qu'il avait laissé écouler trois termes sans exiger son payement.

Au contraire, le système nouveau présenterait des résultats qu'il serait fort difficile de justifier. Le Code civil n'accordant rien dans le passé, pas même la dernière année échue, il en résulterait que, si la saisie était opérée le lendemain de l'expiration du bail, le propriétaire serait privé de toute collocation par privilége; en effet, dans cette hypothèse, il n'y aurait ni année courante ni année à échoir. Certes, loin de reproduire l'usage du Châtelet de Paris, un tel système en serait plutôt le contre-pied. N'est-il pas plus naturel d'admettre que le Code a pris un moyen terme entre l'usage d'Orléans qui accordait le privilége pour toutes les années échues et à échoir, et la pratique de Paris qui le refusait pour l'avenir et le limitait dans le passé à une assez courte durée?

4° Enfin on invoque, à l'appui de la même interprétation, l'article 819 du C. de pr., qui permet aux propriétaires et principaux locataires, soit qu'il y ait bail (c'est-à-dire titre écrit), *soit qu'il n'y en ait pas*, d'exercer leur privilége, par voie de saisie-gagerie, *pour loyers et fermages échus* (V. aussi l'art. 820, qui parle des *loyers et fermages dus*, sans aucune distinction) (1).

Tel est le système consacré par la cour de cassation (2) et universellement suivi aujourd'hui dans la pratique. Il repose assurément, comme on le voit, sur des considérations d'une grande force. Mais néanmoins, il faut le dire, ce système est en contradiction formelle avec la pensée

---

(1) Cet argument se trouve énoncé dans l'arrêt de cass. du 28 juillet 1824 (V. note 1 de la p. 73).

(2) V. les arrêts indiqués ci-dessus (Même note).

des rédacteurs du Code, telle qu'elle ressort des discussions du conseil d'État. En outre, il nous paraît de toute évidence que la fraude, ainsi que l'a très-bien expliqué M. Treilhard, est en réalité fort dangereuse même quant aux années arriérées, lorsqu'elle tend à augmenter soit le prix de la location, soit l'importance des obligations accessoires du preneur (1).

Quant à l'argument tiré des articles 819 et 820 du C. de pr., il n'a pas grande valeur dans la question, puisque le Code de procédure, excepté dans les cas où il déroge clairement au Code civil, doit être considéré comme ayant pour but unique la mise à exécution des principes posés dans ce dernier Code. Ajoutons que le texte de ces articles ne doit pas être pris à la lettre; car ils ne parlent que des loyers et des fermages *échus* ou *dus*, ce qui, d'après l'interprétation littérale, exclurait du privilége, contrairement à l'article 2102, les loyers non encore échus, soit pour l'année courante, soit pour les années ultérieures. Enfin, ce qui paraît décisif pour réfuter cet argument, c'est que M. Tarrible, dans son discours prononcé au corps législatif sur les six premiers titres du livre premier de la seconde partie du C. de pr. explique les articles 819 et 820, en rappelant que le Code civil a accordé au propriétaire un privilége pour l'entière exécution du bail, si ce bail a une date certaine; *ou pour l'exécution de l'année courante et de la suivante, lorsque le bail n'a ni authenticité ni date certaine* (2).

Nous admettrons donc de préférence le deuxième système, qui accorde le privilége seulement pour le présent et pour une année dans l'avenir, à l'exclusion des années

---

(1) V. M. Coulon, t. II, p. 81, dial. 54; *Dissertation* de M. Henri Demante, *Revue étrang. et franç.*, 1842, t. IX, p. 697.

(2) V. Locré, *Législation civile, commerciale*, etc., t. XXIII, p. 167.

antérieures. L'année courante nous paraît être évidemment comprise, quoique seulement d'une manière implicite, dans la rédaction de l'article 2102. Il est impossible, en effet, que, tout en considérant comme suffisamment vraisemblable la créance relative à l'année qui suit l'année courante, on n'ait pas admis, à plus forte raison, la créance qui se rapporte à l'année courante elle-même, à l'égard de laquelle le bail se trouve prouvé par le fait même de la possession.

64. *Du droit de sous-louer réservé aux créanciers.* — Lorsque le propriétaire exerce son privilége, soit pour un certain nombre d'années à échoir si le bail a date certaine, soit dans le cas contraire pour l'année courante et l'année qui la suit, les autres créanciers ont le droit de relouer la maison ou la ferme, pour le restant du bail. A la vérité l'article 2102 (n° 1, 1er alin.) ne leur réserve expressément ce droit qu'en s'occupant du cas où le bail a date certaine. Mais il est bien évident que la même règle est sous-entendue dans la partie de l'article relative au bail dépourvu de date certaine; car, s'il en était autrement, le locateur aurait à la fois les loyers et la jouissance de l'immeuble, ce qui est inadmissible.

Ce droit de relouer appartient aux créanciers, lors même qu'une clause expresse du contrat défend au preneur de sous-louer ou de céder le bail (Comp. art. 1747). En effet, l'article 2102, en accordant au propriétaire le droit exorbitant de se faire payer par anticipation des loyers non échus, a subordonné cette faveur à la condition d'abandonner aux autres créanciers le bénéfice de la relocation; le propriétaire, ainsi qu'on vient de le dire, ne devant pas profiter à la fois et des loyers et de la jouissance D'ailleurs, entendue dans un autre sens, la disposition de notre article serait tout à fait inutile, puisque la faculté de sous-louer non interdite par le bail appartient de droit commun aux créanciers du preneur, conformément à la règle générale de l'article 1166.

Lorsque le bail porte défense de sous-louer, le locateur peut, sans aucun doute, se prévaloir de cette clause et reprendre son immeuble, en se contentant des loyers échus et d'une indemnité convenable à raison de l'inexécution du contrat. Mais, en l'absence de clause prohibitive de la sous-location, il n'en sera pas ainsi. Les créanciers, invoquant l'article 1166, pourront relouer l'immeuble pour le restant du bail, malgré le propriétaire, et quand même il offrirait d'abandonner les loyers à venir. Il est possible que les créanciers, à raison de la modicité du prix de location stipulé par leur débiteur, trouvent de l'avantage dans cette opération.

La loi, prévoyant le cas où les meubles seraient insuffisants pour l'acquittement intégral de la créance privilégiée, impose aux créanciers qui usent du droit de sous-louer la charge *de payer au propriétaire tout ce qui lui serait encore dû* (V. art. 2102, n° 1, 1er alin., *in fine*). Ces derniers mots de l'article ont évidemment trait aux loyers à échoir aussi bien qu'aux loyers échus; car les créanciers ne peuvent s'approprier les bénéfices de la relocation, sans payer au propriétaire la valeur de la jouissance pendant le temps que dure cette relocation. Mais sur ce point quelques difficultés se présentent.

Première question. Les créanciers qui veulent relouer pour le restant du bail doivent-ils faire au bailleur le payement immédiat des loyers à échoir, pour lesquels celui-ci n'a pu être colloqué par privilége ?

Suivant nous, il faut admettre la négative. L'article 2102 ne dit pas à quelle époque les créanciers devront faire le payement des loyers à échoir, et il paraît raisonnable que ce soit au fur et à mesure des échéances. Ici les créanciers se substituent au preneur, et fournissent un nouveau fermier ou locataire dont le mobilier donne au propriétaire toute sûreté pour l'avenir. En un mot, la perte du gage, laquelle avait donné lieu à l'exigibilité des créances non échues, se trouve réparée pour l'avenir (1). Peut-être même pourrait-on soutenir que le propriétaire n'a pas le droit d'exiger le payement actuel et immédiat des loyers à échoir, par collocation *sur le mobilier saisi,* lorsque les créanciers prennent la charge de la relocation et fournissent les sûretés convenables.

Deuxième question. — Lorsque le propriétaire a touché, sur le prix des meubles vendus, une portion des loyers non encore échus, peut-il s'opposer à la relocation que les créanciers voudraient faire, non *pour le restant du bail,* mais seulement pour le temps à l'égard duquel les loyers se trouvent payés d'avance ?

Cette question se présentera dans le cas où les clauses du bail étant onéreuses pour le locataire ou le fermier, les créanciers auront intérêt à n'en pas prendre la charge tout entière, mais seulement à recouvrer les loyers correspondant à la jouissance pour laquelle le propriétaire est désintéressé.

Dans l'intérêt des créanciers on peut dire que le propriétaire, en se faisant payer par privilége des loyers non encore échus, a virtuellement renoncé à jouir de l'immeuble pendant tout le temps auquel correspond le montant de ces loyers (2).

Mais, en sens contraire, on répondra, ce qui nous paraît décisif, que les créanciers ne peuvent scinder les clauses du bail, et nuire ainsi aux intérêts du propriétaire, qui a dû compter sur la durée stipulée dans son

----

(1) Comp. M. Duranton, t. XIX, n° 91.
(2) V., en ce sens, M. Persil, sur l'art. 2102, § 1, n° 18.

bail (1). Cette doctrine est d'ailleurs confirmée par le texte même de notre article, qui permet seulement aux créanciers de relouer *pour le restant du bail* et *à la charge de payer au propriétaire tout ce qui lui serait encore dû* (2).

d. Du droit de revendication qu'a le locateur.

65. *Droit romain.* — En droit romain, la garantie du locateur consistait dans une hypothèque; et comme le droit d'hypothèque est indépendant du fait de la possession, le locateur pouvait l'exercer contre toutes personnes, même contre les acquéreurs de bonne foi, qui détenaient des meubles apportés dans la maison par le locataire.

66. *Ancien droit français.* — Les principes du droit romain étaient suivis dans les pays de droit écrit, mais en pays coutumier, les meubles n'étant pas, du moins en général, susceptibles d'hypothèque (V. ci-dessus, n° 13), le droit du locateur se transforma en une sorte de privilége de gage sur les objets introduits dans la maison ou dans la ferme (comp. n° 54). Dès lors, conformément aux principes admis en matière de gage, la conservation du privilége dut dépendre de celle de la possession (3).

Cette dernière règle fut rigoureusement appliquée, lorsque le locateur avait consenti au déplacement des meubles. Le consentement du locateur pouvait être exprès ou tacite, et on le considérait comme donné à l'avance quant aux choses qui, d'après leur nature, étaient destinées à être vendues, et dont la vente avait été faite régulièrement et de bonne foi.

Mais le droit du bailleur survivait au déplacement des

---

(1) V. M. Duranton, t. XIX, n° 91, *in fine*.

(2) C'est-à-dire, suivant l'interprétation donnée ci-dessus, *au fur et à mesure des échéances.*

(3) V. Pothier, *Louage*, n° 229.

meubles, au moins lorsque ce déplacement avait eu lieu d'une manière irrégulière et clandestine. Ce détournement frauduleux était regardé comme une sorte de *vol* ou de *larcin du gage*, et dès lors le créancier gagiste pouvait exercer la revendication (1) (comp. ci-dessus, n° 49, p. 50).

L'objet de la revendication était de faire rétablir les meubles dans la maison ou la ferme louée, afin de conserver le privilége dont ces meubles étaient grevés. Elle devait être exercée dans un délai fort court qui variait suivant l'usage des lieux. A Orléans on accordait huit jours au locateur d'une maison et quarante jours au locateur d'une métairie (2).

La revendication était donnée non-seulement contre le locataire lui-même, demeuré en possession des meubles qu'il avait déplacés, mais aussi contre les acquéreurs, et même, suivant l'opinion la plus accréditée, contre les acquéreurs de bonne foi (3), à moins que l'achat n'en eût été fait dans une foire ou dans un marché, ou à l'encan, soit sur la saisie pratiquée par un créancier, soit à la requête des héritiers ou de la veuve du locataire (4).

67. *Code civil.* — La doctrine ancienne sur le droit de suite du locateur se trouve reproduite, de la manière la plus formelle, par l'article 2102, n° 1, du Code civil, en ces termes : *Le propriétaire peut saisir les meubles qui garnissent sa maison ou sa ferme, lorsqu'ils ont été déplacés sans son consentement, et il conserve sur eux son privilége,*

---

(1) V. de Ferrière, *Compil. gén.* , 2ᵉ glose sur l'art. 171 de la *Cout. de Paris*, n° 12.

(2) V. Pothier, *Louage*, nᵒˢ 257 et 259, et *Introd. au titre 19 de la Cout. d'Orléans*, n° 49.

(3) *Etiam emptoribus bonæ fidei, modo intra breve tempus* (Dumoulin, sur l'art. 125 de la *Cout. de Bourbonnais*); Pothier, *Louage*, n° 261, dit *que tel est l'usage.*—V. pourtant de Ferrière , *Compil. sur Paris*, art. 170 , n° 105, et *ibid*, 2ᵉ glose sur l'art. 171 , n° 12.

(4) Pothier, *ibid.*, et *Introd. au tit. 19 de la Cout. d'Orléans*, n° 50.

pourvu qu'il ait fait la revendication ; savoir , lorsqu'il s'agit du mobilier qui garnissait une ferme, dans le délai de quarante jours ; et dans celui de quinzaine, s'il s'agit des meubles garnissant une maison. La loi accorde un délai plus long au locateur de la ferme, parce que la surveillance du propriétaire de biens ruraux est moins facile à exercer, et que l'enlèvement clandestin du mobilier peut lui être plus longtemps dissimulé.

Ce droit de revendication s'accorde très-bien avec la règle générale admise par le Code civil en matière de propriété mobilière ; en effet la revendication des meubles corporels est accordée contre les tiers possesseurs dans le cas de perte ou de vol (V. art. 2279, 2ᵉ alin.); or on peut dire que le détournement des meubles du locataire est une espèce de vol de la possession qu'a le locateur à titre de gage (comp. ci-dessus, n° 66).

De ce principe découlent naturellement les conséquences suivantes :

1° Le bailleur n'a la revendication, comme l'exprime l'article 2102, qu'autant que les meubles *ont été déplacés sans son consentement ;* s'il a consenti au déplacement, on ne peut dire que le gage ait été *perdu* ou *volé.* Le consentement du bailleur peut n'être que *tacite ,* par exemple, s'il a assisté à l'enlèvement des meubles sans s'y opposer, ou s'il a loué à un négociant qui, par profession, doit vendre et livrer ses marchandises, ou enfin s'il s'agit d'objets de peu d'importance, eu égard à la masse du mobilier resté dans les lieux loués (1);

2° Il faut décider que le locateur peut, comme le propriétaire d'une chose volée, opposer son droit de suite même à des possesseurs de bonne foi. Les interprètes les plus accrédités le décidaient ainsi autrefois (V. n° 66 *in fine*),

______

(1) V. MM. Persil , sur l'art. 2102 , § 1, n°ˢ 3, 4 et 6 ; Troplong, t. I, n°ˢ 163 et 164.

et le Code a évidemment voulu confirmer cette doctrine; car il accorde la revendication en termes généraux et sans aucune espèce de distinction. Ce résultat est d'ailleurs parfaitement conforme à la raison. En effet, il n'y a pas plus d'imprudence à reprocher au bailleur dont le gage a été déplacé, qu'au propriétaire victime d'un vol proprement dit, puisque le bailleur ne pouvait pas empêcher le locataire d'avoir à sa disposition les meubles de la maison ou de la ferme. Bien mieux, les tiers seront ici presque toujours moins favorables que ne l'est un acheteur de bonne foi d'un meuble volé à son propriétaire; car ils ont pu s'informer si la personne qui dispose de ses meubles est ou n'est pas locataire d'une maison ou d'une ferme ;

3° Si les meubles déplacés avaient été vendus en foire ou dans un marché à un acheteur de bonne foi, la revendication ne devrait être admise que moyennant le remboursement du prix d'acquisition (V. art. 2280) (1).

En résumé, toutes les règles établies quant à la revendication exercée par le propriétaire d'un meuble, doivent être transportées en cette matière, sauf ce qui est relatif à la durée de l'action (comp. art. 2279).

En traitant du gage conventionnel (V. n° 49, p. 49, *Question*), nous avons décidé que le créancier gagiste, dessaisi par suite d'une perte ou d'un vol, peut agir en revendication pendant trois ans, comme le fait en pareil cas le propriétaire d'un meuble perdu ou volé. Le locateur, au contraire, est astreint à revendiquer dans le bref délai de quinzaine ou de quarante jours. Voici les raisons de cette différence déjà indiquée plus haut (V. même n°, p. 50):

D'abord le locateur n'a sur les meubles qui garnissent la maison ou la ferme qu'une possession très-imparfaite; il les possède seulement en ce sens qu'il peut s'opposer à

____

(1) V. M. Duranton, t. XIX, n° 100.

leur déplacement; en outre, le gage du locateur porte sur une masse d'objets, en sorte que, s'il ne revendique pas dans un bref délai, on doit naturellement supposer qu'il considère comme une sûreté suffisante ceux qui restent dans les lieux loués; enfin, l'identité des objets détournés de cette masse est bien plus difficile à constater que celle d'un ou de plusieurs corps certains, dont la nature et l'espèce ont été désignées dans un acte régulier (comp. art. 2074).

Le point de départ des quarante jours ou de la quinzaine se place toujours, suivant nous, à la date de l'enlèvement des meubles (1).

C. *Privilége de l'aubergiste sur les effets du voyageur.*
(Art. 2102, n° 5.)

Sommaire.

68. Ancien droit français.
69. Code civil. Motif de ce privilége.
70. Détails sur l'étendue de ce privilége.

68. *Ancien droit français.* — L'origine de ce privilége est toute française. La coutume de Paris le reconnaissait en termes formels dans son article 175 ainsi conçu : « Dépens d'ostelage livrés par hostes à pèlerins, ou à leurs chevaux, sont privilégiés, et viennent à préférer devant tout autre, sur les biens et chevaux hostelés, et les peut l'hostelier retenir jusques à payement; si aucun autre créancier les vouloit enlever, l'hostelier a juste cause de soy opposer. »

De cette disposition résultent les principes suivants : 1° l'hôtelier ou aubergiste a un droit de rétention sur les effets du voyageur (comp. ci-dessus, n° 6), ce qui s'étend même aux animaux qui ont été hôtelés; 2° indépen-

____

(1) V. cependant, pour le cas de concert frauduleux entre le locataire et les tiers, MM. Persil, sur l'art. 2102, § 1, n° 2; Duranton, t. XIX, n° 100; Aubry et Rau, t. II, p. 110, note 14.

damment du droit de rétention, l'aubergiste a un privilége sur les mèmes objets; mais quant aux autres biens du voyageur, il n'exerce que les droits d'un créancier ordinaire; 3° le droit de rétention et le privilége ne garantissent que les créances résultant des dépenses faites par le voyageur pour son logement et sa nourriture (*dépens d'ostelage*); l'aubergiste n'aurait aucun droit semblable à raison d'un prêt d'argent fait au voyageur.

Pothier, dans son *Traité de la procédure civile* (1), mentionne ce même privilége, qu'il considère comme résultant d'une sorte de nantissement. « Les hôteliers, dit-il, n'ont ce privilége que sur les effets qui sont en leur possession. » De là Pothier tire cette conséquence que, si une personne avait logé dans une auberge à différentes reprises, emportant à chaque fois ses effets, le privilége n'appartiendrait à l'hôtelier sur ces mêmes effets que pour les dépenses faites en dernier lieu (2). De Ferrière (3) ajoute que le privilége de l'aubergiste s'étend même aux objets appartenant à des tiers, que le voyageur a transportés dans l'auberge comme lui appartenant (4).

69. *Code civil.* — L'article 2102, n° 5, déclare priviligiées *les fournitures d'un aubergiste, sur les effets du voyageur qui ont été transportés dans son auberge.*

L'aubergiste est considéré comme un dépositaire nécessaire des objets que les voyageurs apportent chez lui (V. art. 1952); en conséquence, la preuve de ce dépôt peut être faite par témoins, même quand il s'agit

----

(1) IV° partie, chap. 11, sect. 2, art. 7, § 2.

(2) V. dans le même sens, C. d'appel de Rouen, 16 messidor an VIII (Sir., 7, 2, 1135).

(3) Sur l'art. 175 de la Coutume de Paris, n° 7.

(4) *Même quand il s'agit d'effets volés*, suivant de Ferrière (*loc cit.*); mais il convient qu'un arrêt de la Tournelle civile de 1678 a refusé d'accorder le privilége sur les effets volés.

d'une valeur au-dessus de cent cinquante francs (Comp. art. 1950 et 1348, n° 2), et les obligations qui en résultent emportent la contrainte par corps (V. art. 2060, n° 1). En outre, la loi rend l'aubergiste responsable du vol ou du dommage des effets des voyageurs, soit que le vol ait été fait ou le dommage causé par les domestiques et préposés de l'hôtellerie, soit qu'ils l'aient été par des étrangers allant et venant dans l'hôtellerie (V. art. 1953).

Par une juste compensation, l'aubergiste, forcé par la nature même de sa profession de recevoir les voyageurs, sans avoir, la plupart du temps, aucun moyen de s'assurer de leur solvabilité, trouve dans les effets apportés dans sa maison et remis à sa garde une sorte de nantissement pour la garantie de ses fournitures.

70. *Détails sur l'étendue de ce privilége.* — Ce privilége est fondé, comme celui du locateur, sur la présomption légale d'un gage tacitement consenti. Les effets du voyageur sont, en quelque sorte, en la possession de l'aubergiste, et on peut même dire qu'à raison de la surveillance active et continuelle qu'il exerce dans sa maison, sa possession est mieux caractérisée que celle du locateur. De ce principe nous devons tirer les conséquences suivantes :

1° Le privilége grève les effets apportés dans l'auberge, lors même que le voyageur n'en était que dépositaire, emprunteur, ou détenteur à tout autre titre précaire, si l'aubergiste a ignoré cette circonstance; c'est là une nouvelle application de la règle qu'en fait de meubles la possession vaut titre. L'aubergiste possédant de bonne foi acquiert le privilége sur les meubles comme l'acheteur de bonne foi en acquiert la propriété (1). Nous venons de voir (n° 68)

---

(1) V., en ce sens, MM. Persil, sur l'art. 2102, § 5, n° 1 et 2, et *Questions*, t. I, chap. 3, § 8; Troplong, t. I, n° 204; Favard de Langlade,

qu'on le décidait ainsi dans l'ancien droit. Mais, bien entendu, il en serait autrement, nonobstant la bonne foi de l'acheteur, quant aux choses volées ou perdues ; dans ce cas, le privilége n'existerait qu'autant que trois ans se seraient écoulés à compter du jour de la perte ou du vol, sans revendication de la part du propriétaire (V. art. 2279 ; comp. ci-dessus, n° 49, p. 53, et n° 56) ;

2° L'aubergiste, tout comme le locateur, perd son privilége quand il se dessaisit des objets qui en sont grevés. Si donc il a hébergé à diverses époques la même personne, les objets rapportés dans la maison ne garantiront, par privilége spécial, que les dépenses faites en dernier lieu, et non les dépenses des voyages antérieurs. Cette proposition, déjà admise autrefois, n'est pas contestée aujourd'hui (1) ;

3° L'aubergiste peut aussi revendiquer les effets qui ont été détournés de chez lui clandestinement et à son insu ; car ce détournement est un vol du gage, lequel donne lieu à la revendication même contre les tiers acquéreurs de bonne foi. La garantie qui appartient à un créancier ne saurait être anéantie par l'effet d'un délit (comp. ci-dessus, n° 49, p. 49, et n° 67).

La loi n'ayant fixé aucun délai particulier quant à l'exercice de la revendication de l'aubergiste, nous déciderons, par application de l'article 2279, que cette action durera trois ans contre les tiers, à partir du détournement des objets grevés du privilége.

---

v° *Privilége*, sect. 1, § 2, n° 13 ; Dalloz, v° *Hypothèque*, chap. 1, sect. 1, art. 2, § 2 ; comp. arrêt de Bruxelles, 12 juillet 1806 (Sir., 6, 2, 289 ; Dall., *Hypoth.*, *loc. cit.*). V. cependant les considérants d'un arrêt de Colmar, du 26 avril 1816 (Sir., 17, 2, 365 ; et Dall., *Hypoth.*, *loc. cit.*).

(1) V. Delvincourt, t. III, note 7 de la p. 152 ; Grenier, t. II, n° 319 ; MM. Duranton, t. XIX, n° 129 ; Dalloz, *Hypoth*, chap. 1, sect. 1, art. 2, § 2, n° 19 ; Persil, sur l'art. 2102, 5°, n° 4 ; Troplong, t. I, n° 206. — Il est bien entendu que l'aubergiste peut d'ailleurs invoquer, s'il y a lieu, le privilége général établi par l'art. 2101, n° 5.

Sans doute, il peut paraître extraordinaire que l'aubergiste ait trois ans pour revendiquer les effets du voyageur, tandis que le locateur n'a qu'un délai de quarante jours ou de quinzaine pour revendiquer les meubles déplacés de la maison louée ou de la ferme (V. ci-dessus, n° 67); mais cette différence de résultat s'explique jusqu'à un certain point, si l'on considère que l'aubergiste a une possession plus complète et presque toujours concentrée sur un fort petit nombre d'objets. Les effets du voyageur sont, aux termes de la loi même, sous la garde immédiate de l'aubergiste, qualifié de dépositaire par l'article 1952, mais qui, au point de vue de sa créance privilégiée, est plutôt un véritable gagiste.

Toutefois, nous reconnaissons que le délai de trois ans est bien long, et qu'il eût été convenable de l'abréger par une disposition spéciale. Au reste, les juges pourront toujours, suivant les circonstances, décider que l'aubergiste, même avant l'expiration des trois années, a tacitement renoncé à son gage, en n'exerçant pas de poursuites pour le revendiquer, lorsque d'ailleurs il le pouvait facilement.

D. *Privilége du voiturier.*

(Art. 2102 , n° 6.)

71. Droit romain.
72. Ancien droit français.
73. Code civil.

74. *Droit romain.* — Suivant la loi 6, § 2, ff., *qui pot. in pign.* (XX, 4), le voiturier a sur la chose voiturée une hypothèque qui prime les hypothèques antérieures; mais on n'est pas d'accord sur la question de savoir si cette hypothèque existait de plein droit et sans convention expresse, ou si la loi ne faisait que déclarer privilégiée l'hypothèque consentie au profit du voiturier par le propriétaire de la chose. Cette dernière opinion nous paraît mieux fondée sur l'ensemble des textes (1).

72. *Ancien droit français*. — Dans notre ancien droit, le voiturier avait privilége sur les effets par lui voiturés, pour les frais de voiture et pour les droits d'entrée, de douane ou autres payés à raison de ces effets. Il importe de faire observer que, suivant Pothier, ce privilége ne se rattachait pas à l'idée d'un gage tacitement consenti au profit du voiturier; car Pothier le considérait comme indépendant du fait de possession, et comme subsistant même après que le voiturier avait remis les effets au destinataire, sauf que, dans ce cas, le privilége devait être primé par celui du locateur (2).

73. *Code civil*. — L'article 2102, n° 6, déclare privilégiés *les frais de voiture et les dépenses accessoires, sur la chose voiturée.*

Question. — Le voiturier conserve-t-il son privilége même après qu'il s'est volontairement dessaisi de la chose voiturée?

Suivant plusieurs interprètes, la cause de la faveur accordée au voiturier se rattache non à l'idée d'un gage tacite, mais à celle de la création d'une plus-value, en ce sens qu'on donne aux choses une plus grande valeur en les transportant loin du lieu de leur production. Cette considération étant admise, on considère le privilége comme indépendant du fait de la possession actuelle. A l'appui de cette manière de voir, on invoque le texte même de l'article 2102, qui n'exige pas que le voiturier soit *encore nanti* des objets grevés du privilége; et en outre on argumente de l'article 307 du Code de commerce, qui

____

(1) V. la traduction de Schilling, par M. Pellat, § 18 ; comp. *ibid.*, § 9, n° 3 et 4 (V. ci-dessus, n° 15).

(2) V. Pothier, *Procéd. civ.*, 4ᵉ partie, chap. 2, sect. 2, art. 7, § 2.

porte que le capitaine est préféré, pour son fret, sur les marchandises de son chargement, *pendant quinzaine après leur délivrance*, si elles n'ont passé en mains tierces (1).

Ces raisons ne nous paraissent pas concluantes, et nous présenterons en sens contraire les arguments suivants :

Dans notre droit, la *conservation* des choses mobilières est bien une cause de privilége, mais non la simple *amélioration* de ces choses (comp. art. 2102, n° 3, et ci-dessous, n° 82, *question*); et d'ailleurs, dans ce système, le privilége ne devrait pas porter sur la valeur entière de l'objet, mais seulement sur la plus-value résultant du transport. Il paraît donc fort raisonnable de ne pas s'attacher ici uniquement à la faveur due au transport des marchandises, et d'y joindre la notion d'un gage tacite subordonné, comme tout nantissement, à la condition de possession.

Il est vrai que l'article 2102 n'exige pas textuellement que le voiturier soit nanti; mais tout le monde convient que le privilége de l'aubergiste se perd avec la possession, et cependant le n° 5 du même article 2102 ne s'exprime pas non plus en termes exprès sur la nécessité de la possession, pour l'exercice de ce dernier privilége.

La disposition de l'article 307 du C. de comm. doit être considérée comme exceptionnelle et fondée sur ce que, d'après la loi, le capitaine ne peut, faute de payement de son fret, retenir les marchandises dans son navire (C. de comm., art. 306). En effet, pour exiger ce payement, il faut bien qu'il exhibe les marchandises et qu'il les présente à celui à qui elles sont adressées, ce qui en suppose le déchargement sur le quai, et par suite un dessaisis-

____

(1) V., en ce sens, MM. Duranton, t. XIX, n° 134 ; Troplong, t. I, n° 207 ; Pardessus, *Cours de Droit commercial*, t. IV, n° 1205 ; C. roy. de Paris, 2 août 1809 (Sir., 10, 2, 168).

sement presque nécessaire (1). D'ailleurs, il y a souvent intérêt à ce que les marchandises ne restent pas sur le navire, exposées au danger de la mer. Il est vrai que le capitaine peut exiger que les marchandises soient déposées en mains tierces jusqu'au payement du fret (même art. 306), mais il est bon qu'il n'ait pas un intérêt absolu à invoquer cette mesure qui doit occasionner des frais.

Si le voiturier conservait son privilége même après la remise des objets, dans quel délai pourrait-il l'exercer? La loi n'en dit rien, d'où il faudrait conclure que, si le destinataire est demeuré en possession, le privilége, en principe général, durerait autant que la créance, c'est-à-dire trente ans. Le voiturier serait donc mieux traité que le capitaine auquel la loi n'accorde que quinzaine ; or cela nous paraît tout à fait inadmissible, puisque le capitaine, à qui la rétention sur le navire est interdite (V. C. de comm., art. 306), devrait être, au contraire, plus favorisé que le voiturier (2). Peut-être, ce qu'il y aurait eu de plus raisonnable eût été d'accorder au voiturier qui a livré les marchandises sans accorder de terme de payement, la revendication pendant huitaine, ainsi qu'on l'a fait pour le cas de vente d'effets mobiliers (V. art. 2102, n° 4).

Il doit être bien entendu, d'après les principes déjà exposés, que si les objets voiturés ont été enlevés au voiturier, il pourra les revendiquer pendant trois ans, sauf les circonstances particulières desquelles on pourrait induire qu'avant ce temps, il a entendu renoncer à son privilége (comp. ci-dessus, n° 70 *in fine*).

---

(1) V. Valin, *sur l'ord. de la marine de* 1681, liv. 3, tit. 3, art. 23.

(2) V., en ce sens, Merlin, *Rép.*, v° *Privilége*, sect. 1, § 4; Delvincourt, t. III, note 3 de la p. 115; MM. Persil, sur l'art. 2102, § 6, n°s 1 et 2; Aubry et Rau, t. II, p. 114; Dalloz, v° *Hypothèque*, chap. 1, sect. 1, art. 2, § 2, n° 21.

E. *Priviléges sur le cautionnement de certains fonctionnaires publics.*
(Art. 2102, n° 7.)

74. Ancien droit français.
75. Code civil. Motif du privilége.
76. Des créances garanties par le privilége.
77. De la manière dont se conserve le privilége.
78. Renvoi quant au privilége des bailleurs de fonds.

74. *Ancien droit français.* — Les employés des fermes du roi et des autres parties des finances, avant la révolution, étaient tenus de fournir un cautionnement en numéraire, qui servait à la garantie de l'État contre les abus qu'ils pouvaient commettre dans l'exercice de leurs fonctions. Mais aucune garantie semblable n'était établie dans l'intérêt des particuliers; c'est seulement dans des lois postérieures à 1789 (V. ci-dessous, n° 76), qu'on a grevé les cautionnements de certains fonctionnaires d'un privilége purement privé à raison des malversations par eux commises (1).

75. *Code civil.* — L'article 2102, n° 7, déclare privilégiées *les créances résultant d'abus et prévarications commis par les fonctionnaires publics dans l'exercice de leurs fonctions sur les fonds de leur cautionnement, et sur les intérêts qui en peuvent être dus.*

Il est facile de comprendre le motif de l'institution des cautionnements de certains officiers publics, qui sont les conservateurs des hypothèques (2), les notaires, les agents de change, les courtiers de commerce, les avocats aux conseils du roi et à la cour de cassation, les avoués, les greffiers, les huissiers et les commissaires-priseurs (3).

---

(1) V. *Rép. de juris*, v° *Cautionn. des employés et fonctionn. publics.*

(2) V. L. du 21 ventôse an VII, tit. 1, chap. 4; aj. L. du 28 avril 1816, art. 86 et 92.

(3) V. LL. du 25 ventôse an XI, art. 33, et du 25 nivose an XIII, art. 1er; aj. L. du 28 avril 1816, art. 88.

Comme les particuliers sont forcés de recourir au ministère de ces officiers publics pour la confection d'actes importants, il était nécessaire de leur donner une garantie contre les abus et les prévarications qui pourraient compromettre leur fortune. Le cautionnement exigé par la loi consiste en numéraire (1) versé au trésor public (2); le montant en est affecté par privilége aux créances résultant des abus commis par les fonctionnaires dans l'exercice de leurs fonctions. Ce privilége se rattache, comme on le voit, à la matière du nantissement; car le cautionnement constitue un véritable gage, dont le trésor royal est en réalité le détenteur dans l'intérêt des particuliers (comp. C. civ., art. 2076). Ce gage se compose, d'après l'article 2102, n° 7, non-seulement du capital du cautionnement, mais encore des intérêts qui peuvent en être dus.

Plus loin, dans un *appendice*, nous dirons un mot des droits de l'Etat sur les cautionnements des fonctionnaires comptables ou autres, à raison soit de leurs débets, soit des délits par eux commis dans l'exercice de leurs fonctions.

76. *Des créances garanties par le privilége.* — Nous venons de voir que les créances garanties par le privilége sont celles qui résultent d'abus et de prévarications *commis par les fonctionnaires publics dans l'exercice de leurs fonctions.*

Déjà antérieurement la loi du 21 ventôse an VII, portait (art. 8) que le cautionnement du préposé à la conservation des hypothèques serait affecté à sa responsabilité, *pour les erreurs et omissions dont la loi le rend garant envers les citoyens* (comp. C. civ., art. 2202) (3).

----

(1) Cependant les conservateurs des hypothèques fournissent une partie de leur cautionnement en immeubles (V. L. du 21 ventôse an VII, art. 5; comp. L. du 28 avril 1816, art. 86, et *ibid.*, *Tarif*, n° 5).

(2) V. L. du 28 avril 1816, art. 92 et suiv., et Ordonn. du 1er mai 1816.

(3) Nous aurons à revenir sur cette responsabilité dans le dernier *paragraphe* de cet ouvrage.

La loi du 25 ventôse an XI *sur le notariat,* rendue un an avant le décret du titre *des priviléges et hypothèques* (1), s'était servie d'expressions analogues, en déclarant le cautionnement des notaires *spécialement affecté à la garantie des condamnations prononcées contre eux, par suite de l'exercice de leurs fonctions* (V. cette loi, art. 33).

Enfin, la loi du 25 nivôse an XIII, rendue postérieurement au Code, porte (art. 1ᵉʳ) que les cautionnements fournis par les agents de change, les courtiers de commerce, les avoués (2), greffiers, huissiers et les commissaires-priseurs, sont, comme ceux des notaires, affectés par premier privilége *à la garantie des condamnations qui pourraient être prononcées contre eux par suite de l'exercice de leurs fonctions.*

Pour bien connaître les créances privilégiées, il faut donc examiner si l'acte de l'officier public rentre dans l'exercice de ses fonctions ou, pour employer une expression usuelle, s'il s'agit d'un *fait de charge.* Si l'officier public a fait pour son client quelque acte ou opération d'une autre nature, dont toute autre personne aurait pu être chargée, par exemple un placement de fonds, il n'est, à cet égard, qu'un simple mandataire, et il n'y a pas lieu au privilége dont nous nous occupons (3).

77. *De la manière dont se conserve le privilége.* — La loi du 25 nivôse an XIII a pris de nombreuses précautions pour la conservation des priviléges de faits de charges. Les créanciers sont admis à faire sur les cautionnements des

----

(1) 28 ventôse an XII.

(2) Jusqu'au décret du 25 juin 1806, la dénomination d'*avoué* comprenait les avocats à la cour de cassation, lesquels sont de plus aujourd'hui *avocats aux conseils du roi* (V. Ordonn. du 13 nov. 1816 et du 10 sept. 1817).

(3) V. jug. du trib. de comm. de la Seine, du 16 août 1832 (*Gaz. des Trib.* du 12 oct. 1832).

oppositions motivées, soit directement au trésor public, soit aux greffes des tribunaux dans le ressort desquels les titulaires exercent leurs fonctions (1). Les fonctionnaires qui veulent réclamer leur cautionnement sont tenus de déclarer au greffe du tribunal dans le ressort duquel ils exercent, qu'ils cessent leurs fonctions. Cette déclaration est affichée dans le lieu des séances du tribunal pendant trois mois. Ils doivent, en outre, présenter et déposer un certificat du greffier constatant que la déclaration prescrite a été affichée dans le délai fixé, que pendant cet intervalle il n'a été prononcé contre eux aucune condamnation pour fait relatif à leurs fonctions, et qu'il n'existe au greffe du tribunal aucune opposition à la délivrance du certificat, ou que les oppositions survenues ont été levées (2).

Quelques dispositions sont relatives aux cautionnements des agents de change et des courtiers. D'abord les formalités ci-dessus prescrites doivent être remplies par eux, non au tribunal civil, mais au tribunal de commerce. En outre, ils doivent faire afficher, pendant le même délai, la déclaration de la cessation de leurs fonctions à la bourse près de laquelle ils exercent (3).

78. *Renvoi quant au privilége des bailleurs de fonds.* — Nous n'avons pas à nous occuper ici du privilége qui appartient en sous-ordre aux bailleurs de fonds, c'est-à-dire aux créanciers qui ont prêté les sommes destinées au cautionnement. En effet, ce privilége, étant basé sur la considération d'une plus-value mise dans la fortune du débiteur, rentre dans la *deuxième catégorie* des priviléges spéciaux sur les meubles (V. ci-dessus, n° 44). Nous devrons donc en traiter dans *l'Article* suivant.

---

(1) V. la loi du 25 niv. an XIII, art. 2.
(2) Même loi, art. 5. Aj. Décret du 18 septembre 1806.
(3) Même loi, art. 6.

Art. 2. PRIVILÉGES FONDÉS SUR CE QUE LE CRÉANCIER A MIS OU CONSERVÉ L'OBJET GREVÉ DANS LE PATRIMOINE DU DÉBITEUR.

(C. CIV., art. 2102.)

Sommaire.

79. Division de la matière et notions générales.

79. *Division de la matière et notions générales.* — Après avoir traité des priviléges qui se rattachent à l'idée d'une constitution expresse ou tacite de gage, nous allons parler de ceux qui sont fondés sur ce que le créancier a mis ou conservé dans le patrimoine du débiteur une certaine valeur mobilière. Nous avons déjà indiqué (1) comme appartenant à cette catégorie, 1° le privilége des frais faits pour la conservation de la chose (art. 2102, n° 3); 2° le privilége du vendeur d'effets mobiliers (même art., n° 4); 3° le privilége du bailleur d'un bien rural sur les fruits de la récolte de l'année (même art., n° 1, 1er alin.); 4° le privilége des créanciers auxquels des sommes sont dues pour semences, pour frais de récolte ou pour ustensiles (même art., n° 1, 4e alin.): Nous y ajouterons encore le privilége qui appartient en sous-ordre aux bailleurs de fonds servant de cautionnement. (V. n° 78.)

Les priviléges de cette deuxième catégorie se présentent sous un point de vue éminemment favorable. En effet, l'objet sur lequel ils s'exercent a été mis ou conservé par le créancier dans le patrimoine du débiteur; d'où il résulte que jusqu'à concurrence de la valeur de cet objet, l'aliénateur ou le conservateur a fait en réalité l'affaire de la masse des créanciers. L'aliénateur peut même être

______

(1) Au n° 44, où l'art. 2104 a été, par erreur, constamment cité au lieu de l'art. 2102.

considéré comme ayant en quelque sorte *retenu* le droit réel de préférence sur l'objet par lui transféré au débi-teur commun (Comp. ci-dessus, n° 11, p. 13, *in fine*).

A. *Privilége des frais faits pour la conservation de la chose.*

(Art. 2102, n° 3.)

Sommaire.

80. Droit romain.
81. Ancien droit français.
82. Code civil.

80. *Droit romain.* — L'origine de ce privilége se retrouve dans les textes du droit romain. Nous nous contenterons de citer ici les lois 5 et 6, ff, *qui pot. in pign.* (XX, 4). La première de ces lois s'exprime ainsi : *Interdum posterior potior est priori; ut puta, si in rem istam conservandam impensum est, quod sequens credidit;* et la seconde motive le privilége en ces termes énergiques, si fréquemment cités par les jurisconsultes modernes : *hujus pecunia salvam fecit totius pignoris causam.*

Le conservateur de la chose avait-il, en cette seule qualité, une hypothèque tacite privilégiée sur la chose conservée, ou bien n'acquérait-il hypothèque que par une convention expresse, avec l'avantage extraordinaire de primer les hypothèques antérieures ? Cette dernière solution est, à notre avis, la mieux établie (1).

81. *Ancien droit français.* — L'ancien droit français ne présente sur ce point aucun principe général bien constant; néanmoins, quelquefois les jurisconsultes justifiaient l'existence de certains priviléges par cette considération que le créancier avait conservé le gage commun (2). C'est même par une sorte d'application exagérée du même

---

(1) V. la citation faite p. 90, note 1.

(2) V. Pothier, *Procéd. civile*, 4ᵉ part., sect. 2, art. 7, § 2, et *cout. d'Orléans*, tit. 20, n°ˢ 116 et suiv.

principe que la coutume de Paris accordait au créancier premier saisissant un privilége sur l'objet saisi, non-seulement pour les frais de poursuite, mais encore pour la créance en vertu de laquelle la saisie avait été opérée (1).

82. *Code civil.* — Le projet de code civil passait complétement sous silence le privilége pour frais de conservation d'une chose mobilière. On ne s'en occupa qu'après coup et sur l'observation du tribunat, qui ne fit que le signaler brièvement, comme un droit dont la légitimité ne peut être contestée (2). C'est qu'en effet il n'est pas de privilége dont la cause soit plus évidente; le créancier qui a sauvé le gage commun a fait une chose utile à tous les créanciers, et dès lors ceux-ci ne peuvent se plaindre de le voir colloqué par préférence sur l'objet conservé, jusqu'à concurrence de ses frais de conservation.

De là il suit tout naturellement que ce privilége ne s'exerce que sur la chose conservée, et non sur les autres biens du débiteur. Mais aussi, comme ce privilége est indépendant de toute idée de nantissement, il importe peu que le créancier soit ou non saisi de l'objet; il suffit que le débiteur en soit demeuré propriétaire.

Question. — La créance des simples frais d'amélioration d'un meuble, laquelle est certainement garantie par le droit de rétention (V. ci-dessus, n° 6) (3) est-elle, en outre, privilégiée comme la créance des frais de conservation ?

L'affirmative ne serait pas douteuse si nous pouvions trancher la question par de simples arguments d'analogie.

---

(1) V. *cout. de Paris*, art. 178; comp. *cout. d'Orléans*, art. 447.

(2) *Le fondement de ce privilége est incontestable*, dit le tribunat; *il est à propos de l'insérer* (V. Locré, t. XVI, p. 314).

(3) V. MM. Persil, sur l'art. 2102, § 3, n° 2; Duranton, t. XIX, n° 115; Troplong, t. I, n° 176.

Ainsi, on peut dire qu'au fond, entre la dépense de conservation et celle d'amélioration, il n'existe qu'une différence du plus au moins; car dans l'un et l'autre cas, les déboursés du créancier ont produit une augmentation du patrimoine du débiteur. Si donc l'objet mobilier conservé est grevé d'un droit de préférence, au profit du créancier qui a fait la dépense de conservation, il paraît tout aussi naturel que la plus-value, résultant de l'amélioration, soit employée à payer par préférence le créancier de qui cette plus-value provient. De même encore, le vendeur d'un objet mobilier, et aussi le locateur d'un bien rural (lequel est en quelque sorte vendeur de récolte) et d'autres encore (V. ci-dessus, n° 79), sont, comme créateurs d'une plus-value, privilégiés sur les objets qu'ils ont fait entrer dans le patrimoine commun. Or, dira-t-on, qu'importe que l'augmentation de valeur provienne d'une vente ou de tout autre contrat, puisque le résultat définitif est toujours le même au profit de la masse? On peut enfin argumenter dans le même sens de plusieurs autres dispositions du Code civil, par exemple, de celle qui attribue à l'architecte et aux autres ouvriers un privilége sur les améliorations qu'ils ont faites à un immeuble (V. art. 2103, n° 4), et soutenir que l'esprit de la loi se révèle suffisamment par l'harmonie de toutes ces décisions (1).

Ces raisons ont certainement une grande force, mais néanmoins il faut toujours nous rappeler qu'en matière de priviléges, l'interprète n'a le droit de raisonner d'un cas à un autre, qu'autant que l'analogie est complète et parfaitement rigoureuse. Certes, les dépenses de *conservation* d'une chose sont bien différentes des simples dé-

____

(1) V., en ce sens, Grenier, t. II, p. 36; Colmar, 7 mars 1812 (Sir., 12, 2, 300; Dall., v° *Hypoth.*, chap. 1, sect. 1, art. 2, § 2); Rouen, 18 juin 1825 (Sir., 26, 2, 127; Dall., 25, 2, 256).

penses d'*amélioration*, et on conçoit que la loi n'ait pas
voulu les placer sur la même ligne. Lorsqu'il s'agit d'une
valeur qui a été mise ou conservée dans le patrimoine
du débiteur, l'exercice du privilége n'offre aucun inconvénient pratique; on connaît d'une manière certaine
l'objet qui en est grevé. Mais il n'en serait pas de même
du privilége limité à la plus-value résultant des améliorations; car la nécessité de distinguer cette plus-value de
l'objet tel qu'il existait dans son état primitif, donnerait
lieu à des questions fort délicates et probablement à de
nombreux procès. Si la loi accorde un privilége à l'ouvrier dont les fournitures ou l'industrie ont créé une *plus-
value immobilière*, ce n'est qu'à la condition d'accomplir,
avant et après les travaux, certaines formalités rigoureuses, propres à faire reconnaître d'une manière certaine le
montant de l'amélioration produite (art. 2110). Or l'observation de formalités équivalentes eût été fort gênante, et
pour ainsi dire impossible, en matière de meubles; la loi
a donc sagement fait en refusant ici le privilége. Celui
qu'elle accorde à l'ouvrier sur les ustensiles aratoires par
lui réparés n'est qu'une exception dont nous donnerons
plus tard les motifs (Comp., art. 2102, n° 1, 4ᵉ alin.) (1).

---

(1) V., en ce sens, MM. Persil, sur l'art. 2102, § 2, n° 2; Delvincourt,
t. III, note 13 de la p. 151; Duranton, t. XIX, n° 115; Dalloz, v°,
Hypoth. et Priv., chap. 1, sect. 1, art. 2, § 2, n° 6; Troplong, t. 1,
n° 176; req. rej. 17 mars 1829 (Dall., 29, 1, 184; Sir., 29, 1, 145); Angers, 6 juillet 1826 (Sir., 27, 2, 50). *Nota.* Ces deux derniers arrêts
semblent néanmoins admettre que tant que l'ouvrier est *saisi*, le droit
de rétention comprend virtuellement le droit de privilége.

B. *Privilége du vendeur de meubles, et subsidiairement droit de revendication.*

(Art. 2102, n° 4.)

Sommaire.

83. Division de la matière.

a. Privilége du vendeur de meubles.

84. Ancien droit français.
85. Code civil. Conditions exigées.
86. De l'objet grevé du privilége.

b. Droit de revendication accordé au vendeur de meubles.

87. Droit romain.
88. Ancien droit français.
89. Code civil. Analyse du texte.
90. De la nature du droit de revendication.

83. *Division de la matière.* — La vente, qui est un des contrats les plus nécessaires et par conséquent les plus usuels, présente une application remarquable des principes posés ci-dessus (n° 79). Nous allons nous en occuper, en traitant du privilége proprement dit qui appartient au vendeur de meubles, et subsidiairement du droit de revendication, dont les rédacteurs du Code ont cru devoir parler en même temps que du privilége. Nous ne dirons rien ici du conflit qui peut s'élever entre le vendeur non payé et le locateur d'immeubles, conflit réglé dans le n° 4 de l'article 2102. Ce dernier point sera examiné dans le *paragraphe* suivant, consacré au *classement* des priviléges sur les meubles.

a. Privilége du vendeur de meubles.

84. *Ancien droit français.* —Il ne peut être question du droit romain en cette matière ; car il ne conférait au vendeur aucune espèce de privilége. Si le vendeur, voulant sui-

vre la foi de l'acheteur, avait entendu que la tradition consommât immédiatement l'aliénation, il ne lui restait plus qu'une simple action personnelle en payement du prix (Comp. *Inst. Just.*, *de rer. div.*, § 41, et L. 12, Cod., *de rei vind.*, III, 33). On ne lui accordait pas même dans ce cas une hypothèque tacite sur l'objet vendu.

Lorsque la vente était faite sans terme, et que le vendeur avait livré l'objet sans recevoir le prix ou une garantie équivalente (V. *Inst. ibid.*), on ne présumait pas qu'il eût voulu suivre la foi de l'acheteur et consommer l'aliénation ; il conservait donc la propriété de la chose nonobstant la tradition par lui effectuée. Dès lors il n'avait pas besoin d'hypothèque ; car il pouvait revendiquer en qualité de propriétaire, si en définitive le prix n'était pas acquitté. Aussi Pothier fait-il remarquer que l'hypothèque privilégiée accordée au vendeur pour la garantie de sa créance, est purement de droit français (1).

L'ancien droit français paraît s'attacher aux règles du droit romain, sur le point de savoir si la propriété a été ou n'a pas été transférée à l'acheteur par suite de la tradition (2). Mais dans le cas où la translation a eu lieu, le droit coutumier accorde au vendeur sur la chose aliénée un privilége, pour la garantie du payement du prix.

L'article 177 de la coutume de Paris reconnaît l'existence de ce privilége du vendeur, au cas même où la vente a eu lieu avec terme. Le texte de cet article est reproduit à peu près littéralement dans la seconde partie de l'article 458 de la coutume d'Orléans, qui s'exprime ainsi : *Et néanmoins encore qu'il eust donné terme, si la chose mobiliaire se trouve saisie sur le debteur par autre créancier,*

---

(1) Note 2 sur l'art. 458 de la *cout. d'Orléans.*
(2) V. Pothier, *Vente*, n°s 322 et suiv.

il peut empescher la vente, et est préféré sur ladite chose mobiliaire aux autres créanciers.

Pothier expliquant ces expressions un peu obscures de l'article *il peut empêcher la vente,* s'exprime ainsi qu'il suit : « *C'est-à-dire former opposition à la saisie et à la vente, non pour revendiquer la chose dont il a cessé d'être propriétaire, mais pour être payé sur le prix par privilége* (1). »

Dans ces dispositions du droit coutumier, on partait évidemment de cette idée, que le vendeur n'ayant aliéné que sous la condition ou la charge du prix à payer, l'objet vendu n'était entré dans les biens de l'acheteur que grevé de cette charge. De là on pouvait conclure rigoureusement que le vendeur n'avait pas fait une aliénation complète, puisqu'il avait *retenu* un droit réel, c'est-à-dire, un droit de préférence.

Le privilége du vendeur de meubles fut étendu par la jurisprudence aux coutumes muettes (2); bien mieux, il fut même admis dans certains pays de droit écrit (3).

Conformément à la pratique générale sur les effets de la possession des meubles, le privilége du vendeur cessait de grever l'objet, lorsque l'acheteur s'en était dessaisi au profit d'un tiers, par exemple l'avait revendu et livré (4). Dans ce cas, le vendeur primitif n'avait pas même de privilége sur le prix de la revente (5).

85. *Code civil.* — En cette matière, le Code civil a purement et simplement suivi les traditions de l'ancien droit français. L'article 2102, n° 4, déclare privilégié *le prix d'effets mobiliers non payés s'ils sont encore en la pos-*

---

(1) Note 2 sur l'art. 458.; aj. Laurière, De Ferrière et autres, sur l'art. 177 de la *cout. de Paris.*

(2) V. De Ferrière, sur l'art. 177 de la *cout. de Paris*, n° 11.

(3) V. le même, *ibid.*

(4) V. le même, *ibid*, n° 4.

(5) V. Brodeau, sur Louet, n° 14.

session du débiteur, qu'il ait acheté à terme ou sans terme. »

Ainsi, aujourd'hui comme dans notre ancien droit, le privilége existe dans tous les cas, c'est-à-dire, sans qu'il y ait à distinguer si la vente est faite avec ou sans terme ; et il s'éteint si le meuble vendu n'est plus en la possession de l'acheteur. Mais comme cette dernière règle n'est qu'une application du principe général de l'article 2279, on devrait, sans hésiter, conserver au vendeur son privilége contre le possesseur actuel qui aurait acquis l'objet de mauvaise foi, et même contre le possesseur de bonne foi, si l'acheteur primitif a perdu la chose ou si elle lui a été volée (V. art. 2279 ; Comp. art. 1141).

Lorsque l'acheteur qui a revendu l'objet dont il doit le prix ne l'a pas encore livré, le privilége du premier vendeur subsiste. Cette solution résulte d'abord du texte même de l'article 2102, et ensuite de ce principe général, que la translation de la *possession réelle* d'un meuble peut seule faire disparaître les droits antérieurement acquis à des tiers (V. art. 2279 ; comp. art. 1141) (1).

Première question. — Le privilége du vendeur est-il éteint lorsque l'acheteur a donné le meuble en gage ?

On a soutenu la négative, en se fondant sur le principe que le privilége cesse lorsque l'acheteur s'est dessaisi de la possession au profit d'un tiers (2). Mais, à notre avis, c'est faire une application très-fausse d'une idée vraie en elle-même. Il est tout à fait inexact de dire que l'acheteur, en constituant un gage, ait entièrement abdiqué la possession de l'objet ; car il possède au point de vue de la propriété qu'il a conservée, comme le créancier gagiste

---

(1) V. Grenier, t II, p. 39 ; MM. Persil, sur l'art. 2102, § 4, n° 2 ; Troplong, t. I, n° 184 *bis* ; Aubry et Rau, t. II, p. 113, note 22 ; comp. Delvincourt, t. III, note 2 de la p. 152.

(2) V., en ce sens, M. Troplong, t. 1, n° 185.

possède au point de vue de son droit de gage. Sous le premier de ces rapports, l'acheteur continue de posséder par l'intermédiaire du créancier gagiste, lequel, à cet égard, n'est qu'un simple détenteur précaire, comme serait un dépositaire, un emprunteur, etc. (Comp. art. 2236).

Sans doute, si le créancier gagiste a reçu le gage de bonne foi, c'est-à-dire, sans avoir eu connaissance des droits du vendeur, il pourra invoquer, dans son intérêt propre et personnel, le principe qui subordonne le privilége du vendeur à la continuation de la possession de l'acheteur, et il devra primer le vendeur (1). Mais une fois ce créancier gagiste désintéressé, le vendeur reprendra le plein et entier exercice de son privilége (2).

Deuxième question. — Le privilége continue-t-il d'exister, lorsque la chose vendue a subi des changements qui ont modifié sa nature primitive ?

Nous croyons devoir admettre l'affirmative sur ce point, toutes les fois que les changements subis par la chose n'empêchent pas d'en constater l'identité. Sans doute, comme nous le verrons bientôt, l'article 2102, n° 4, subordonne l'exercice de la *revendication* du vendeur à la double condition que la chose vendue soit encore en la possession de l'acheteur et *qu'elle soit dans le même état;* mais quant à l'existence du *privilége*, cette dernière condition n'est nullement exigée. On conçoit, en effet, que le vendeur, nonobstant les transformations subies par la chose, conserve le droit d'être payé par préférence sur la valeur qu'il a mise dans le patrimoine du débiteur, sans pouvoir, bien entendu, jamais réclamer au delà du prix de vente ; et qu'au contraire on ne lui permette pas de

---

(1) V. ci-dessous, le § 3 consacré au *classement* des priviléges sur les meubles.

(2) V., en ce sens, MM. Aubry et Rau, t. II, p. 113, note 22.

reprendre en nature un meuble qui, ayant été transformé depuis la vente, se trouve en quelque sorte anéanti, non sans doute comme valeur, mais comme individualité.

Troisième question. —Le privilége du vendeur subsiste-t-il sur les effets mobiliers que l'acheteur débiteur du prix a rendu immeubles par destination, notamment sur des machines incorporées à une fabrique?

Il nous semble qu'en principe général rien ne doit s'opposer à ce que le vendeur fasse détacher ces objets du corps de l'immeuble, pour exercer sur eux son privilége. Mais si l'immeuble dont il s'agit avait été grevé d'hypothèque avant ou après l'immobilisation, les créanciers hypothécaires devraient l'emporter sur le vendeur, parce que l'hypothèque s'étend à toutes les améliorations survenues à l'immeuble hypothéqué (V. art. 2118 et 2133); sauf à admettre une exception pour le cas où, lors de l'établissement de l'hypothèque sur les objets incorporés à l'immeuble, les créanciers auraient eu connaissance des droits du vendeur (1).

86. *De l'objet grevé du privilége.* — Il faut bien remarquer que le privilége du vendeur, non plus que les autres priviléges spéciaux sur les meubles, ne se transporte pas de la chose sur le prix qui pourrait en être dû. Ainsi lorsque l'acheteur d'un meuble l'a revendu et livré, la créance du prix de la revente ne sera pas affectée par préférence au payement du premier vendeur. En effet, la seule chose que la loi soumette au privilége est le meuble vendu, et non les créances qui

---

(1) V., sur ce point, MM. Aubry et Rau, t. 2, p. 113, note 23, et les autorités qu'ils citent, lesquelles sont : pour la négative, C. roy. de Rouen, 19 juillet 1828 (Sir. 29, 2, 266), et ch. civ. rej. 22 janvier 1833 (Sir. 33, 1, 446); pour l'affirmative, Cour de cass. de Bruxelles, rej. 19 mai 1833 (Sir. 34, 2, 561). Aj. encore, dans ce dernier sens, Caen, 1er août 1837 (Dev.-Car. 37, 2, 41) et ch. civ. rej., 24 mai 1842 (*ibid.* 43, 1, 39).

peuvent être acquises à l'occasion de ce meuble (1).

On objectera peut-être que le privilége n'étant qu'un droit de préférence sur le prix de la chose, on arrive logiquement à affecter le prix de la revente au payement du créancier privilégié. Mais la force de cette objection n'est qu'apparente; car le prix sur lequel les créanciers privilégiés sont colloqués par préférence, ne doit pas être déterminé à l'amiable et d'une manière arbitraire, mais aux enchères publiques, soit à la requête des créanciers, soit par les soins d'un administrateur (héritier bénéficiaire, ou curateur à la succession vacante), lequel représente la masse des créanciers. La vente faite à l'amiable ne garantirait pas d'une manière convenable les intérêts de cette masse. En effet, il est à craindre que la chose grevée du privilége ne soit cédée ainsi fort au-dessous de sa valeur, tandis que si la vente a lieu à la chaleur des enchères judiciaires, on peut espérer qu'une certaine portion du prix restera disponible, après l'acquittement de la créance privilégiée.

Sans doute, comme nous le verrons plus tard, il en est autrement en matière d'hypothèques et de priviléges immobiliers; le créancier peut exercer son droit de préférence sur le prix de la vente faite à l'amiable. Mais c'est que le créancier hypothécaire ou privilégié ayant un droit de suite sur l'immeuble vendu, on a été conduit, pour tempérer la rigueur de ce droit de suite, à établir que l'acheteur pourrait offrir son prix au créancier, et mettre celui-ci en demeure d'accepter ce prix, ou de surenchérir (V. C. civ., art. 2166—2169; 2181 et suiv.).

Ceci nous conduit à l'examen d'une question grave et souvent agitée, dont les données sont complexes, et sur laquelle plusieurs distinctions seront nécessaires.

---

(1) V. M. Persil, sur l'art. 2102, § 4, n° 1; comp. ci-dessus, n° 84 *in fine.*

Question. — Le vendeur de choses mobilières incorpo-
relles telles que les rentes, les actions dans les sociétés, les
autres créances, les fonds de commerce y compris l'acha-
landage et les recouvrements, et enfin les offices minis-
tériels (1), a-t-il le privilége résultant de l'article 2102,
n° 4?

A cet égard, on peut soutenir la négative d'une manière générale et absolue, en disant que les mots *effets
mobiliers* qu'emploie l'article 2102, n° 4, ne comprennent pas, dans le langage habituel, tout ce qui est *meuble*
dans le sens le plus large du mot, mais seulement *les
meubles corporels;* que d'ailleurs l'ensemble de la rédaction de ce numéro, notamment les termes de *possession*
et de *revendication des effets*, montre suffisamment que
le législateur a entendu prendre ici les mots *effets mobiliers*
dans leur sens pratique et usuel (2).

Mais, dans le sens contraire, on fera remarquer que,
d'après le Code civil lui-même (V. art. 535), l'expression
d'*effets mobiliers* comprend généralement tout ce qui est
censé meuble d'après les règles établies par la loi, c'est-

---

(1) Nous supposons ici avec une jurisprudence aujourd'hui constante,
que le contrat formé entre le titulaire d'une charge et le successeur qu'il
présente à l'agrément du roi (**V. L.** du 28 avril 1816, art. 91), est une
véritable *vente de l'office*, et non un contrat innomé *sui generis*. La puissance de la logique l'a emporté dans la pratique sur les distinctions fort
consciencieuses, mais trop subtiles pour la pratique, de **M.** le garde des
sceaux Pasquier (V. son instruction aux procureurs du roi, du 21 février 1817). Nous savons que depuis, un autre garde des sceaux a cherché
à faire écarter en cette matière l'idée de vente, précisément pour arriver
à refuser le privilége de vendeur au titulaire qui s'est démis de sa charge
moyennant un prix. C'est que le ministre considérait l'existence du
privilége comme tendant à favoriser la transmission des offices à des personnes très-peu solvables et n'offrant point de garantie personnelle.

(2) **V. M.** Persil, sur l'art. 2102, § 4, n° 4, et *Questions*, t. I, ch. 3,
§ 5; Paris, 18 mai 1825 (Sir., 25, 2, 391); et spécialement quant à l'acha-
landage d'un fonds de commerce, Paris, 26 nov. 1833 (Sir., 32, 2, 594).

à-dire, tout ce qui n'est pas *immeuble* (V. art. 516-526 ; aj. art. 529 et 530). Pour répondre à l'objection tirée de la rédaction de l'article 2102, n° 4, on dira que, dans le langage du Code, les droits sont, tout aussi bien que les objets corporels, susceptibles de possession et de revendication (Comp. art. 2228). Enfin, remontant à l'esprit même de la loi, on alléguera qu'il n'existe aucun motif rationnel de distinguer entre les ventes de meubles corporels et celles de droits mobiliers, puisque le vendeur est toujours également digne de faveur, quand il demande à être payé par préférence sur la valeur, régulièrement déterminée, du bien qu'il a mis dans le patrimoine du débiteur.

Un dernier argument (qui n'a pas une portée absolue, puisqu'il ne s'applique pas aux offices dont le *nouveau titulaire a été investi par la nomination royale*), consiste à dire que le vendeur pouvant demander la résolution de la vente pour défaut de payement du prix (V. art. 1184 et 1654), il serait étrange qu'on lui refusât l'exercice d'un simple privilége.

Cette seconde solution, que nous croyons bien fondée, ne présente aucune difficulté d'application, lorsqu'il s'agit, soit des rentes sur particuliers, lesquelles peuvent être revendues aux enchères, suivant les règles prescrites par le Code de procédure (V. C. pr., art. 636 et suiv.), soit des effets qui sont cotés à la Bourse et dont la négociation se fait au cours du jour, soit enfin des actions dans les sociétés et des fonds de commerce, pour la vente publique desquels la pratique a suppléé au silence de la loi(1).

Il n'en peut être de même des autres créances, qui

---

(1) V. quant à la saisie des actions ou intérêts dans les compagnies, la discussion soulevée à la chambre des pairs par une proposition de M. Persil (*Moniteur* du 31 mars 1842).

ne sont pas considérées comme susceptibles d'être mises aux enchères publiques. Mais il faut dire que la valeur de ces créances, et par suite l'étendue du privilége, est parfaitement déterminée au montant de la somme acquittée par le débiteur cédé, ce qui équivaut, lorsque le débiteur est solvable, au chiffre intégral de la créance. Si la créance était d'objets autres qu'une somme d'argent, le privilége s'exercerait sur le prix de ces objets vendus aux enchères publiques.

Quant aux offices dont le prix n'a pas été payé, pour que la question de privilége puisse se présenter, il faut nécessairement supposer, ou que l'acheteur s'est dépouillé de sa charge par un nouveau traité, ou que l'autorité compétente ayant prononcé sa destitution, n'a admis un nouveau titulaire qu'à la charge de verser une somme destinée au payement des créanciers ; car bien évidemment on ne saurait concevoir la saisie du titre de la fonction et la vente de ce titre aux enchères publiques. Le prix de l'office se trouve régulièrement fixé par l'intervention du ministre de la justice, auquel sont toujours soumises les clauses des traités qu'autorise implicitement l'article 91 de la loi du 28 avril 1816 (1).

(1) V., en faveur de ces solutions, Delvincourt, t. III, note 1 de la page 152 ; Favard de Langlade, *Rép.*, v° *Privilége*, sect. 1, § 2, n° 9 ; MM. Duranton, t. XIX, n° 126 ; Troplong, t. 1, n° 187 ; Dalloz, *Hypoth.*, chap. Ier, sect. 1, art. 2, § 2, n° 10 ; Aubry et Rau, t. II, p. 112, note 21 ; ch. civ., cass., 28 novembre 1827 (Sir., 28, 1, 12 ; Dall., 28, 1, 36) ; req. rej., 2 janvier 1838 (Dev.-Car., 38, 1, 259 ; Paris, 8 février 1834 (Sir., 34, 2, 87), et 1er décembre 1834 (*ibid.*, 35, 2, 80) ; Rouen, 7 août 1841 (Dev.-Car., 42, 2, 24) ; spécialement quant aux *ventes d'offices*, req. rej., 16 février 1831 (Sir., 31, 1, 74 ; Dall., 31, 1, 54) ; civ. cass., 23 janvier 1843 (Dev.-Car., 43, 1, 121 ; Orléans, 12 mai 1829 (Sir., 29, 2, 169) ; Lyon, 9 février 1830 (Sir., 30, 2, 227 ; Dall., 30, 2, 144) ; Paris, 11 décembre 1834 (Sir., 35, 2, 112) ; Bordeaux, 2 décembre 1842, et jugement du tribunal de la Seine, du 21 mars 1843 (Dev.-Car., 43, 2, 146).

_b._ Droit de revendication accordé au vendeur de meubles.

87. *Droit romain.*—Nous savons déjà que dans les principes du droit romain, le vendeur qui avait livré la chose avant d'être payé du prix, n'était pas censé avoir voulu en transférer immédiatement la propriété (V. ci-dessus, n° 84.) Cette règle, écrite dans le texte même de la loi des Douze Tables, était d'ailleurs fondée sur une interprétation raisonnable de l'intention des parties. En effet, il n'était pas probable que le vendeur voulût abdiquer sa propriété sans être nanti du prix, s'exposant ainsi aux chances de l'insolvabilité de l'acheteur. On le considérait donc comme n'ayant transféré qu'une détention précaire, et, à défaut de payement, il demeurait le maître de revendiquer l'objet vendu. Mais cette règle cessait d'être applicable, non-seulement quand le vendeur avait formellement déclaré qu'il entendait transférer la propriété, mais encore lorsque des circonstances particulières montraient qu'il avait voulu suivre la foi de l'acheteur, par exemple, s'il avait accepté une caution ou accordé un terme pour le payement (1).

88. *Ancien droit français.* — L'article 194 de l'ancienne coutume de Paris, conforme à un acte de notoriété du Châtelet de l'année 1373, était ainsi conçu : « *Qui vend une chose mobiliaire sans jour et sans terme, espérant estre payé promptement, il peut* sa chose *poursuivre en quelque lieu qu'elle soit transportée pour estre payé du prix qu'il l'a vendue.* »

Cette disposition se retrouve textuellement dans l'article 176 de la nouvelle coutume de Paris, et dans la première partie de l'article 458 de la coutume d'Orléans.

Dumoulin, dans ses observations sur l'ancienne cou-

---

(1) V. *Inst.*, § 41, *de div. rer.*; aj. L. 19, ff, *de contr. empt.* (XVIII, 1).

tume de Paris, fait, sur ces mots : *Pour estre payé du prix qu'il l'a vendue*, la note suivante : « Et pour la recouvrer et en demeurer saisi jusqu'à ce qu'il soit payé, § *venditæ vero res*, *etc.*, Inst., *de rer. divis.*, et plus au long en mon commentaire. »

Ainsi, comme on le voit, Dumoulin ne manque pas de rattacher l'article de la coutume au paragraphe des Institutes déjà cité plusieurs fois ci-dessus (V. n°s 84 et 87). Mais ce qui est extrêmement remarquable, c'est que, d'après Dumoulin, cette revendication du vendeur n'a pour but que le recouvrement de la saisine ou possession, en attendant le payement du prix. En effet, le vendeur non payé est demeuré propriétaire, conformément à la règle du droit romain ; et c'est là le fondement de son droit de revendication (1). Mais l'exercice de ce droit n'a point pour résultat d'anéantir le contrat de vente ; seulement il en suspend les suites naturelles, en faisant restituer au vendeur la possession qu'il avait abandonnée dans l'espoir d'un payement presque immédiat.

Cette note de Dumoulin est de la plus haute importance ; nous allons bientôt nous en servir pour l'interprétation du Code civil. Quant à présent, il nous suffit de dire qu'elle a été reproduite par les divers commentateurs de la coutume de Paris.

Ainsi Brodeau, dans son commentaire sur l'article 176 de la nouvelle coutume, s'exprime ainsi : « *Pour être payé du prix de la vente*, c'est-à-dire, pour les recouvrer (les choses mobiliaires vendues) et en être saisi jusqu'à ce qu'il soit payé, dit du Molin en son apostil sur l'article 194 de l'ancienne coutume. »

Enfin de Ferrière, sur le même article 176, dit : « Celui

---

(1) Tous les anciens auteurs disent que le vendeur est resté propriétaire. V. notamment Pothier, *cout. d'Orléans*, art. 458, note 1.

qui a vendu une chose mobiliaire sans jour et sans terme, espérant être payé promptement, peut la poursuivre en quelque lieu qu'elle soit transportée, pour être payé du prix qu'il l'a vendue, et même pour la recouvrer et en demeurer saisi jusqu'à ce qu'il soit payé, comme du Moulin l'a remarqué sur cet article (1). »

Ce droit de reprendre la possession était, d'après le texte même de la coutume, constitué au profit du vendeur dans les termes les plus larges et les plus favorables. D'une part, on accordait l'action même contre les tiers détenteurs (*en quelque lieu qu'elle* (la chose) *soit transportée*) (2); et, d'autre part, on ne la circonscrivait dans aucun délai déterminé. Toutefois on admettait généralement que la chose devait être suivie dans un bref délai, lorsque l'action était dirigée contre un détenteur de bonne foi (3).

Enfin on s'accordait généralement à refuser la revendication, dans le cas où la chose n'existait plus dans sa forme première. Ainsi, suivant Pothier, si de la laine vendue on a fait des ouvrages, le vendeur ne peut plus la revendiquer (4).

89. *Code civil.* — L'article 2103, n° 4, du Code civil, consacre la revendication du vendeur d'effets mobiliers en ces termes : *Si la vente a été faite sans terme, le vendeur peut même revendiquer ces effets tant qu'ils sont en la possession de l'acheteur, et en empécher la revente, pourvu que*

---

(1) *Corps et compilation*, etc., n° 5; V. *ibid.*, *Remarques* à la suite du texte de l'art. 176 ; aj. le *petit comment.* du même, sur le même article.

(2) *Même contre les tiers détenteurs* , remarque Pothier, *en la faisant entiercer* (sur l'art. 458 de la *cout. d'Orléans*, note 1).

(3) V. de Ferrière, sur l'art. 176 de la cout. de Paris, n° 13; aj. le *petit comment.* du même , où l'action est limitée à *sept ou huit jours;* comp. Pothier, *cout. d'Orléans*, art. 458 , note 1.

(4) V. Pothier, *ibid.*, et de Ferrière, *Corps et compilation*, etc., n° 18.

*la revendication soit faite dans la huitaine de la livraison, et
que les effets se trouvent dans le même état dans lequel cette
livraison a été faite.*

Quant aux formalités à suivre pour la revendication
des meubles, elles sont indiquées au Code de procédure (1).

En soumettant à une analyse exacte ce texte du Code
civil, on reconnaît qu'il subordonne le droit de revendication à quatre conditions distinctes : Il faut 1° que la
vente ait été faite sans terme ; 2° que la chose soit encore
en la possession de l'acheteur ; 3° que la revendication
ait lieu dans la huitaine de la livraison ; 4° que la chose
se trouve dans le même état qu'à l'époque de la livraison.

On aperçoit sans peine ici les modifications apportées
à la revendication mobilière, telle qu'elle était organisée
dans les coutumes de Paris et d'Orléans. D'abord, il n'est
plus question d'exercer ce droit contre des tiers détenteurs, au moins quand ils sont de bonne foi. Nous avons
déjà reconnu à plusieurs reprises que le Code civil a
consacré d'une manière nette et énergique, une règle
encore obscure et incertaine dans le droit coutumier,
savoir, qu'en fait de meubles la possession vaut titre. Ensuite l'action du vendeur est circonscrite dans le délai de
huitaine ; de sorte qu'on a transporté à la revendication
exercée contre l'acheteur lui-même, une fixation de délai
proposée autrefois pour le cas où le vendeur agissait contre
un tiers détenteur de bonne foi (V. ci-dessus, p. 114,
note 3).

90. *De la nature du droit de revendication.* — Des difficultés très-graves se sont élevées relativement à la nature
précise du droit de revendication dont nous traitons ici.

---

(1) **Art. 826-831.**

D'une part, le Code civil admettant que la propriété de la chose vendue est transférée à l'acheteur par le seul consentement, sans que la tradition ait été faite ni le prix payé (V. art. 1138 et 1583), on se demande sur quoi est basée la revendication du vendeur, puisque ce n'est plus sur le droit de propriété. Et, d'autre part, comme l'article 1654 permet au vendeur de demander la résolution de la vente pour défaut de payement de prix, il faut rechercher s'il existe quelque différence entre cette résolution et la revendication de l'article 2102. Là-dessus se présentent trois systèmes que nous allons faire connaître successivement.

Premier système. — La revendication mentionnée dans le n° 4 de l'article 2102, n'est autre chose que le droit de résolution opposé aux créanciers de l'acheteur (1). Voici les arguments sur lesquels on appuie cette solution.

D'abord, dit-on, il faut bien se pénétrer de ce principe fondamental de notre droit actuel, que la propriété est transférée par le seul effet de la vente, indépendamment de la tradition et du payement du prix (art. 1138 et 1583). Dès que ce principe est admis, il devient impossible de concevoir que le vendeur non payé soit admis à reprendre la chose, si l'on ne reconnaît qu'en pareil cas il s'opère à son profit une véritable résolution de la vente.

Cela posé, il reste à concilier l'article 2102, n° 4,

---

(1) V., en faveur de ce système, M. Duranton, t. XVI, n°ˢ 204 et 380, et t. XIX, n° 120. Toutefois, M. Duranton signale la bizarrerie du résultat auquel il est conduit ; il ne peut s'expliquer pourquoi le législateur admet dans la matière des résolutions une distinction entre les ventes à terme et les ventes sans terme. Le même système a été reproduit avec beaucoup de force par M. l'avocat général Laplagne-Barris, donnant ses conclusions dans une affaire soumise à la cour de cassation (V. Sir., 1836, 1, 181, et ci-dessous, p. 118, note 1, *à la fin*).

qui n'admet la revendication que pendant huitaine et au
cas de vente faite sans terme, avec le principe général des
articles 1184 et 1654, lesquels accordent de la manière
la plus large l'action en résolution pour défaut de payement du prix. Cette conciliation consiste à dire que
les articles 1184 et 1654 ne sont applicables à la vente
des meubles que dans le cas où le débat se restreint
entre le vendeur et l'acheteur; tandis qu'au contraire,
l'article 2102, n° 4, suppose que le vendeur invoque son
droit de résolution contre la masse des créanciers de l'a-
cheteur.

Enfin, on justifie cette distinction en alléguant qu'il n'y a
point d'inconvénients à accorder très-facilement au vendeur non payé, le droit de résolution *purement personnel,*
c'est-à-dire opposable à l'acheteur seul; tandis qu'au contraire l'exercice de ce droit présenterait de graves dangers,
s'il nuisait aux autres créanciers, qui ont dû compter sur
la valeur de la chose possédée par l'acheteur.

Cette conciliation qu'on propose d'admettre entre les
articles 1654 et 2102, n° 4, ne nous paraît pas fondée.

Remarquons d'abord que le vendeur d'un meuble n'a
presque jamais intérêt à former une demande en résolution qu'autant que l'acheteur est insolvable. Cette
demande le met donc presque inévitablement en présence des autres créanciers de l'acheteur. Il ne paraît
donc guère vraisemblable qu'on ait imaginé de concéder
au vendeur un droit de résolution purement personnel
contre l'acheteur, et non opposable aux créanciers de ce
dernier?

Maintenant est-il bien vrai que le législateur ait entendu
prendre en considération l'intérêt des créanciers qui,
voyant le meuble vendu entre les mains de l'acheteur,
ont dû croire que le prix en avait été acquitté, et l'ont
regardé comme le gage naturel de leurs créances? Sur ce

point nous ferons une observation bien simple : si le législateur eût voulu, pour des motifs qui se rapportent au crédit privé, restreindre le droit de résolution, il n'aurait pas manqué de restreindre également, dans le même but, l'exercice du privilége. Or, bien loin de là, le privilége est accordé quelles que soient les clauses de la vente, et tant que les objets vendus se trouvent dans la possession de l'acheteur. Et même, dans certains cas il serait à souhaiter pour les créanciers que le vendeur recourût à la résolution plutôt qu'au privilége; car souvent le prix de la revente étant insuffisant pour désintéresser le vendeur, celui-ci viendra, pour le restant de sa créance, à la contribution sur les autres biens de l'acheteur, tandis que la résolution aurait pu entièrement éteindre la dette résultant de la vente (1).

---

(1) Ce système, qui refuse au vendeur l'action en résolution hors des cas où l'art. 2102 lui accorde la revendication, a été repoussé par la jurisprudence. On peut citer de nombreux arrêts de la cour de Paris, notamment du 18 août 1829 (Sir., 30, 2, 10; Dal., 29, 2, 281); du 20 juillet 1831 (Sir., 32, 2, 29; Dal., 31, 2, 238), et du 10 juillet 1833 (Sir., 33, 2, 472). Dans les deux premiers de ces arrêts, le débat était engagé entre le vendeur demandeur en résolution, et les syndics de la faillite de l'acheteur ou de simples créanciers de celui-ci. Dans le dernier, il s'agissait de savoir si le vendeur d'une machine à vapeur avait perdu le droit de résolution, par suite de l'incorporation de cette machine à un immeuble; le vendeur avait pour adversaires les créanciers hypothécaires de l'acheteur; l'arrêt donne gain de cause au vendeur. Dans un dernier arrêt du 14 novembre 1837 (Sir., 38, 2, 97), la cour de Paris a décidé de nouveau que l'action en résolution peut être opposée par le vendeur de meubles aux créanciers de l'acheteur.

La question ne s'est présentée qu'une seule fois devant la cour de cassation. Il s'agissait du pourvoi formé contre un arrêt qui avait décidé que le vendeur d'une machine à vapeur n'avait plus le droit de demander la résolution, lorsque la machine avait été incorporée à l'immeuble. Devant la cour, M. Laplagne-Barris posa nettement la question qui nous occupe. Son argumentation consistait à dire que la résolution et la revendication sont deux droits qui se confondent, et que le vendeur, n'étant plus dans

Deuxième système. — Ce système consiste à voir dans le droit de revendication accordé par l'article 2102, une sorte d'annulation du contrat plus expéditive et plus sommaire que la résolution judiciaire basée sur les articles 1184 et 1654. La *revendication* du vendeur suppose de plein droit qu'il n'y a pas eu de vente valable, et que l'aliénation n'a pas été consommée ; en conséquence, 1° le vendeur qui *revendique* emploie la voie de *saisie* organisée dans les articles 826 et suivants du Code de proc., au lieu que pour user du droit de résolution, il faut procéder par voie d'assignation en justice ; 2° Les juges ne peuvent arrêter les effets de la *revendication* en accordant à l'acheteur un délai de grâce ; tandis qu'ils ont ce pouvoir en matière de demande en résolution (V. art. 1184 et 1654). Ainsi, la vente sera tenue pour *non avenue* dans le cas limitativement déterminé au n° 4 de l'article 2102 ; dans les autres cas elle pourra être simplement *résolue*, par exemple, si la vente est faite à terme, ou si la huitaine est expirée depuis la tradition (1).

M. Troplong, qui expose ce système, ajoute que l'action en revendication est *réelle*, et l'action en résolution *personnelle*, ce qui signifie sans doute que la première seule est opposable à la masse des créanciers. Mais il ne justifie par aucun argument cette assertion relative au caractère de l'action en résolution.

Voilà donc, par une fiction vraiment extraordinaire, une vente annulée, ou supposée nulle, sans remise, sans délai possible, et à la discrétion du vendeur, par cela

----

les conditions voulues par l'art. 2102, n° 4, devait, par ce motif, être déclaré déchu. La cour décida que l'art. 1654 s'appliquait en principe aux ventes de meubles aussi bien qu'aux ventes d'immeubles, mais rejeta le pourvoi du vendeur, en se fondant sur le fait de l'incorporation. (Cass., civ. rej., 9 déc. 1835 ; Sir., 1836, 1, 181).

(1) V. M. Troplong, *Privil. et hypoth.*, t. 1, n° 193.

seul que la chose ayant été livrée, il y a retard dans le payement du prix. Ce résultat nous semble inadmissible de tout point. En effet, la vente étant formée par le consentement des parties, la propriété est immédiatement transférée, d'après les principes du Code civil (V. art. 1138 et 1583). Dès lors, comment l'aliénation serait-elle anéantie au gré du vendeur pour un simple retard dans le payement de la chose livrée, sans qu'aucune résolution ait été prononcée comme l'indiquent les articles 1184 et 1654?

On répond que l'article 2102 contient une exception au principe général de l'article 1583 (1). Mais combien cette exception serait large, puisqu'elle embrasserait toutes les ventes de meubles faites au comptant! Comment ensuite concevoir qu'elle se trouve ainsi jetée en termes obscurs dans un article du titre *Des priviléges et hypothèques*? D'ailleurs, laissant de côté pour un moment la question de propriété, que deviendront les obligations mutuelles résultant du contrat? Seront-elles aussi tenues pour nulles, sans décision judiciaire, par cela seul que le vendeur, ayant fait la livraison, n'a pas été immédiatement payé? Un tel résultat, il faut en convenir, serait aussi bizarre que rigoureux pour l'acheteur; ce dernier, lorsqu'il n'est pas en mesure de payer sur-le-champ, n'aurait d'autre ressource que de refuser la livraison qui lui serait offerte, afin de ne pas mettre le contrat à la discrétion entière du vendeur.

Troisième système.—Dans ce dernier système (2), que nous croyons fondé sur une saine interprétation de la loi,

---

(1) V. M. Troplong, *Privil. et hypoth.*, t. 1, n° 193.

(2) Je l'ai entendu exposer, pour la première fois, dans le concours de 1839, par M. Vuatrin, aujourd'hui professeur suppléant à la Faculté de Droit de Paris.

la revendication exercée aux termes de l'article 2102, n'a d'autre objet que de réintégrer le vendeur dans *la possession* du meuble vendu et livré, et n'anéantit pas le contrat de vente. Nous allons entrer sur ce point dans quelques développements.

Dans toute espèce de vente, faite avec terme ou sans terme, le vendeur a deux droits importants, qui lui servent de garantie dans le cas où l'acheteur n'exécute pas ses obligations. Ces droits sont : 1° le privilége dont nous nous sommes occupé plus haut; 2° la faculté de demander la résolution du contrat. En outre, si l'acheteur n'a point obtenu terme pour payer, le vendeur a le droit de retenir la chose jusqu'au payement; car les obligations des contractants étant corrélatives, c'est-à-dire, causes l'une de l'autre, l'accomplissement de l'une ne peut être exigée, si l'autre demeure sans exécution (Comp. ci-dessus, n° 6).

Maintenant, qu'on se rappelle l'hypothèse prévue dans l'article 2102, n° 4. La vente a été faite sans terme, au comptant; dès lors, comme le dit l'article 1612, le vendeur n'était pas tenu de délivrer l'objet vendu, tant que l'acheteur n'en payait pas le prix; il avait sur cet objet un véritable droit de rétention (V. le même n° 6). Cependant il a effectué la livraison, comptant évidemment être payé dans un très-bref délai. S'il est trompé dans cet espoir d'un payement presque immédiat, comment la loi doit-elle venir à son secours ? C'est évidemment en lui permettant de ressaisir la chose et de se replacer dans sa position primitive. Il recouvrera ainsi le droit de rétention qui est sa garantie, et dont il ne doit pas être facilement présumé avoir voulu faire l'abandon définitif.

Il est maintenant facile de comprendre l'énorme différence qui existe entre la revendication tout exceptionnelle de l'article 2102, et le droit ordinaire de résolution.

La résolution anéantit la vente; elle replace les parties au point où elles étaient avant le contrat (V. art. 1183, 1184 et 1654). La revendication au contraire laisse subsister la vente. Le vendeur rentré en possession par cette voie reprend la position avantageuse qu'il avait un moment abandonnée, et se met de nouveau à retenir l'objet en attendant le payement. Mais l'acheteur reste propriétaire, et les obligations réciproques subsistent, à moins que la résolution judiciaire ne soit demandée et obtenue.

Ces principes étant admis, on s'expliquera très-bien pourquoi le juge ne peut accorder de délais à l'acheteur soumis à la revendication. En effet, la revendication entraîne des conséquences bien moins graves que la résolution ; car la restitution à laquelle l'acheteur est tenu laissant subsister la vente, il pourra toujours, en payant le prix, exiger une nouvelle tradition de l'objet.

De même, les diverses conditions exigées par la loi pour l'exercice du droit de revendication, vont se présenter comme des conséquences naturelles de la notion théorique que nous en avons conçue. Ainsi, 1° il faut que la vente ait été faite sans terme, parce que si l'acheteur a terme pour payer, le vendeur n'ayant jamais eu le droit de retenir l'objet (V. art. 1612), ne peut prétendre exercer la revendication dont le but est le recouvrement du bénéfice de la rétention; 2° la revendication doit être faite dans la huitaine de la livraison, parce qu'il faut que le vendeur ne paraisse pas avoir tacitement abdiqué le droit de rétention. Son silence prolongé au delà de la huitaine, donne lieu de supposer qu'il a entièrement renoncé à la possession de l'objet et accordé un terme tacite; 3° si l'objet vendu a subi des transformations ou changements notables, il est devenu impossible de replacer le vendeur dans sa

position primitive. D'ailleurs des difficultés peuvent s'é-
lever sur l'identité de la chose, ou sur les indemnités
dues à l'acheteur pour les dépenses consacrées à la transformer ou à la modifier; et de pareils débats ne doivent
pas s'agiter dans l'intérêt d'une simple reprise de possession. Nous ne disons rien de la quatrième condition,
qui consiste à exiger que la chose soit demeurée en
la possession de l'acheteur. Dans tous les systèmes possibles, cette condition, comme nous l'avons dit plus
haut, n'est qu'une application de la maxime : *En fait de
meubles, la possession vaut titre.*

De ce qui précède il résulte clairement que, dans l'article 2102, le mot *revendication* désigne non la revendication de la propriété, mais celle du droit de saisine et de rétention qui appartient au vendeur sur la chose vendue. C'est
ainsi que les Romains disaient *pignoris vindicatio*, la revendication de la chose engagée ou hypothéquée. Il y a mieux,
nous avons déjà trouvé, dans le même article 2102, le mot
revendication pris dans un sens analogue, à propos du
privilége du locateur d'immeubles, auquel la loi permet
de revendiquer les meubles qui garnissaient sa maison ou
sa ferme, lorsqu'ils ont été déplacés sans son consentement (V. ci-dessus, n°ˢ 65 et suiv.). On sait que le
locateur ne réclame pas un droit de propriété, mais un
simple droit de possession à titre de gagiste, sur les
meubles dont il s'agit.

Quant aux arguments fondés sur l'autorité de l'ancien
droit, ils abondent en faveur de notre système. La disposition de l'article 2102, n° 4, est évidemment emprun-
tée à l'article 176 de la coutume de Paris. On a vu plus
haut (n° 88) comment cet article avait été interprété. La
note de Dumoulin, répétée par les autres commentateurs de la coutume, montre que le vendeur poursuit
la chose pour la recouvrer *et en demeurer saisi jusqu'à ce*

qu'il soit payé ; ce qui exclut entièrement l'idée d'une résolution du contrat. N'est-il pas évident que les rédacteurs
du Code n'ont eu d'autre pensée que de consacrer une
pratique aussi raisonnable, en y ajoutant seulement cette
règle importante, que la revendication du vendeur ne
préjudicierait pas aux droits résultants pour les tiers de
la maxime : *En fait de meubles, la possession vaut titre?*

91. *Exception admise en cas de faillite.* — Le n° 4 de
l'artice 2102 déclare en terminant qu'*il n'est rien innové
aux lois et usages du commerce sur la revendication.* En effet,
la revendication des *marchandises* vendues au failli est
soumise à des règles spéciales, tracées dans l'article 576
du Code de commerce.

En outre, l'article 550 du même Code, disposition nouvelle introduite par la loi *sur les faillites et banqueroutes,* du
28 mai 1838, décide que le droit de revendication établi
par le n° 4 de l'article 2102 du Code civil, au profit
du vendeur *d'effets mobiliers,* n'est pas admis en cas de
faillite.

Le même article refuse également au vendeur d'effets
mobiliers le privilége de l'article 2102, lorsque l'acheteur est tombé en faillite.

Ces dérogations aux règles du droit commun ont été
admises pour fortifier le crédit commercial; on a voulu
que les tiers qui ont vu des meubles dans la possession
du commerçant, et qui ont pu compter que ces meubles
serviraient de garantie à leurs créances, ne fussent pas
trompés dans leur attente.

C. *Privilége du bailleur sur les fruits.*

(Art. 2102, n° 1 , 1er alin.)

Sommaire.

92. Droit romain.
93. Ancien droit français.
94. Code civil.
95. Du cas où il y a sous-location.

92. *Droit romain.* — En droit romain, le locateur d'un bien rural avait, de plein droit et sans convention, hypothèque sur les fruits du fonds affermé (comp. ci-dessus, n° 50). *In prædiis rusticis,* dit Pomponius, *fructus qui ibi nascuntur tacite intelliguntur pignori esse domino fundi locati, etiamsi nominatim id non convenerit* (1). Les textes du droit romain n'établissent même à cet égard aucune distinction entre la récolte de l'année et les récoltes des années antérieures.

93. *Ancien droit français.*— Dans les pays de coutumes, on admit que le bailleur d'un bien rural aurait un droit de gage sur les fruits de la récolte (2), et, à l'imitation du droit romain, on ne fit aucune différence entre les fruits de l'année et ceux des années précédentes. A plus forte raison, le droit écrit ne pouvait-il manquer de suivre en cette matière les errements du droit romain. Cependant il paraît n'avoir maintenu l'hypothèque que sur les fruits pendants par branches ou par racines, ou conservés par le fermier depuis la récolte, et non sur les fruits par lui vendus et livrés (comp. ci-dessus, n° 51) (3).

---

(1) L. 7, ff. *in quib. caus. pign. vel hyp.* (XX, 2).

(2) V. notamment *cout. d'Orléans,* art. 421 , et Pothier, sur cette coutume , tit. 19 , n° 34.

(3) V. Domat, *des gages et hypothèques,* liv. 3 , tit. 1 , sect. 5 , n° 12, à la note.

94. *Code civil.* — Le Code civil (art. 2102, n° 1) consacre ce privilége du bailleur de la ferme, mais en le restreignant d'une manière notable, c'est-à-dire, aux fruits *de la récolte de l'année.*

Le privilége du bailleur sur les fruits de la récolte de l'année, à la différence de celui qui grève les objets garnissant la maison ou la ferme, ne se rattache point à l'idée d'un gage tacite. Relativement aux fruits, le bailleur doit être considéré comme jouant, en quelque sorte, le rôle d'un vendeur. C'est lui qui, par le contrat de bail, a transporté au preneur la propriété de ces fruits, et augmenté d'autant la valeur de son patrimoine. En réalité, il *retient* donc un droit réel de préférence, plutôt qu'il ne l'acquiert, sur la récolte par lui aliénée (comp. n° 84, p. 104). Domat exprime cette dernière idée avec une certaine exagération, en disant que les fruits *ne sont pas tant son gage* (du bailleur), *qu'ils sont sa chose propre jusqu'au payement* (1).

Si les récoltes sont encore sur pied, le propriétaire non payé de ses fermages peut procéder contre le fermier par voie de *saisie-brandon.* Les formes de cette saisie sont réglées au Code de procédure (2).

De ce que nous venons de dire sur la cause de ce privilége découle naturellement cette conséquence, qu'en principe le droit du bailleur demeure intact sur la récolte de l'année, bien qu'elle n'ait pas été engrangée dans les bâtiments de la ferme louée, pourvu, bien entendu, que l'identité des fruits puisse être établie. Pour éviter toute contestation à ce sujet, comme aussi pour faciliter au bailleur la surveillance et, au besoin, la saisie de la ré-

____

(1) Domat, *loc. cit.*, n° 12.
(2) Art. 626 et suiv.; V. M. Berriat-Saint-Prix, *Proc. civ.*, 6ᵉ édit., t. II, p. 719.

colte, la loi impose au preneur l'obligation d'engranger dans les lieux à ce destinés d'après le bail (V. art. 1767).

Première question. — Le locateur a-t-il privilége même sur les récoltes des années antérieures, lorsque ces récoltes sont engrangées dans les lieux loués ?

Ce qui donne lieu à la controverse sur ce point, c'est que l'article 2102 parle uniquement de la récolte de l'année, et non des récoltes antérieures. Mais néanmoins, il faut dire que tous les fruits renfermés dans les greniers, caves et celliers de la ferme sont affectés au privilége du locateur, par application des principes exposés plus haut (n°s 55 et suivant) quant aux objets mobiliers qui garnissent les lieux loués. Si la récolte de l'année est, dans l'article 2102, n° 1, l'objet d'une mention spéciale, c'est que cette récolte est seule grevée d'un privilége analogue à celui du vendeur, se rattachant à une idée d'aliénation, et indépendant du lieu où les fruits se trouvent engrangés. Mais certainement rien n'empêche que les autres récoltes, comme tous les autres objets mobiliers servant ou non à la consommation, ne puissent servir à garnir les bâtiments affermés (1).

Cependant il faut bien remarquer que les récoltes étant destinées à être vendues, en tout ou en partie, au fur et à mesure que l'occasion s'en présente, le bailleur n'a pas le droit d'en empêcher la sortie, lorsque le fermier les a vendues, ou lorsque, de bonne foi, il veut les transporter dans les lieux où elles doivent être mises en vente (comp. ci-dessus, n° 67, p. 83) (2).

____

(1) V., en ce sens, Delvincourt, t. III, note 11 de la page 150; Grenier, t. II, n° 310; MM. Persil, sur l'art. 2102, § 1, n° 9; Duranton, t. XIX, n° 77; Troplong, t. II, n° 159; Aubry et Rau, t. II, p. 107, note 9; Dalloz, v° *Hypoth.*, chap. 1, sect. 1, art. 2, § 1, n° 7.

(2) M. Duranton (t. XIX, n° 75) maintient le privilége du bailleur,

Deuxième question. — Le bailleur du bien rural a-t-il sur les fruits, tant de la récolte de l'année que des autres récoltes, le droit de *revendication* mentionné dans l'article 2102, n° 1, 5° alin. ?

Pour résoudre cette question, qui est complexe, nous avons à faire plusieurs distinctions.

D'abord, l'affirmative nous paraît certaine quant aux récoltes qui garnissaient les lieux loués et que le preneur a déplacées frauduleusement, c'est-à-dire, sans qu'il y eût ni vente ni transport utile à effectuer pour la mise en vente. Nous décidons sans hésiter qu'en pareil cas il faut appliquer l'article 2102, qui permet au propriétaire de saisir par revendication les meubles garnissant la ferme qui ont été *déplacés sans son consentement.* Bien évidemment encore, ce droit de revendication sera applicable, dans les termes que nous venons d'indiquer, à la récolte de l'année, comme à toutes les autres. Sans doute, quant à la récolte de l'année, le bailleur, comme nous l'avons montré plus haut, a un privilége tout particulier, analogue à celui du vendeur, et indépendant du lieu où les fruits ont été engrangés. Mais lorsque cette récolte a été placée dans les bâtiments de la ferme, elle doit être assimilée, quand l'intérêt du bailleur l'exige, à tous autres objets mobiliers servant à garnir les lieux. Pour le décider autrement, il faudrait argumenter contre le bailleur de la faveur spéciale que la loi lui accorde quant à

---

même sur les fruits vendus, tant qu'ils n'ont pas été livrés. Nous ne pouvons souscrire à cette décision; car la faculté de vendre les fruits nous paraît être nécessairement sous-entendue dans le bail, au profit du fermier. S'il en était autrement, pourquoi le bailleur ne pourrait-il pas revendiquer les fruits, même après la livraison? M. Duranton repousse, il est vrai, cette conséquence, en alléguant que la revendication n'est point accordée par l'article 2102 quant aux fruits; mais en cela il contredit son n° 77, où il établit que les fruits des récoltes *garnissent la ferme* comme tout autre mobilier.

la récolte de l'année, ce qui serait absurde. Il pourra donc agir par la voie rapide de la saisie-revendication , dans le délai déterminé par l'article 2102 (1).

Nous rappellerons ici que cette action ne peut avoir trait au déplacement non frauduleux des fruits ; parce que le bailleur est censé avoir consenti d'avance à ce que les fruits soient vendus, ou transportés dans les lieux où il

---

(1) V., en ce sens, Favard de Langlade, *Rép. de législ.*, v° *Saisie-gagerie ;* MM. Aubry et Rau, t. II, p. 107, note 9 ; Troplong, t. I, n° 165 ; Dalloz, v° *Hyp. et Priv.*, chap. 1er, sect. 1re, art. 2, § 1er, n° 26.—En sens contraire, on peut citer MM. Tarrible, *Rép. de jurisp.*, v° *Privilége* , sect. 3 , § 2 , n° 7 , et Persil , sur l'art. 2102, § 1er, alin. final , n° 5.

Voici ce que dit là-dessus M. Tarrible : « Le droit de revendication n'est accordé par notre article qu'à l'égard des meubles qui garnissent la maison ou la ferme. Or on ne peut comprendre sous cette dénomination les fruits même provenus de la récolte de l'année. L'article distingue très-bien , dans le commencement, les fruits d'avec ce qui garnit la ferme ou qui sert à son exploitation ; et lorsqu'on lit dans le même article que la revendication ne s'exerce que sur les meubles qui garnissent la maison ou la ferme , on ne peut se permettre d'étendre ce droit aux fruits même cueillis , qui forment une autre espèce, *et qui ne peuvent, sous aucun rapport, être regardés comme des meubles garnissant la maison ou la ferme.* »

Nous avons déjà reconnu que des fruits peuvent très-bien , comme tous autres objets mobiliers, garnir la ferme louée, et qu'en conséquence les récoltes des diverses années , si elles ont été serrées dans les lieux loués, se trouvent comprises dans les termes généraux de l'article 2102.

Au reste , M. Tarrible ne s'est nulle part expliqué en termes catégoriques sur l'existence *du privilége* quant aux fruits des années antérieures ; mais on peut dire qu'il le refuse implicitement, puisque, en traitant du droit de revendication, il nie que les fruits récoltés puissent servir à *garnir la ferme.* M. Persil , au contraire , tombe sur ce point dans une contradiction manifeste. En effet, dans le passage que nous venons de citer, adoptant l'opinion de M. Tarrible sur la revendication, et lui empruntant même ses expressions textuelles, il décide que les fruits *ne doivent, sous aucun rapport, être regardés comme des meubles garnissant la maison ou la ferme.* Et cependant, plus haut (V. n° 10 du comment. sur le 1er alin. du § 1er de l'art. 2102), M. Persil, pour établir que le locateur a privilége même *sur les fruits de l'année précédente, s'ils existent encore dans les greniers de la ferme,* se fonde en termes formels sur ce que ces fruits *garnissent les lieux loués.*

est d'usage de les mettre en vente ; ce qui s'applique tant aux fruits de l'année qu'à ceux des années précédentes (Comp., p. 127, *in fine*).

Quant à la récolte de l'année, qui n'a pas été rentrée dans les lieux loués (Comp. ci-dessus, p. 126), des doutes sérieux peuvent s'élever sur l'exercice de la revendication, attendu que ce droit n'est textuellement accordé par l'article 2102, n° 1, que relativement aux meubles qui garnissent la maison louée ou la ferme, et non quant à la récolte qui n'a jamais été engrangée dans les lieux loués.

Cependant, il nous semble qu'on peut accorder au bailleur la revendication des fruits de la récolte de l'année, s'il y a dans la ferme des bâtiments dans lesquels le preneur était tenu d'engranger (V. art. 1767). En effet, nous trouvons une parfaite analogie entre le cas où les fruits ont été détournés au moment même de leur perception, et avant d'avoir été engrangés , et le cas où , après avoir été placés dans les granges, ils en ont été ensuite détournés. Le bailleur en avait la quasi-possession, tout aussi bien lorsqu'ils étaient sur ses terres qu'après leur introduction dans la ferme. Si on admet ce système, le bailleur qui aura soin d'agir dans le délai voulu, c'est-à-dire dans les quarante jours, s'assurera la conservation de son gage ; car en le faisant placer dans les bâtiments de la ferme, il l'aura en quelque sorte sous sa main, pour le cas où, n'étant pas payé, il serait obligé d'en venir à une saisie-gagerie (V. C. pr., art. 849).

Si les quarante jours sont expirés, ou si les fruits de la récolte de l'année ont été engrangés en dehors de la ferme avec le consentement du bailleur, celui-ci n'a plus de revendication, mais un simple privilége indépendant de toute quasi-possession, à peu près comme l'aurait un vendeur. Du reste, il est toujours bien entendu que le bailleur ne peut critiquer les ventes de fruits faites de bonne foi par le fermier, quand même la tradition n'en aurait pas encore eu lieu; car évidemment le fermier a le droit de vendre les récoltes, soit de l'année, soit des années antérieures, lorsqu'il se présente des acheteurs (V. ci-dessus, p. 127 *in fine*) (1).

95. *Du cas où il y a sous-location.* — Lorsque la ferme a été sous-louée par le fermier, le propriétaire ne peut opposer au sous-fermier son privilége sur les fruits, que jusqu'à concurrence de ce que celui-ci doit au fermier principal. En effet, d'après l'article 820 du C. de pr., lorsque les fruits des terres sous-louées sont saisis-gagés pour les fermages dus par le fermier principal, le sous-fermier obtient mainlevée, en justifiant qu'il a payé sans fraude et sans anticipation (Comp. C. civ., art. 1753 ; aj. cout. de Paris, art. 162, et ci-dessus, n°s 54 et 57).

D. *Priviléges énumérés dans l'art.* 2102, n° 1, 4e *alin.*

Sommaire.

96. Priviléges sur la récolte.
97. Priviléges sur les ustensiles.

96. *Priviléges sur la récolte.* — Les priviléges établis sur le prix d'une récolte par le 4e alin. du n° 1 de l'article 2102, se rattachent encore à l'idée d'une augmenta-

---

(1) M. Duranton (t. XIX, n° 74), admettant que les fruits vendus et livrés ne peuvent être suivis par le bailleur entre les mains des tiers, a tort, suivant nous, d'alléguer, entre autres motifs de cette solution, que la revendication n'est pas accordée au bailleur quant aux fruits, mais seulement quant au mobilier qui garnit la ferme. En effet, M Duranton reconnaît plus loin (n° 77) que les fruits peuvent garnir la ferme comme des marchandises garnissent une boutique ; et enfin ailleurs (n° 76) il accorde expressément au bailleur la revendication des fruits, soit engrangés dans la ferme et détournés ensuite , soit même engrangés dans d'autres bâtiments aussitôt après leur perception (V. note 2 de la page 127).

tion produite dans le patrimoine du débiteur, et qui profite à la masse des créanciers.

Ces priviléges sont ceux qui garantissent les sommes dues par le cultivateur, pour les semences qu'il a employées ou pour les frais divers de la récolte, c'est-à-dire, pour le salaire des travailleurs employés à la production et à la perception de cette récolte. Le vendeur des semences, ainsi que les ouvriers dont il s'agit, ont contribué de diverses manières à faire entrer la récolte dans les biens du débiteur.

La formule générale que nous venons de donner embrasse, comme on le voit, non-seulement les créances des moissonneurs, vendangeurs et autres qui ont recueilli les fruits, mais encore celles des valets de labour, des vignerons employés à la culture de la vigne, etc. ; ces derniers, aussi bien que les premiers, ont mis leur contingent de travail dans l'acquisition de la récolte (1).

97. *Priviléges sur les ustensiles.*— Le même alinéa de l'article 2102 déclare que les sommes *dues pour ustensiles* sont privilégiées sur le prix de ces ustensiles. Ces expressions nous semblent comprendre non-seulement le prix des ustensiles vendus, mais encore les sommes dues aux ouvriers qui les ont réparés ou améliorés. Ce privilége ne sera donc pas borné aux cas de vente et de conservation proprement dite (comp. n° 82, *question*). C'est que les ustensiles dont il est ici question ne sont pas ceux du ménage, mais les instruments du travail et de l'exploitation du fermier (*instrumentum fundi*). Or tout ce qui peut servir à pourvoir le cultivateur des instruments nécessaires à la culture est éminemment favorable

---

(1) V., en ce sens, M. Duranton, t. XIX, n° 99 ; Paris, 23 juin 1812, et ch. civ., cass. 24 juin 1807 (Sir. 7, 1, 289).

aux yeux de la loi. Nous reviendrons sur cette considération en traitant du *classement des priviléges*.

E. *Privilége des bailleurs de fonds sur le cautionnement des fonctionnaires.*

(Loi du 25 nivose an XIII, etc., comp. ci-dessus, n°s 75 à 78.)

Sommaire.

98. Droit antérieur à la loi du 25 nivose an XIII.
99. Loi du 25 nivose an XIII. — Principe général.
100. Des règles de détail relatives à ce privilége.

98. *Droit antérieur à la loi du 25 nivôse an XIII.* — Dans notre ancien droit français, celui qui avait prêté des sommes pour payer la finance d'une charge, avait privilége sur cette finance (1). Cette règle offre de l'analogie avec ce qui est admis aujourd'hui, en matière de priviléges sur les cautionnements des fonctionnaires publics.

Il paraît même qu'à l'époque de la rédaction du Code civil, l'usage était d'expédier la quittance à celui qui fournissait les fonds, en énonçant qu'ils l'avaient été pour le cautionnement d'un tiers; de sorte que la partie des fonds demeurée libre après les défalcations provenant de faits de charge, était considérée comme appartenant au bailleur (2).

99. *Loi du 25 nivôse an XIII. Principe général.* — Lorsque le n° 7 de l'article 2102 fut discuté au conseil d'État, un membre demanda que le prêteur des fonds du cautionnement eût un privilége, lequel viendrait après celui des créanciers pour cause d'abus et de prévarica-

____

(1) V. ce qui est dit par M. Regnault de Saint-Jean-d'Angely dans la séance du conseil d'État du 3 vent. an XII (Locré, t. XVI, p. 245).

(2) V. même séance du 3 vent. an XII.

tion du fonctionnaire. Là-dessus s'engagea une discussion assez obscure, à la suite de laquelle la proposition demeura sans résultat.

Quelque temps après la promulgation du Code, le privilége dont il s'agit fut organisé par la loi du 25 nivôse an XIII (1). L'article 1ᵉʳ de cette loi, après avoir consacré de nouveau le privilége des créanciers lésés par les abus ou prévarications de certains fonctionnaires (comp. ci-dessus, n° 76), ajoute que les cautionnements de ces fonctionnaires seront affectés *par second privilége au remboursement des fonds qui leur auraient été prêtés pour tout ou partie de leur cautionnement.*

Le privilége des bailleurs de fonds est évidemment fondé sur ce qu'ils ont procuré au fonctionnaire la créance que ce dernier a acquise contre le trésor public, à raison de son cautionnement. Sans doute ils sont toujours primés par les créances ayant pour cause les faits de charge, c'est-à-dire, les abus et les prévarications du fonctionnaire; parce que la destination du cautionnement est précisément de servir de garantie à ces créances. Mais une fois ces premiers créanciers désintéressés, il n'y avait plus aucun inconvénient à accorder un privilége aux prêteurs.

« Ce n'est, disait M. Mollien en présentant le projet de la loi du 25 nivôse, qu'à la garantie de la gestion de leur débiteur qu'ils affectent leur propriété, ce n'est que de la moralité de cette gestion qu'ils veulent répondre (2). »

« Dans ce cas, dit M. Daru, orateur du tribunat, le prêteur exercera le droit de *se ressaisir de sa chose;* mais il

______

(1) La loi du 6 ventôse an XIII appliqua le privilége du second ordre aux cautionnements fournis par les comptables publics.

(2) V. Locré, t. XVI, p. 437.

ne pourra se plaindre de ne pouvoir la ressaisir qu'après que le cautionnement aura été déclaré libre et affranchi de sa première hypothèque, puisqu'en prêtant ses fonds, il aura été prévenu du privilége réservé à cette première destination (1). »

100. *Des règles de détail relatives à ce privilége.* — D'après l'article 4 de la loi du 25 nivôse, la déclaration qui est faite au profit des prêteurs des fonds, à l'époque où le versement en est opéré, tient lieu d'opposition pour leur assurer le bénéfice du privilége de second ordre.

Deux décrets impériaux, l'un du 28 août 1808, l'autre du 22 décembre 1812, ont en outre prescrit, pour la conservation de ce privilége, diverses formalités de détail, que nous nous dispenserons de reproduire ici.

PREMIER APPENDICE.

Priviléges du trésor et autres d'un intérêt public, sur certains meubles.

Sommaire.

101. Privilége pour la contribution foncière.
102. Privilége sur les cautionnements
103. Autres priviléges se rattachant indirectement à l'intérêt public.

101. *Privilége pour la contribution foncière.* — D'après l'article 1ᵉʳ de la loi du 12 novembre 1808, le trésor public à un privilége, avant tout autre, pour la contribution foncière de l'année échue et de l'année courante, sur les récoltes, fruits, loyers et revenus des biens immeubles sujets à la contribution (Comp. ci-dessus, n° 42).

L'impôt foncier des immeubles (2) a été quelquefois

----

(1) V. Locré, t. XVI, p. 439.

(2) M. de Montesquiou, dans le rapport fait au Corps législatif, au nom de la commission des finances, explique ainsi qu'il suit ce privilége : « Nous devons à l'État une portion des revenus de nos biens pour nous assurer la jouissance du reste. » (V. Locré, t. XVI, p. 431.)

considéré comme le prix de la protection que la puissance publique accorde à la propriété. Sous ce point de vue, on peut donc, jusqu'à un certain point, faire rentrer cet impôt dans les frais faits pour la conservation de la chose. C'est ainsi qu'on s'expliquera comment l'article 1er de la loi précitée a pu décider que ce privilége passerait *avant tout autre*. La masse des créanciers n'a dû compter sur les revenus de l'immeuble de leur débiteur, que déduction faite des sommes dont l'État était lui-même créancier pour l'impôt foncier.

102. *Privilége sur les cautionnements.*— Le trésor a un privilége sur les cautionnements des comptables. La loi du 5 septembre 1807 décide que le privilége du trésor public sur les cautionnements des comptables, continue d'être régi par les lois existantes.

103. *Autres priviléges se rattachant indirectement à l'intérêt public.*—Nous réunissons ici la loi du 26 pluviôse an II, qui accorde un privilége aux ouvriers et aux fournisseurs de matériaux, sur les créances que les entrepreneurs et adjudicataires d'ouvrages ont contre l'État (comp. C. civ., art. 1798); le décret du 12 décembre 1806, relatif au privilége des sous-traitants, préposés ou agents d'une entreprise relative au service de la guerre, sur les sommes à payer aux entrepreneurs; enfin les décrets des 27 février 1811, 6 février 1811, art. 31, et 15 mai 1813, art. 4, lesquels sont spéciaux à la ville de Paris (1).

______

(1) Comp. M. Duranton, t. XIX, nos 144 à 147.

DEUXIÈME APPENDICE.

Priviléges commerciaux.

104. Division de la matière.
105. Première catégorie de priviléges.
106. Deuxième catégorie.
107. Troisième catégorie.

104. *Division de la matière.* — Pour éviter toute confusion dans une matière déjà si compliquée, nous avons cru devoir consacrer un *appendice* particulier aux priviléges énumérés dans le Code de commerce. Conformément à la méthode précédemment suivie, nous classerons ces nouveaux priviléges d'après leur cause. Ainsi, nous distinguerons d'abord, comme ci-dessus, deux catégories de priviléges, les uns fondés sur le nantissement, les autres s'exerçant sur une plus-value mise dans le patrimoine du débiteur. Mais, en outre, nous en trouverons quelques autres, qui s'expliquent par des motifs d'une nature exceptionnelle, et dont nous devons faire une catégorie à part.

105. *Première catégorie.* — Priviléges commerciaux qui sont fondés sur l'idée de nantissement.

A. Dans cette catégorie nous trouvons d'abord le privilége consacré par l'article 93 du Code de commerce (Comp. ci-dessus, p. 54, *fin de la note*). Aux termes de cet article, tout commissionnaire qui a fait des avances sur des marchandises à lui expédiées d'une autre place pour être vendues pour le compte du commettant, a privilége pour le remboursement de ses avances, intérêts et frais sur la valeur des marchandises, pourvu que les marchandises soient à sa disposition, dans ses magasins ou dans un dépôt public, ou que du moins, avant leur arrivée, il puisse constater, par un connaissement ou par une lettre de voiture, l'expédition qui lui en a été faite (1).

A la rigueur, lorsque ces marchandises ont été vendues par le commissionnaire pour le compte du commettant (comp. C. de com., art. 94), un privilége proprement dit ne paraît pas nécessaire, puisque le commissionnaire, en vertu des principes généraux du droit sur la matière des comptes, ne se trouve débiteur que de l'excédant du prix de vente sur ses propres avances. Mais, au contraire, la nécessité du privilége se manifeste, si le commettant vient à tomber en faillite avant que la vente dont il s'agit ait été effectuée. Le droit de préférence s'exerce alors sur le prix des marchandises vendues à la diligence des syndics de la faillite (comp. C. de com., art. 443 et 486).

Examinons maintenant quel peut être le motif de la dérogation apportée au droit commun, dans le cas prévu par l'article 93 (2).

Le discours préliminaire du projet de Code de commerce expose ainsi qu'il suit l'idée qui a présidé à la rédaction des articles 93 à 95 (3).

« Le commerçant qui fait des expéditions ne peut les suivre lui-même; le commissionnaire lui épargne tous les frais de déplacement et de voyage en se chargeant du

---

(1) On voit que le commissionnaire est considéré comme déjà *nanti* du gage, par cela seul que les marchandises sont régulièrement expédiées à sa destination. Dès ce moment l'expéditeur en est en quelque sorte dessaisi, et le voiturier les détient pour le compte du commissionnaire.

(2) Aux termes de l'article 95 du Code de commerce, les avances qui pourraient être faites sur des marchandises déposées ou consignées par un individu résidant dans le lieu du domicile du commissionnaire ou dépositaire, ne donnent privilége à ce dernier, qu'autant qu'il s'est conformé aux règles prescrites par le Code civil pour les prêts sur gages (comp. ci-dessus, p. 53, note 2, et plus bas, p. 139 *in fine*).

(3) V. Locré, *Législation civile, commerciale et criminelle*, t. XVII, p. 41.

transport et de la vente des marchandises ; il offre encore des facilités à l'expéditeur, en lui accordant des avances ou des anticipations sur leur produit.

» Le commissionnaire qui fait ainsi des avances ne prête pas à la personne, il prête à la chose, c'est-à-dire à la marchandise, puisque c'est une anticipation qu'il fait sur son produit, et dont il se rembourse lorsqu'il en a effectué la vente. Il est constant que, sans le mandat qui le charge de vendre pour le compte du commettant, il n'y aurait point d'anticipation, puisqu'elle est un à-compte sur le produit d'une marchandise qui devient le garant du contrat. Il était donc juste d'accorder au commissionnaire un privilége que les usages ont établi et que les besoins du commerce justifient. »

On voit que le but du législateur a été de favoriser l'expédition des marchandises d'un lieu à un autre. La facilité de constituer ainsi le privilége, par un simple envoi dégagé de toutes formalités gênantes, donne du crédit aux négociants, et leur procure, par anticipation sur les ventes à effectuer, des avances plus ou moins considérables, soit en déboursés de frais, soit même en remises de fonds ou valeurs.

Ce privilége du commissionnaire a donné lieu à plusieurs questions assez importantes que nous allons examiner sommairement.

1° On s'est demandé si le privilége devait être restreint aux déboursés faits précisément en vue des marchandises et à l'occasion de leur envoi.

La cour de cassation a plusieurs fois décidé la négative, en se fondant sur la généralité du mot *avances* employé dans l'article 93 (1).

---

(1) V. req. rej., 22 juillet 1817 (Sir., 18, 1, 46), et cass., 29 avril 1833 (Sir., 33, 1, 431).

2° Une autre question est celle de savoir si le commissionnaire a privilége sur les marchandises qui lui sont expédiées d'une autre place, lorsque le commettant est domicilié dans le même lieu que le commissionnaire. La difficulté naît de la rédaction des articles 93 et 95 du Code de commerce. Si l'on s'en tient à l'article 93, il suffit que les marchandises soient expédiées d'une autre place, et il n'est pas nécessaire que le commissionnaire et le commettant résident dans des lieux différents. Mais, d'un autre côté, l'article 95 paraît soumettre aux formalités du droit commun tous les prêts faits sur marchandises, lorsque le commissionnaire et le commettant résident dans la même place. La jurisprudence est fixée en ce sens que l'article 95 doit être interprété par l'article 93, et que le privilége existe lors même que le commissionnaire et le commettant sont domiciliés dans le même lieu (1).

3° Enfin des difficultés se sont élevées pour savoir à quels signes précis on peut reconnaître qu'il y a expédition faite *d'une place sur une autre*, dans le sens de l'article 93. Sur ce point il est impossible de formuler une règle générale. C'est au juge du fait à décider, dans chacun des cas particuliers, si le lieu de l'expédition et celui de la destination constituent ou non deux différentes places de commerce. Ainsi, par exemple, on a jugé que la Villette était une place distincte de celle de Paris (2).

B. Nous ne mentionnerons ici que pour mémoire le privilége qui appartient au capitaine pour son fret sur les objets du chargement (art. 280, 307 et 308); car ce

---

(1) V. req. rej., 7 déc. 1826 (Sir., 27, 1, 292); 16 déc. 1835 (Sir., 36, 1, 50), et 1er juillet 1841 (Sir., 41, 1, 625).

(2) Cour roy. de Paris, 1er mars 1832 (V. Sir., 32, 2, 392); le pourvoi en cassation contre cet arrêt a été rejeté (req. rej., 6 mars 1833; Sir., 33, 1, 182).

n'est là qu'une application du droit commun (V. C. civ., art. 2102, n° 6). On se rappellera néanmoins que ce privilége subsiste encore pendant quinzaine après la délivrance des marchandises, si elles n'ont passé en mains tierces (V. même art. 307 ; comp. ci-dessus, n° 73).

106. *Deuxième catégorie.*—Priviléges commerciaux qui supposent une certaine valeur mise ou conservée dans le patrimoine du débiteur. Le droit maritime en offre de nombreux exemples.

A. Nous citerons, en premier lieu , les priviléges énumérés dans les neuf premiers numéros de l'article 191 du Code de commerce, mais en nous bornant ici à renvoyer au texte de cet article. Au reste, le premier numéro ne fait que reproduire le droit commun, en déclarant privilégiés *les frais de justice et autres, faits pour parvenir à la vente et à la distribution du prix* (Comp. C. civ., art 2101, n° 1 ; et ci-dessus, n°ˢ 20—24).

B. Nous rattacherons à la même classe le privilége que les matelots ont *sur le fret* pour leurs loyers (C. de com., art. 271) (1). Le fret est une sorte de fruit civil du navire, dont les matelots, par leur travail, ont été, en quelque façon, les producteurs ; ce qui explique suffisamment leur droit de préférence.

C. Le privilége établi pour le montant de la contribution, sur les marchandises sauvées par suite du jet, ou sur le prix qui en provient (C. de comm., art. 428), doit aussi être rapporté à la même classe.

107. *Troisième catégorie.* — Priviléges qui ne se rattachent ni au principe du nantissement, ni à celui de la création ou conservation d'une valeur.

A. Ici nous indiquerons d'abord le privilége qui grève

____

(1) Quant au privilége qu'ils ont sur le navire , l'art. 271 ne fait que confirmer la disposition de l'art. 191, n° 6.

les diverses parties, l'armement et l'équipement du navire, pour le montant des primes d'assurances faites sur ces objets, et dues pour le dernier voyage (art. 191, n° 10). Le créancier de la prime n'invoque ni une possession à titre de nantissement, ni la faveur attachée à la production d'une plus-value; son privilége s'exerce sur tout ou partie d'un navire resté en la possession du débiteur, et dont la valeur intrinsèque ne lui doit aucune augmentation. C'est que le contrat d'assurance, cette invention si ingénieuse des temps modernes, a paru devoir être particulièrement encouragé, comme tendant à conserver non les objets eux-mêmes, mais leur valeur, lorsqu'ils viennent à périr par suite de fortune de mer.

B. Un autre privilége, particulier au droit maritime, est celui qui garantit les dommages-intérêts dus aux affréteurs, pour le défaut de délivrance des marchandises qu'ils ont chargées, ou pour le remboursement des avaries que les marchandises ont souffertes par la faute du capitaine ou de l'équipage (V. art. 191, n° 11; comp. art. 280) (1).

§ III. DU CLASSEMENT DES DIVERS PRIVILÉGES SUR LES MEUBLES (2).

(C. CIV., art. 2101 et 2102.)

Sommaire.

108. Notions générales et division de la matière.

108. *Notions générales et division de la matière.* — Le classement des priviléges du trésor sur la généralité des meubles ou sur certains meubles, ne présente que très-

---

(1) Relativement à l'extinction des priviléges maritimes, V. C. de com., art. 193 à 196.

(2) Comp. ci-dessus, n°s 17, 19 et 45.

peu d'embarras ; car, presque toujours, le rang de ces priviléges est fixé d'une manière précise, avant ou après les autres, par les lois qui les établissent (comp. ci-dessus , n°⁵ 36 à 43 et n°⁵ 101 et 102) (1).

De même, les priviléges commerciaux sont classés avec une grande clarté dans le texte même du Code de commerce (V. l'art. 191); mais au contraire, quant-aux priviléges énumérés dans le Code civil, la matière est d'une difficulté bien connue.

Pour la traiter, nous sommes obligés de revenir en peu de mots sur quelques notions déjà exposées. La loi déclare qu'entre les créanciers privilégiés la préférence se règle par les différentes qualités des priviléges, c'est-à-dire par la faveur attachée à la *cause* de chaque créance (V. art. 2096 ; comp. ci-dessus, n° 11). Mais quel est le degré de faveur mérité par chacune des créances privilégiées ? Comment effectuer un pareil règlement, si ce n'est par voie de disposition législative ? En abandonner le soin à la pratique ou même à une interprétation plus ou moins habile de textes épars, n'est-ce pas livrer les intérêts des créanciers à l'arbitraire des opinions, des sentiments, nous dirions presque des penchants personnels du jurisconsulte ou du magistrat ?

Malheureusement, il faut bien en convenir, le législateur n'a rempli sa tâche, sur cet objet, que d'une manière très-imparfaite. Il est vrai que par une heureuse amélioration, il a donné un classement des priviléges généraux sur les meubles (V. art. 2101, et ci-dessus, n° 19). Mais d'un autre côté, son œuvre est fort incomplète quant au

---

(1) Seulement on arrive à reconnaître que le rang du *privilége des douanes* est fixé par la loi du 6-22 août 1791, d'après des idées incompatibles avec les principes qui dominent dans le Code civil et dans les lois postérieures à ce Code. Nous reviendrons plus bas sur cette observation.

classement des priviléges spéciaux (1); et enfin, il garde un silence absolu sur la prééminence respective des priviléges généraux et des priviléges spéciaux. De là, tant de systèmes discordants élaborés par les jurisconsultes, ou improvisés par les praticiens. Peut-être, néanmoins, parviendrons-nous à exposer sur ce sujet un système assez satisfaisant, bien que souvent, pour découvrir la pensée de la loi, nous n'ayons pour guide que l'analogie, armée de quelques indications de détail. Nous trouverons un secours fort utile dans quelques articles du Code de procédure.

Notre matière se divise tout naturellement en trois *articles*. Dans le premier, nous reviendrons en peu de mots, sur l'ordre des priviléges généraux de l'article 2101. Dans le second, nous chercherons à déterminer le classement des divers priviléges spéciaux. Enfin, dans le troisième *article*, nous supposerons le concours des priviléges généraux avec les priviléges spéciaux, et nous compléterons ainsi l'exposé de notre système.

Art. 1er. CLASSEMENT DES PRIVILÉGES GÉNÉRAUX SUR LES MEUBLES.

Sommaire.

109. Ancien droit français.
110. Code civil.

109. *Ancien droit français.* — Dans l'ancienne jurisprudence française, il régnait une assez grande incertitude quant au classement des priviléges généraux sur les meubles (2).

---

(1) On y trouve seulement que le propriétaire de la ferme est primé par certains fournisseurs du fermier; et que le locateur prime le vendeur des meubles, lorsqu'il n'a pas eu connaissance du droit de ce dernier (V. art. 2102 n° 1, 4e alin., et n° 4, 3e alin.; aj. ci-dessus, n° 56).

(2) V. Pothier, *Proc. civ.*, 4e part., chap. 2, sect. 2, art. 7, § 2, et Denisart, *Collect. de déc.*, v° *privilége*.

Un acte de notoriété du Châtelet de Paris, en date du 4 août 1692, réglait ainsi qu'il suit l'ordre de préférence entre les priviléges généraux qui grevaient les meubles d'une succession :

1° Les frais funéraires *de premier ordre*, c'est-à-dire, l'ouverture de la terre et le port du corps du défunt ; 2° les sommes dues aux médecins, aux chirurgiens et aux apothicaires, les gages des domestiques et les frais de scellés et d'inventaire, ces créances venant toutes par concurrence.

Denisart, dans ses notes sur cet acte de notoriété, indique l'ordre suivant comme admis d'après l'usage de son temps : 1° les frais de vente qui sont retenus par l'huissier ; 2° les frais funéraires de premier ordre ; 3° les frais de scellés et inventaire ; 4° les créances des médecins, des domestiques, des fournisseurs de subsistances, et les frais funéraires de second ordre.

Pothier (1) établit un classement à peu près semblable entre les priviléges généraux sur les meubles. Il explique d'abord que le premier rang doit appartenir aux frais de saisie, de garde et de vente, parce que ces frais sont faits pour la cause commune des créanciers. Il fait venir ensuite les frais funéraires, du moins ceux de premier ordre. Quant aux frais de la dernière maladie, ils lui paraissent aussi dignes de faveur que les frais funéraires. Il pense néanmoins que dans l'usage on ne les fait venir qu'après (2).

Suivant Duplessis (3), le privilége des médecins devait l'emporter sur celui des domestiques. On voit par ces citations, que nous aurions pu multiplier, quelle obscurité présentait autrefois cette matière.

____

(1) *Proc. civ., loc. cit.*

(2) Pothier avait présenté un classement un peu différent dans ses notes sur la *cout. d'Orléans* (*Introd. au tit.* 20, n°ˢ 116 et suiv.).

(3) 5ᵉ édit., t. 1ᵉʳ, p. 621.

110. *Code civil.* — Nous ne ferons ici que renvoyer au classement donné dans l'article 2101, et aux considérations que nous avons présentées pour justifier chacun de ces priviléges, et expliquer le degré de faveur attaché à chacun d'eux (V. ci-dessus, n° 20 à 35). Nous rappellerons seulement, qu'aujourd'hui comme autrefois, les frais de justice priment tous les autres, même les plus dignes de faveur au point de vue de l'intérêt public et de l'humanité. Plus tard nous tirerons de cette observation, et de quelques remarques analogues, la preuve que l'esprit de la loi est toujours de donner la préférence à celui des créanciers dont les déboursés ont profité aux autres.

Art. 2. *Classement des priviléges spéciaux sur les meubles.*

Sommaire.

111. Division de la matière.

112. Ancien droit français.

113. Code civil. Conflit entre le bailleur de l'immeuble et le vendeur de meubles.

114. Conflit entre le bailleur de l'immeuble et le créancier pour ustensiles.

115. Conflit entre le bailleur de l'immeuble et le vendeur de semences ou ceux qui ont travaillé à la récolte.

116. Des conflits sur lesquels le Code ne s'est pas expliqué.

111. *Division de la matière.* — Après un coup d'œil jeté sur l'ancien droit français, nous étudierons dans le Code civil les hypothèses qui s'y trouvent prévues et réglées, en recherchant les motifs qui ont déterminé les décisions du législateur. Nous passerons ensuite aux hypothèses non prévues par le Code.

Dans l'examen de toute cette matière, nous nous attacherons de nouveau à notre classification des priviléges spéciaux, qui rapporte les uns au principe du nantissement, et les autres à la considération d'une plus-value créée ou conservée dans l'intérêt commun.

Nous examinerons d'abord à qui la préférence doit appartenir, lorsque le conflit existe entre un créancier nanti d'un gage conventionnel ou tacite et un créancier qui a mis ou conservé dans la masse des biens l'objet donné en gage. Puis nous mettrons en présence, soit divers créanciers nantis du même gage, soit divers créanciers dont les uns ont créé et les autres conservé la même plus-value.

112. *Ancien droit français.* — Nous nous bornerons ici à présenter un tableau succinct des solutions données par Pothier, sur diverses questions relatives aux priviléges mobiliers spéciaux.

I. Comment devait-on régler le conflit entre le créancier nanti d'un gage et le producteur ou le conservateur de l'objet engagé? Pothier examine une question de ce genre. Il suppose que des animaux détournés d'une métairie ont été nourris par un hôtelier, et il décide que l'hôtelier doit être préféré au maître de la métairie pour le payement de sa créance, parce qu'en nourrissant les animaux il a conservé le gage du locateur (1). Il est clair que, dans le système de Pothier, celui dont le droit a pour base le nantissement est primé par celui qui a conservé la chose depuis le nantissement opéré. Au contraire, le locateur est-il en présence de celui qui avait vendu la chose au locataire ou qui l'avait améliorée au profit de ce dernier; Pothier accorde la préférence au locateur (2). Il ne donne pas, sur ce dernier point, le motif explicite qui le détermine; mais on peut facilement découvrir ce motif, en se rappelant une autre décision de Pothier, qui étend le privilége du propriétaire locateur même sur des objets appartenant à des tiers (V. ci-dessus, n° 54, p. 58, *in fine*):

---

(1) *Proc. civ.*, *loc. cit.*
(2) *Ibid.;* V. aussi Bacquet, *Droits de justice*, chap. 21, n° 279.

Pothier se fonde sur ce que le propriétaire a dû compter, pour sa garantie, sur les meubles qui garnissaient sa maison ou sa ferme. Évidemment la même raison milite en faveur du locateur de l'immeuble contre le vendeur des meubles, ou contre celui qui les a conservés avant qu'ils ne servissent à garnir les lieux loués. Le locateur qui ignorait les droits du vendeur ou du conservateur de la chose, a dû compter sur la garantie qui lui était offerte. Au reste, cette question de préférence à établir 'entre le vendeur des meubles et le propriétaire de l'immeuble loué n'était pas résolue uniformément par nos anciens auteurs (1).

II. Comment réglait-on le conflit entre divers créanciers invoquant tous en leur faveur le principe du nantissement ? La question se présente tout d'abord dans le cas où certains des créanciers ont perdu la possession de la chose sans leur consentement, et par suite ont conservé leur droit (Comp. ci-dessus, n° 48, p. 47, et n° 49, p. 49, *question*).

Ainsi Pothier (2) suppose un locataire ou un fermier enlevant ses meubles à l'insu du bailleur, et les portant chez un autre bailleur. Dans ce cas il donne la préférence au premier bailleur ; car, dit-il, le preneur n'a pu donner la chose en nantissement au second bailleur, au préjudice du droit qu'avait le premier bailleur (3).

III. Enfin que dire du conflit élevé entre plusieurs créanciers qui ont tous contribué à mettre ou à conserver la même valeur dans le patrimoine du débiteur ?

---

(1) V. de Ferrière, *sur l'art.* 177 *de la cout. de Paris,* n°s 7 et 8.

(2) *Proc. civ., loc. cit.,* et *Louage,* n° 262.

(3) On aurait pu encore supposer le gage, soit d'un objet corporel, soit d'une créance, concédé successivement à plusieurs personnes, l'objet corporel ou les titres de la créance étant remis à un tiers chargé de les posséder pour le compte des divers créanciers (V. ci-dessus, n° 48). En pareil cas, la préférence se serait évidemment déterminée par la date de chacune des constitutions de gage (Comp. ci-dessous, p. 158, et *note* 1, *ibid.*).

Pothier suppose que le litige existe entre le bailleur privilégié sur la récolte du bien rural, et les ouvriers qui ont travaillé à faire naître les fruits ou à les recueillir. Nous avons déjà vu ci-dessus (n° 94), que le privilége du bailleur, quant aux fruits de la récolte, était basé sur ce que, par le bail même, il avait consenti à mettre ces fruits dans le patrimoine du preneur. Le vendeur des semences, les ouvriers qui sont employés à la culture du fonds ou à la perception des fruits, contribuent aussi à la production ou à la conservation de la récolte. Voilà donc divers priviléges se rattachant tous à une même cause. Dans ce concours, à qui donner la préférence? Il semble que le bailleur doive être primé; car le vendeur des semences et ceux qui ont travaillé à la récolte ont réellement fait l'affaire du bailleur, puisque sans eux ce dernier ne trouverait point de récolte sur laquelle il pût exercer son privilége. Telle est en effet l'opinion de Pothier (1), au moins en ce sens qu'il préfère au bailleur les moissonneurs et même les valets de labour. Mais, d'un autre côté, Pothier veut qu'en général le privilége du bailleur prime celui du vendeur de semences (2); sa doctrine présente donc, sur cette matière, une certaine indécision. Ricard, au contraire (3), dit que le vendeur de semences est préféré au bailleur, et cite même en ce sens un arrêt du Parlement de Paris, du 8 mai 1708.

113. *Code civil. Conflit entre le bailleur de l'immeuble et le vendeur de meubles.* — Un des points réglés par le Code civil, en matière de classement des priviléges spéciaux, est celui du concours entre le propriétaire de la maison ou de la ferme, et le vendeur de meubles non payé de son prix. L'article 2102, n° 4, porte que *le privilége du*

---

(1) *Proc. civ.*, 4ᵉ partie, chap. 2, sect. 2, art. 7, § 2.
(2) V. *ibid.*
(3) *Sur l'art.* 171 *de la cout. de Paris.*

vendeur ne s'exerce qu'après celui du propriétaire de la maison ou de la ferme, à moins qu'il ne soit prouvé que le propriétaire avait connaissance que les meubles et autres objets garnissant sa maison ou sa ferme n'appartenaient pas au locataire (1).

Cette disposition de l'article 2102 n'existait pas dans le projet du Code; elle a été ajoutée à la suite de la discussion au conseil d'État (2). On avait fait remarquer qu'il est ordinairement très-difficile au locateur de vérifier si le prix des meubles apportés par le preneur a été acquitté par celui-ci, tandis que le vendeur a pu prendre ses sûretés pour se faire payer. Ainsi le propriétaire de l'immeuble loué n'obtient la préférence qu'autant qu'il est de bonne foi; sinon il est primé par le vendeur créancier du prix. Cette décision est évidemment une application des principes généraux de notre législation, sur l'effet de la possession de bonne foi en matière de meubles. C'est ainsi que le privilége du locateur peut s'étendre même sur des meubles appartenant à autrui et non vendus au locataire, pourvu qu'ils n'aient été ni perdus, ni volés, ainsi que nous l'avons développé ci-dessus, en traitant des meubles grevés du privilége du locateur (V. n° 56).

Il est clair que si le principe posé en termes généraux dans l'article 2279 n'existait pas, le vendeur non payé de-

____

(1) Ces mots : *n'appartenaient pas au locataire* signifient, non pas que le locataire n'eût aucun droit de propriété sur les meubles dont il s'agit, mais que ces meubles ne lui appartenaient qu'incomplétement, c'est-à-dire, grevés du droit réel de privilége, et même du droit de résolution (Comp. ci-dessus, n° 89). Quant à la question de savoir si la bonne foi du locateur exclut l'exercice de la *revendication* du vendeur (Comp. *ibid.*), nous allons bientôt l'examiner.

(2) Séance du conseil d'état, du 3 ventôse an XII ; V. Locré, t. XVI, p. 242 à 245 ; Fenet, t. XV, p. 353 et suiv.

vrait être préféré au locateur. Ce vendeur, dirait-on, n'a mis la chose dans le patrimoine de l'acheteur, que grevée du droit de préférence qu'il s'était retenu ; dès lors, l'acheteur du meuble n'a pu donner cette chose en gage que telle qu'il l'avait, c'est-à-dire, sauf ce droit du vendeur. Mais la règle : *en fait de meubles, la possession vaut titre*, fait évanouir les droits de préférence, comme tout autre droit réel existant sur les objets mobiliers corporels (Comp. ci-dessus, n° 11).

Le Code dit : *à moins qu'il ne soit prouvé que le propriétaire avait connaissance*, etc., etc. C'est au moment où les objets ont été transportés dans les lieux loués qu'il faut rechercher si le propriétaire a eu ou n'a pas eu connaissance du droit du vendeur. En effet, si, à cette époque, le propriétaire a été de bonne foi, dès ce moment, il a dû compter, pour son payement, sur les meubles qu'on lui présentait comme garantie de sa créance, et dès lors il est définitivement nanti du gage, de même que l'acheteur qui reçoit de bonne foi la chose mobilière d'autrui en acquiert irrévocablement la propriété (1).

Mais cette doctrine doit n'être entendue qu'avec un certain tempérament ; car si les autres meubles suffisent et au delà pour la garantie du locateur, celui-ci ne devrait pas plus être admis à gêner l'exercice du droit du vendeur qu'il ne pourrait empêcher l'acheteur lui-même de faire sortir certains meubles des lieux loués, ces lieux demeurant d'ailleurs convenablement garnis (Comp. ci-dessus, n° 67, p. 83).

Le vendeur qui veut conserver son privilége agira prudemment en faisant une notification au bailleur, avant de

---

(1) V., en ce sens, Aubry et Rau ; Paris, arrêt du 26 mai 1814 (Sir., 15, 2, 227). V. cependant Delvincourt, t. III, p. 276.

livrer les meubles par lui vendus. Il constatera ainsi, d'une manière certaine, la connaissance que le propriétaire a eue du privilége, au moment de l'introduction des objets dans la maison ou dans la ferme (V. art. 1813; comp. n° 56, p. 61 et 62).

Question. — La revendication accordée au vendeur par l'article 2102 (V. ci-dessus, n° 89), peut-elle s'exercer au préjudice du propriétaire de l'immeuble, lorsque ce dernier n'a pas eu connaissance de la créance du vendeur?

Dans l'intérêt du vendeur qui veut exercer la revendication, on peut dire que le n° 4 de l'article 2102, après avoir traité du privilége du vendeur de meubles et de son droit de revendication, ne parle plus que du privilége, lorsqu'il s'agit de donner la préférence au droit du locateur de bonne foi; d'où il semble résulter que le droit de revendication conserve toujours la priorité, pourvu qu'il soit exercé dans le bref délai déterminé par la loi.

On ajoutera que telle paraît être la doctrine ancienne, au moins d'après Pothier; car ce jurisconsulte décide, en termes généraux, que le bailleur de l'immeuble ne peut mettre obstacle à la revendication du vendeur (1).

Enfin, on alléguera que ce système ne présente aucun inconvénient réel, parce que le délai de l'action en revendication n'étant que de huitaine, le locateur doit être fort promptement tiré de la fausse confiance qu'il avait dans les gages fournis par son locataire (2).

L'opinion contraire nous paraît beaucoup mieux fondée; car la maxime : *en fait de meubles, la possession vaut titre*, doit mettre chez nous un obstacle invincible à la re-

______

(1) Pothier, *Contrat de louage*, n° 244, et *Proc. civ.*, *loc. cit.*
(2) V., en faveur de cette opinion , M. Duranton, t. XIX, n° 121.

vendication du vendeur de meubles, quoique intentée dans un très-bref délai. Le droit qu'a ce vendeur de reprendre la possession ne peut être plus puissant que le droit de propriété ; or, il est certain que le propriétaire d'un meuble, qui l'aurait remis au locataire en prêt ou en dépôt, serait tenu de subir le privilége du bailleur (Comp. ci-dessus, n° 56). Comment ne déciderait-on pas de même contre le vendeur qui a transféré la propriété au locataire ?

On peut concevoir facilement pourquoi le mot *privilége* a été seul employé dans le troisième alinéa de l'article 2102. C'est que la *revendication* du vendeur étant mentionnée parmi les priviléges et comme s'y rattachant intimement, le législateur a été entraîné à prendre le mot *privilége* dans un sens fort large, qui comprend les diverses garanties accordées au vendeur. On peut dire d'ailleurs que la revendication sera très-souvent le moyen le plus simple d'assurer la conservation du privilége, puisqu'en faisant restituer au vendeur la possession, elle empêche l'acheteur de transférer cette possession à des tiers (Comp. ci-dessus, p. 120 et suiv.).

L'argument que l'on tire de l'ancienne doctrine et notamment d'un passage de Pothier, n'est point concluant. En effet, on se rappelle que d'après les coutumes de Paris et d'Orléans, le vendeur qui n'avait pas accordé de terme pour le payement pouvait revendiquer la chose en quelque lieu qu'elle fût transportée, c'est-à-dire, même entre les mains d'un sous-acquéreur de bonne foi (V. ci-dessus, n° 88, p. 114). Dès lors il allait sans difficulté que la revendication pût s'exercer, même au préjudice du bailleur. Mais nous savons que le Code a précisément innové sur ce point, puisqu'il refuse au vendeur la revendication, lorsque la chose vendue n'est plus en la possession de l'acheteur. Pour être conséquent dans ce nouveau système, comme on l'était dans l'ancien, il faut dire aujourd'hui que l'espèce de possession qui appartient au locateur, sur les meubles apportés dans les lieux loués, doit exclure la revendication du vendeur.

114. *Conflit entre le bailleur de l'immeuble et le créancier pour ustensiles.* — L'article 2102, n° 1, règle dans son avant-dernier alinéa l'ordre de préférence entre le bailleur de l'immeuble et celui à qui des sommes sont dues pour ustensiles. Cet article décide que les sommes dues pour ustensiles seront payées sur le prix de ces ustensiles, par préférence au propriétaire de l'immeuble.

L'application la plus usuelle de cette règle se présente évidemment dans le cas où il s'agit d'ustensiles vendus au fermier. La loi ne distingue pas si le bailleur a su ou a ignoré que le vendeur d'ustensiles n'avait pas été payé, et donne dans tous les cas la priorité à ce vendeur, contrairement à la règle générale que nous venons d'étudier (V. le n° précédent). Quel est le motif de cette disposition tout exceptionnelle? C'est sans doute l'intérêt de l'agriculture. Le législateur a jugé utile d'augmenter le crédit du cultivateur, qui a un besoin indispensable des ustensiles aratoires. Il est même, en quelque façon, de l'intérêt des propriétaires d'immeubles, que leurs fermiers aient pour ces sortes d'acquisitions un crédit bien assuré ; car ces ustensiles sont nécessaires à la production des récoltes qui servent à payer les fermages.

Les expressions de notre article (les sommes *dues pour ustensiles*) comprennent, outre le cas d'achat des ustensiles, le cas où des sommes sont dues pour réparations nécessaires ou même simplement utiles de ces objets. Dans ces hypothèses diverses, les considérations que nous venons d'indiquer se présentent avec une force à peu près égale (Comp. ci-dessus, n° 82, *question, in fine*). On peut donc découvrir ici, remarquons-le en passant, une solution légale sur un cas particulier de conflit élevé entre un créancier gagiste et un créancier qui antérieurement a conservé la chose. Plus tard nous rechercherons quel principe il faut suivre dans les autres hypothèses où un pareil conflit se présente (V. ci-dessous, n° 116).

115. *Conflit entre le bailleur de l'immeuble et le vendeur de semences ou ceux qui ont travaillé à la récolte.*—L'avant-dernier alinéa du n° 2 de l'article 2102, décide que les sommes dues par le fermier pour les semences ou pour les frais de la récolte de l'année, sont payées sur le prix de la récolte, par préférence au propriétaire de la ferme.

Déjà, plus haut, en traitant du privilége qu'a le propriétaire de la ferme sur la récolte de l'année, nous avons considéré ce propriétaire comme jouant, en quelque sorte, le rôle d'un vendeur de fruits (V. n° 94). C'est lui qui, en consentant le bail, a mis les fruits de la récolte dans les biens du fermier. Mais, d'un autre côté, le vendeur des semences et les ouvriers qui ont travaillé à produire la récolte doivent être considérés comme ayant fait entrer ou conservé les fruits dans la masse des mêmes biens. On voit donc qu'il s'agit ici d'un ordre à établir entre divers priviléges dont la cause se rattache à l'intérêt de tous les créanciers. Le Code a donné la préférence au vendeur des semences et à ceux qui ont travaillé à produire ou à recueillir les fruits, parce que ces divers créanciers ont, en définitive, fait l'affaire du bailleur. Sans leurs fournitures ou leurs services, il n'y aurait pas eu de récolte, et partant le bailleur n'aurait pas eu de privilége à exercer.

116. *Des conflits sur lesquels le Code ne s'est pas expliqué.* — Le Code garde le silence sur tous les autres cas dans lesquels il y a un ordre de préférence à régler entre divers priviléges spéciaux. Mais on peut arriver, et peut-

être avec moins de difficulté qu'on ne le croirait d'abord, à exposer sur cette matière un ensemble d'idées satisfaisant. Pour procéder avec plus de clarté et mieux faire ressortir divers principes qui dominent ce sujet, nous examinerons successivement trois difficultés, dont la solution embrassera toutes les hypothèses de détail.

Première difficulté. — Lorsqu'un conflit s'élève entre le créancier nanti d'un objet et celui qui a mis ou conservé cet objet dans la masse, à qui doit-on accorder la préférence (1)?

A l'aide de notions déjà développées ci-dessus (n°s 56 et 113) sur le concours du locateur d'immeubles et du vendeur de meubles, nous parviendrons facilement à résoudre cette première question.

D'abord point de difficulté en général dans le cas où les frais ont été faits, pour la conservation de la chose, depuis l'époque où elle a été donnée en nantissement à un autre créancier. En effet, celui qui a conservé la chose depuis le nantissement opéré, a fait l'affaire du créancier nanti, et dès lors doit être préféré à ce dernier, puisque le privilége du conservateur n'est fondé que sur cette idée de bon sens, que les frais faits dans l'intérêt des autres créances doivent être colloqués avant celles-ci (V. art. 2102, n° 2, et ci-dessus n°s 80 à 82; comp. art. 2101, n° 1).

Cependant cette règle devrait être modifiée dans le cas où le créancier nanti du gage, qui n'a pas eu connaissance des dépenses faites pour conserver l'objet engagé, aurait pu, si on avait pris soin de l'en avertir, exiger un supplément convenable de garantie. Par exemple, dans le cas de location d'immeubles, le locateur devra primer la

---

(1) V., sur cette question et les suivantes, les articles remarquables de M. Demante, insérés dans la *Thémis*, t. VI, p. 130 et 248.

créance des frais de conservation, même postérieurs à son nantissement, si, dans son ignorance de la nouvelle créance privilégiée, il n'a pas pris les mesures qu'il aurait facilement pu prendre, à l'effet d'obtenir de son locataire de nouvelles garanties pour le payement des loyers.

Supposons maintenant que la chose ait été mise ou conservée dans les biens du débiteur avant que le nantissement eût été constitué. Dans ce cas, il faut revenir au principe général, suivant lequel, en fait de meubles, le possesseur de bonne foi est préféré. En d'autres termes, la décision exprimée dans le n° 4 de l'art. 2102 doit être généralisée et étendue à tous les cas analogues (1). Nous accorderons donc la préférence au créancier nanti d'un gage conventionnel ou d'un gage tacite (locateur, voiturier, aubergiste), toutes les fois que, lors de la constitution du gage, ce créancier aura ignoré le droit de celui qui antérieurement avait aliéné ou conservé l'objet. En pareil cas, on ne peut nullement dire que l'aliénateur ou le conservateur aient fait l'affaire du créancier nanti de l'objet aliéné ou conservé. Ils n'ont à invoquer en leur faveur que l'avantage de l'antériorité de leur droit. Mais nous savons que cette antériorité, lorsqu'il s'agit de meubles corporels, le cède à la possession de bonne foi (Comp. ci-dessus, n°s 11 et 12).

Mais évidemment cette doctrine n'a point trait aux biens mobiliers à l'égard desquels la maxime : *en fait de meubles, etc.*, ne reçoit pas d'application ; par exemple, si une créance vendue a été postérieurement donnée en gage par l'acheteur (Comp. ci-dessus, p. 52, et p. 109,

---

(1) V., en sens contraire, un arrêt de la cour de Colmar, du 26 avril 1816 (Sir., 17, 2, 365), lequel donne au vendeur la préférence sur l'aubergiste qui ignorait la créance de ce vendeur. La cour tire un argument *a contrario* du n° 4 de l'article 2102. M. Duranton (t. XIX, n° 130) critique avec raison la doctrine de cet arrêt.

question). En pareil cas et en d'autres cas analogues, il faut dire que le bien mobilier grevé du gage dont il s'agit ne l'a été que déduction faite des droits antérieurement acquis à des tiers (Comp. ci-dessus, n° 11).

Deuxième difficulté. — Lorsqu'un conflit s'élève entre deux créanciers successivement nantis du même objet, auquel faut-il donner la préférence?

Point de doute qu'en principe on ne doive préférer celui des créanciers nantis du même gage dont le droit est antérieur (dans le cas, par exemple, où la même créance a été donnée successivement en gage à deux personnes) (1); car le droit réel établi en second lieu n'a frappé l'objet du gage que sur *la valeur demeurée libre*, déduction faite du droit réel antérieur.

La même solution doit être donnée au profit du créancier antérieur, qui n'a cessé d'être nanti du gage que par l'effet de la perte ou du vol de la possession (V. ci-dessus, n°ˢ 49, 67, 69 et 72, *in fine*).

Si, au contraire, le créancier gagiste avait volontairement abdiqué la possession au profit du débiteur, la question de conflit ne pourrait plus s'élever (2), puisque le gage se trouverait éteint, même indépendamment de toute constitution nouvelle du même objet en nantissement (V. les mêmes n°ˢ).

Troisième difficulté. — Comment régler l'ordre entre divers priviléges, tous fondés sur la création ou la conservation d'une valeur dans la masse des biens?

---

(1) Nous supposons ou que la créance constituée en gage n'est point constatée par un titre, ou que ce titre a été remis entre les mains d'un tiers, pour le compte des deux créanciers gagistes (V. ci-dessus, p. 52, et C. civ., art. 2076). Cette dernière hypothèse peut se présenter aussi en matière de nantissement d'un meuble corporel (Comp. note 2 de la p. 148).

(2) Sauf dans le cas prévu par l'art. 307 du C. de comm. (V. n°ˢ 73 et 105, *in fine*).

Une première règle à donner sur ce point est que le créancier qui a travaillé dans l'intérêt d'un autre doit lui être préféré. Le Code civil présente une application très-remarquable de cette règle, dans une hypothèse où le débat s'engage entre le bailleur d'immeubles, et celui qui a vendu des semences ou des ustensiles, ou qui a contribué soit à produire soit à conserver la récolte (V. art. 2102, n° 1, 4° alin.).

D'après cette règle, si le conflit s'élève entre le vendeur et le conservateur de la même chose, nous donnerons la préférence au conservateur. S'il surgit entre deux personnes qui ont successivement conservé l'objet, on devra préférer le dernier créancier, parce qu'il a conservé le gage du précédent. Ainsi, un vétérinaire a soigné un cheval et l'a guéri; plus tard le cheval devient de nouveau malade, et il est soigné par un second vétérinaire; celui-ci devra l'emporter sur le premier. Le même principe sert de base aux dispositions de l'article 323 du Code de commerce, qui traite du cas où des emprunts à la grosse ont été faits à diverses époques pour le même navire. Nous reviendrons plus loin sur cet article 323, en disant quelques mots du classement des priviléges commerciaux.

Si maintenant nous supposons plusieurs vendeurs successifs d'un meuble corporel, qui tous aient conservé leur privilége (V. ci-dessus, n° 85), incontestablement le premier devra être préféré au second, le second au troisième, et ainsi de suite. En effet, chacun des vendeurs a un droit opposable aux acheteurs subséquents et à leurs créanciers, mais non à ceux qui, avant l'établissement de son droit, avaient déjà un privilége acquis sur le même objet. On peut, à l'appui de cette décision, argumenter, par analogie complète, de l'article 2103, n° 1, qui règle l'ordre à établir entre plusieurs vendeurs successifs du même immeuble (Comp. ci-dessus, n° 11, p. 13).

Art. 3. *Classement des priviléges généraux et des priviléges spéciaux concourant ensemble.*

(Art. 2101 et 2102.)

Sommaire.

117. Division de la matière. -
118. Conflit entre les priviléges spéciaux et les frais de justice.
119. Conflit entre les priviléges spéciaux et les autres priviléges généraux de l'article 2101.

117. *Division de la matière.* — Les priviléges généraux énumérés dans l'article 2101 tiennent, ainsi que nous l'avons exposé plus haut, à des causes différentes. Les frais de justice sont privilégiés, parce qu'ils ont été faits dans l'intérêt de tous les créanciers; tandis que les autres priviléges généraux de l'article 2101 se rattachent à diverses considérations d'humanité (V. n°s 20 et suiv.).

Nous allons d'abord nous occuper du cas où les divers priviléges spéciaux concourent avec les frais de justice; puis nous passerons à l'hypothèse du conflit des mêmes priviléges spéciaux avec les autres priviléges généraux de l'article 2101.

118. *Conflit entre les priviléges spéciaux et les frais de justice.* — Denisart, dans ses notes sur l'acte de notoriété du Châtelet de Paris, du 4 août 1692, examine l'hypothèse, fort commune en pratique, du conflit élevé entre les frais de justice et la créance du locateur de l'immeuble. Suivant Denisart, le locateur est primé par les frais de vente du mobilier qui garnit les lieux loués, le montant de ces frais pouvant même être retenu par l'officier ministériel qui a procédé à la vente (Comp. ci-dessus, n° 24); mais, au contraire, le locateur prime les frais de scellés et d'inventaire. Ce dernier point

était même décidé formellement par l'acte de notoriété que nous venons de citer. Le motif de différence entre les deux solutions est, sans doute, que les frais de vente sont faits dans l'intérêt du propriétaire, auquel ils ont procuré le payement de ses loyers ; tandis qu'au contraire, les frais de scellés et d'inventaire ne lui sont pas indispensables pour conserver le mobilier, dont il a en quelque sorte la possession (Comp. ci-dessus, n° 22). En lisant Pothier avec attention, il est facile de voir qu'il préfère aussi les frais de saisie, de garde et de vente du mobilier à la créance du locateur (1).

Le Code civil ne s'explique pas en termes formels sur l'ordre à établir entre les frais de justice, d'une part, et les priviléges spéciaux, d'autre part. Mais il ressort des principes déjà posés plus haut, que la préférence doit appartenir aux frais de justice, toutes les fois qu'ils ont servi à procurer aux autres créanciers privilégiés le payement de leurs créances. Ce n'est même qu'à raison de cette utilité générale des frais de justice, que l'article 2101 leur donne la préférence sur les autres priviléges généraux (V., ci-dessus, nᵒˢ 20 à 24 et n° 117).

Nous rappellerons ici plusieurs articles du Code de procédure, déjà indiqués dans les numéros que nous venons de citer : d'abord l'article 657, suivant lequel l'officier public qui a procédé à la vente des meubles a le droit de prélever ses frais, en consignant le montant du prix de la vente (V. ci-dessus, n° 24); puis l'article 662, qui fait passer les loyers dus au propriétaire de l'immeuble, avant les frais de distribution par contribution; et enfin l'article 768, qui détermine comment doivent être colloqués les frais de contestation de certaines

----

(1) V. *Proc. civ.*, t. I, 4ᵉ part., chap. 2, sect. 2, art. 7, § 2, et *Introd. au tit. 20 de la cout. d'Orléans*, n° 116.

créances, dans l'ordre ouvert sur le prix d'un immeuble.

L'esprit de la loi se révèle très-bien dans ces dispositions, où l'on voit que les frais de justice sont préférés aux créances pour l'acquittement desquelles ces frais ont eu de l'utilité. Ainsi, les frais de la vente faite par l'officier public sont préférés à toutes les créances, même à celle du locateur, parce que ces frais, servant à transformer en argent les meubles saisis, étaient nécessaires au payement de tous les créanciers sans distinction. Au contraire, lorsqu'il s'agit des frais de *distribution* des deniers, ce même locateur pouvant, avant toute distribution, et à l'aide d'une procédure particulière, se faire attribuer le montant de ses loyers ou fermages (V. C. de proc., art. 661), obtient tout naturellement la préférence sur des frais qui lui sont inutiles. Mais quant aux autres créanciers, pour lesquels la procédure de distribution par contribution est nécessaire, ils sont primés par les frais qu'occasionne cette distribution. Enfin, d'après l'article 768, les frais de contestation, dans un ordre, ne doivent primer que les créances au profit desquelles la contestation a eu lieu.

Ces dispositions serviront à résoudre, par voie d'analogie, toutes les questions de préférence qui peuvent s'élever entre les frais de justice et les priviléges spéciaux.

A cet égard la règle qu'il faut suivre est aisée à formuler. En principe, les frais de justice doivent l'emporter sur les autres créances; mais toutes les fois qu'un privilége aurait pu s'exercer indépendamment d'une opération de justice faite dans l'intérêt des autres créanciers, les frais de cette opération ne doivent pas être payés au détriment de ce privilége, sur le prix des objets qui lui sont affectés (Comp. C. de proc., art. 768; aj., ci-dessus, n° 22) (1).

____

(1) Cette règle est donnée par MM. Aubry et Rau, t. II, p. 222. — V.

119. *Conflit entre les priviléges spéciaux et les autres priviléges généraux de l'article* **2101.** — Sur cette matière nous trouvons encore une grande incertitude dans la doctrine de nos anciens auteurs.

Pothier reconnaît sans difficulté, comme règle générale, que les priviléges particuliers sur les meubles, autres que celui des frais de justice, *l'emportent sur les généraux* (**1**). Il n'admet d'exception formelle à cette règle qu'en faveur des frais funéraires *de premier ordre*, qui sont les frais d'enlèvement et d'ensevelissement du corps (2).

L'acte de notoriété du Châtelet de Paris, du 4 août 1692, déclare également que les frais funéraires de premier ordre priment le propriétaire de l'immeuble. Quant aux autres frais funéraires, appelés *de second ordre*, qui ne sont pas, comme l'enlèvement et l'ensevelissement du corps, d'une nécessité absolue, ils doivent, comme tous les autres priviléges généraux (créance des médecins, des fournisseurs de subsistances, etc.), passer après les loyers dus au propriétaire.

Le Code civil ne contient sur ce point aucune solution générale, ni même aucune solution expresse de détail. De là, une opposition tranchée entre les systèmes des interprètes.

Un premier système consiste à faire passer tous les

---

un arrêt de la cour de cassation qui décide que le privilége du locateur prime les frais d'administration de la faillite du locataire, quand ces frais n'ont pas été faits dans son intérêt (civ. rej., 20 août 1821; Sir., 22, 1, 28); comp. les arrêts indiqués ci-dessus, p. 25, *note* 1; aj., dans le même sens, Paris, 27 nov. 1814 (Sir., 16, 2, 205), et Lyon, 14 déc. 1841 (Sir., 41, 2, 344).

(1) *Proc. civ., loc. cit.,* et *Introd. au tit XX de la cout. d'Orléans,* n° 126.

(2) Pothier exprime, il est vrai, des doutes relativement aux frais de la dernière maladie; mais on voit qu'il incline à les soumettre à la règle ordinaire (*Proc. civ., loc. cit.,* et *Introd. au tit. XX, etc.,* n° 118).

priviléges généraux de l'article 2101, avant tous les priviléges spéciaux de l'article 2102. Ce système se fonde sur les raisons suivantes : 1° la généralité même de ces premiers priviléges prouve qu'aux yeux de la loi ils sont dignes de la plus grande faveur; 2° l'article 2105 décide formellement que les priviléges énoncés en l'article 2101 s'exercent sur les immeubles, à défaut de mobilier, par préférence aux priviléges spéciaux qui grèvent les mêmes immeubles ; or, l'analogie conduit à décider de même, lorsque le concours entre ces divers priviléges a lieu sur des valeurs mobilières. Ainsi, par exemple, puisque le vendeur d'un immeuble est primé par tous les créanciers privilégiés généraux de l'article 2101, pourquoi en serait-il autrement du vendeur d'un meuble? 3° enfin, les priviléges indiqués dans les quatre derniers numéros de l'article 2101 sont, de leur nature, éminemment dignes de faveur; car ils sont fondés sur les considérations d'humanité les plus puissantes (1).

Dans un autre système, que nous croyons seul admissible, les priviléges spéciaux de l'article 2102 sont, au contraire, presque toujours (2) préférés aux priviléges généraux de l'article 2101, autres que les frais de justice. Nous allons d'abord tâcher de réfuter les arguments sur lesquels se base l'opinion opposée.

---

(1) V., en faveur de ce système, qui donne la préférence aux priviléges généraux, Maleville, sur l'art. 2102 ; Tarrible, *Rép.*, v° *Privilége*, sect. 2, § 1, n⁰ˢ 3 et suiv.; Favard de Langlade, v° *Privilége*, sect. 3, § 1; M. Troplong, t. I, n⁰ˢ 73 et suiv. ; Limoges, 15 juillet 1813 (Sir. 14, 2, 262); Rouen, 12 mai 1828 (Sir., 29, 2, 15); Poitiers, 30 juillet 1830, (Sir., 31, 2, 88). — Grenier (t. II, n° 298) admet la même théorie, en faisant toutefois exception en faveur du gage et des priviléges particuliers sur le cautionnement.

(2) Nous regardons comme exceptionnel le cas où le locateur de l'immeuble concourt avec les frais funéraires *de premier ordre* (V. p. 167 *note* 1 ; comp. p. 163).

1° Au premier argument, fondé sur ce que la loi, en conférant à certains priviléges un caractère de généralité, a manifesté par là même l'intention de les préférer à tous les autres, il faut répondre que les priviléges de l'article 2102, ayant pour cause, soit une constitution de gage, soit la création ou la conservation d'une certaine plus-value dans le patrimoine du débiteur, sont spéciaux uniquement à raison de la spécialité même du gage ou de la plus-value produite, et non à raison d'une infériorité essentielle et absolue.

2° L'argument d'analogie que l'on prétend tirer de l'article 2105 est repoussé par cette considération, qu'en général les immeubles ont une valeur assez considérable pour qu'on ait cru pouvoir, sans de trop graves inconvénients, colloquer, par préférence, sur les valeurs immobilières, les créances d'ordinaire assez modiques de l'article 2101 (1); tandis qu'au contraire, la plupart du temps ces mêmes créances absorberaient en entier, ou en fort grande partie, la valeur d'un meuble. Faire primer les priviléges mobiliers spéciaux par les priviléges généraux, serait presque toujours les anéantir. Au lieu d'argumenter *a pari sensu* de l'article 2105, il est bien plus raisonnable d'en tirer un argument *a contrario*.

3° Enfin, le troisième argument, qui consiste à invoquer des considérations d'humanité, peut avoir quelque chose de séduisant au premier coup d'œil; mais sa force est plus apparente que réelle. Dans une matière où tant d'intérêts sont en présence, peut-on affirmer *a priori* que le législateur ait nécessairement voulu faire passer

____

(1) Ce n'est pas que nous approuvions au fond cette disposition de l'article 2105; nous nous en expliquerons plus tard, en traitant des priviléges sur les immeubles. En ce moment, nous cherchons seulement à empêcher qu'on n'en exagère l'abus.

les considérations d'humanité avant toutes les autres, par exemple, avant l'intérêt du crédit, l'avantage d'encourager à des dépenses fort utiles, etc.? Le contraire sera démontré plus loin à l'aide de textes positifs. En ce moment, nous nous bornerons à faire remarquer que les frais de justice, placés au premier rang par l'article 2101, ne doivent certainement pas leur prééminence à des considérations d'humanité (1).

Après avoir ainsi combattu les arguments allégués en faveur du premier système, arrivons à établir directement le nôtre, d'après lequel, au contraire, les priviléges spéciaux doivent être, conformément à l'ancienne doctrine, préférés aux priviléges généraux. A cet effet, nous allons examiner à part chacune des deux grandes classes de priviléges spéciaux.

I. D'abord, quant aux créanciers nantis d'un gage conventionnel ou tacite, rappelons-nous qu'ils ont tous une possession, plus ou moins complète, des objets qui forment leur garantie. Or, d'un côté, il est incontestable que, dans notre droit, une grande faveur est attachée à la possession des meubles; et, d'un autre côté, il ne paraît pas naturel que les créanciers investis de priviléges généraux comptent, pour leur payement, sur des meubles dont la

____

(1) M. Troplong (2e édit., t. I, no 74) a ajouté, dans le même ordre d'idées, que les quatre derniers priviléges généraux de l'article 2101 ont pour cause des services *rendus à la personne,* tandis que les priviléges spéciaux sont fondés sur des services *rendus à la chose;* qu'en conséquence ce serait tomber dans un matérialisme dégradant que d'attribuer la préférence à ces derniers. Il nous semble que le spiritualisme est tout à fait désintéressé dans notre question. Pothier accordait la préférence aux priviléges spéciaux sur presque tous les priviléges généraux, et certes, les sentiments religieux de Pothier sont trop connus pour qu'on puisse l'accuser de matérialisme. D'ailleurs les créanciers privilégiés spéciaux, tels que l'aubergiste, le voiturier, le locateur d'appartements, le vendeur de meubles, et jusqu'au pauvre moissonneur ou vigneron qui réclame le prix de ses journées, n'ont-ils pas tous rendus, chacun à sa manière, des

possession appartient à d'autres personnes, à titre de sûreté spéciale.

Cette doctrine est confirmée par les articles 661 et 662 du Code de procédure, déjà cités plus haut. Nous savons que, d'après ces articles, le propriétaire de l'immeuble peut, sans attendre la procédure de distribution des deniers provenant de la vente des meubles, faire statuer préliminairement sur son privilége pour les loyers à lui dus, et que, par voie de conséquence, il est colloqué avant les frais de distribution. Or, il résulte nettement de là que le privilége spécial du propriétaire prime tous les priviléges généraux, à l'exception des frais de justice qui lui ont profité (Comp. ci-dessus, n° 118) (1). On a objecté, il est vrai, qu'en argumentant ainsi des articles 661 et 662, on irait beaucoup trop loin, puisqu'on arriverait à décider que le propriétaire doit être colloqué avant tous les autres créanciers sans distinction, ce qui serait contraire à plusieurs décisions textuelles de l'article 2102. Mais on écartera cette objection en faisant remarquer que les rédacteurs du Code de procédure, guidés par les habitudes de la pratique, ont très-bien pu ne pas se préoccuper des cas très-exceptionnels où le propriétaire locateur est primé par d'autres créanciers spéciaux, comme par un vendeur non

____

services à la personne du débiteur ? Conçoit-on même des services d'une autre nature ? Qu'est-ce qu'un service rendu non à une personne, mais à une chose ?

(1) Seulement, nous admettrons volontiers que certains frais funéraires, c'est-à-dire, les plus indispensables, ceux qu'on appelait autrefois priviléges *de premier ordre*, doivent primer le locateur, lorsque le débiteur est décédé dans les lieux par lui occupés à titre de bail. En pareil cas, on peut dire que ces frais ont servi au propriétaire, qui a besoin de reprendre la libre possession de la maison ou de l'appartement loué Mais nous ne trouvons aucune raison plausible pour admettre une décision semblable, quand le locataire est mort dans une maison étrangère.

payé, par un conservateur de la chose, etc., tandis qu'il n'est nullement probable qu'ils aient oublié l'existence des priviléges généraux, dont l'apparition est si commune dans la distribution du prix des biens d'un débiteur.

Un argument analogue se tire de la loi du 1er germinal an XIII, loi postérieure au Code civil et qui a dû en reproduire la doctrine générale. D'après l'article 47 de cette loi, la régie des contributions indirectes passe après les frais de justice et six mois de loyer dus au propriétaire (V. ci-dessus, n° 38). Cet article est évidemment conçu d'après cette donnée, que la créance des loyers est préférable à toute autre, si ce n'est aux frais de justice (1).

II. Passant maintenant aux priviléges fondés sur la création ou sur la conservation de certaines valeurs dans le patrimoine commun, nous dirons qu'il y aurait injustice flagrante à éliminer du premier rang une créance qui a pour cause des dépenses faites dans l'intérêt de tous. En réalité, il est de l'intérêt même des privilégiés généraux qu'un pareil résultat soit rejeté; car certes il n'encouragerait personne à faire, dans l'occasion, des frais pour l'augmentation ou la conservation des biens d'un débiteur.

Comme nous l'avons déjà indiqué, la loi elle-même, en classant dans l'article 2101 les frais de justice au premier rang, montre assez que son esprit est de préférer celui qui a fait des déboursés dans l'intérêt commun, aux créanciers dont le privilége est basé sur des considé-

---

(1) La loi du 6-22 août 1791 (V. ci-dessus, n. 37) semble au contraire placer le privilége du locateur *après tous les autres*. Il est évident qu'en ce point, cette loi, antérieure au Code civil, se trouve en désaccord avec le reste de notre législation actuelle sur les priviléges. Cette dernière législation devra donc être appliquée, et les divers priviléges seront colloqués entre eux d'après ses principes, en tout ce qui ne nuira pas au privilége des douanes, établi par ladite loi de 1791 (Comp. p. 143, *note* 1).

rations d'une autre nature. Les frais de justice passent avant tous les autres, parce qu'ils sont utiles à la masse des créanciers. L'analogie conduit à donner aussi la préférence aux autres frais faits pour conserver ou pour augmenter le gage commun. Cela paraît surtout d'une évidence palpable, lorsque les dépenses qui ont conservé la chose ont été faites postérieurement à l'origine de la créance garantie par un privilége général.

Ainsi, en résumé (1), les priviléges spéciaux, ayant tous

---

(1) *Addition quant au classement des priviléges commerciaux.* — Les priviléges commerciaux sont, ainsi que nous l'avons dit plus haut (p. 143), classés dans le Code de commerce d'une manière précise. Nous allons donner une idée générale de ce classement, où nous retrouverons appliqués d'une manière presque toujours rigoureuse les principes qui nous ont servi de point de départ. Au reste, ces priviléges particuliers au commerce sont presque tous des priviléges appartenant au droit maritime.

I. Les priviléges *sur les navires* sont classés dans l'article 191 du C. de comm. On y voit, comme de raison, figurer en première ligne les frais de justice et autres *faits*, comme dit très-bien l'article, *pour parvenir à la vente et à la distribution du prix.*

Dans le reste du classement des priviléges sur les navires, on observe assez exactement la régle d'après laquelle, entre plusieurs créanciers qui ont fait des frais pour conserver une chose, la préférence appartient aux frais faits en dernier lieu (V. ci-dessus, p. 159). Ainsi, on colloque tout d'abord les frais de conservation faits depuis l'entrée du navire dans le port jusqu'à la vente (art. 191 , n°s 2 , 3 , 4 et 5) ; puis les divers frais du dernier voyage (*ibid.*, n°s 6 et 7) ; et enfin les dépenses antérieures au départ du navire (*ibid.*, n°s 8 et 9).

L'application du même principe a lieu de la manière la plus explicite dans l'art. 323 du même Code. Aux termes de cet article (qui éclaircit l'ambiguïté que présente l'alinéa final de l'art. 191), *les emprunts faits pour le dernier voyage du navire sont remboursés par préférence aux sommes prêtées pour un précédent voyage..... Les sommes empruntées pendant le voyage sont préférées à celles qui auraient été empruntées avant le départ du navire ; et s'il y a plusieurs emprunts faits pendant le même voyage , le dernier emprunt sera toujours préféré à celui qui l'aura précédé.*

La règle ci-dessus mentionnée est donc une des bases du classement des priviléges maritimes. Mais nous convenons que si l'on voulait entrer dans de minutieux détails sur les diverses dépenses faites *depuis*, le

pour cause soit un nantissement, soit la production d'une plus-value dans le patrimoine du débiteur commun, doivent primer sur chaque valeur, soit donnée en gage, soit créée ou conservée, les priviléges qui s'exercent sur l'universalité des meubles (1).

---

retour du navire, il faudrait tenir compte de certaines considérations accessoires, se rattachant à la pratique du commerce maritime, et dans lesquelles nous n'essayerons pas d'entrer. Nous laissons donc à d'autres le soin d'expliquer le motif exact du classement des priviléges mentionnés aux n°s 2, 3, 4 et 5 de l'art. 191 (V., pour de plus amples renseignements, M. Pardessus, t. 3, n° 954).

II. Le *fret du navire* est, aux termes de l'article 271, *spécialement affecté aux loyers des matelots*. Ces expressions indiquent assez énergiquement que les loyers des matelots doivent primer sur le fret toutes les créances privilégiées (par exemple, celle des affréteurs; V. art. 280), autres que les frais de justice. En effet, les matelots ont, par leur travail, contribué à mettre la créance du fret dans la fortune du débiteur (V. sur ce point M. Pardessus, t. 3, n° 958; comp., ci-dessus, n° 106, B.).

III. Quant aux priviléges du fréteur et du commissionnaire (V. ci-dessus, n° 105), lesquels sont fondés sur l'existence d'un *nantissement tacite*, ils devront être préférés aux priviléges autres que les frais de justice, sauf, bien entendu, les restrictions incontestables que souffre parfois le privilége du gage (Comp. ci-dessus, n° 116. Cela est même, quant au privilége sur les marchandises du chargement, exprimé en termes formels dans l'article 308, où il est dit qu'en cas de faillite des chargeurs, le capitaine *est privilégié sur tous les créanciers* (V. en ce qui concerne le privilége du fréteur, M. Pardessus, t. 3, n°s 961 et 962).

(1) V., en faveur de ce dernier système, MM. Persil, sur l'art. 2101, *observ. in fine*, et *questions*, t. I, chap. 3, § 9; Duranton, t. XIX, n° 203; Demante, Thémis, t. VI, p. 138 et suiv.; Dalloz, v° *Hypoth.*, chap. 1, sect. 3, art. 1er, § 1, n° 10; Paris, 27 nov. 1814 (Sir., 16, 2, 205), et 25 fév. 1832 (Sir., 32, 2, 299); Rouen, 17 juin 1826 (Sir., 27, 2, 5); Caen, 8 mars 1838 (Sir., 38, 2, 152).

SECONDE PARTIE.

DES HYPOTHÈQUES ET DES PRIVILÉGES SUR LES IMMEUBLES.

(CODE CIVIL, liv. III , tit. 18 , art. 2103 à 2203.)

PREMIÈRE SECTION.

DE LA NATURE DE L'HYPOTHÈQUE, DE SES CAUSES ET DE SES EFFETS, INDÉPENDAMMENT DU DROIT DE SUITE (1).

§ 1er. DE LA NATURE DE L'HYPOTHÈQUE (2).

(Art. 2114 et 2118 à 2120.)

Sommaire.

a. Notions générales sur l'hypothéque avant le Code civil.

120. Droit romain.
121. Ancien droit français.
122. Droit intermédiaire.

b. Notions générales sur l'hypothèque d'après le Code.

123. Texte de l'article 2114.
124. L'hypothèque, droit réel, est un démembrement de la propriété.

---

(1) Nous traitons tout d'abord des *hypothèques*, au lieu de suivre l'ordre du Code, qui a placé en première ligne et réuni dans le même chapitre tous les priviléges, tant mobiliers qu'immobiliers. Nous avons adopté une marche différente, parce que les priviléges sur les immeubles n'étant, au fond, que des hypothèques plus favorisées que les autres (Comp. ci-dessus, n° 14), il est impossible de s'en faire une idée exacte, si l'on n'a déjà des notions fort étendues sur la nature et les effets des hypothèques. C'est ce qui apparaîtra plus tard de la manière la plus évidente (V. la *section* suivante).

(2) Ce paragraphe 1er est uniquement consacré à expliquer la définition de l'hypothèque, donnée dans l'article 2114 du Code. Nous nous bornerons donc ici à des notions générales, éclaircies d'ailleurs par l'histoire,

a. Notions générales sur l'hypothèque avant le Code civil.

120. *Droit romain.* — Nous avons dit quelques mots, dans notre *première partie* (V. n° 47), de l'ancien contrat de gage et de l'hypothèque introduite plus tard par le droit prétorien. Le gage, qui supposait nécessairement la remise de la possession de la chose (1), présentait des inconvénients assez graves. D'une part, le débiteur, pour se procurer du crédit, était forcé de se dessaisir d'objets fort utiles, quelquefois même indispensables, comme de ses instruments de travail. D'autre part, le créancier gagiste manquait souvent ou d'intérêt et de bonne volonté, ou des facilités convenables pour améliorer les objets donnés en gage et pour en tirer parti. Ajoutons que cette possession du gage imposait au créancier des obligations et une responsabilité souvent fort onéreuses. Enfin la même nécessité de remettre au créancier la possession de l'objet nuisait au crédit, en empêchant de faire servir la même chose, quelle que fût sa valeur, à la sûreté de plusieurs créanciers.

Ces inconvénients disparurent lorsqu'on eut emprunté

---

sur le droit d'hypothèque considéré en lui-même et quant aux biens qui peuvent en être grevés, renvoyant aux autres parties de notre *division* (V. p. 19) tous les développements relatifs à l'établissement, à la conservation et à l'exercice de l'hypothèque.

(1) C'est précisément ce que notre législation exige encore pour la constitution du gage conventionnel sur les meubles (V. ci-dessus, n° 49). Seulement il n'existe plus d'actions possessoires qui servent à protéger le créancier gagiste, ces actions n'étant admises dans notre droit qu'en matière immobilière.

aux Grecs l'institution de l'*hypothèque,* qui affecte les biens à la garantie d'un ou de plusieurs créanciers, sans déplacement de la possession. Dès lors le débiteur put à son gré, et pour diverses créances, hypothéquer la chose qui lui appartenait, en la conservant entre ses mains, ou en la laissant temporairement aux mains de tiers possesseurs. Si la dette hypothécaire n'était pas acquittée à son échéance, le créancier avait une action (1) contre tout possesseur qui ne lui était pas préférable en hypothèque, pour se faire remettre la chose hypothéquée, afin de la vendre et de se payer par préférence sur le prix. Du reste, en cette matière, comme dans le droit romain en général, il n'y avait aucune différence à faire entre les meubles et les immeubles ; la règle était que tout ce qui est susceptible de vente est susceptible d'hypothèque (2).

L'hypothèque résultant ainsi d'une simple convention (*nuda conventione, per pactum conventum ;* V. n° 47), sans solennités particulières et sans aucune publicité, se présente à nos yeux comme une institution fort imparfaite ; car aujourd'hui la publicité, plus ou moins complète, est partout considérée comme une des conditions essentielles d'un bon système hypothécaire. Les préteurs romains avaient sans doute voulu donner au crédit une impulsion nouvelle en facilitant l'établissement des gages ; mais en même temps ils lui portaient une grave atteinte, en permettant que la clandestinité la plus complète pût

----

(1) *Quasi-serviana* ou simplement *serviana, hypothecaria, pignoratitia in rem, pignoratitia,* etc. (V. M. Pellat, *traduction de Schilling,* § 15, p. 80 à 84). Les deux premières dénomination viennent de ce que, dans la pratique, l'action hypothécaire fut une extension de l'action imaginée par le préteur Servius, au profit du locateur d'un bien rural, dans le cas particulier où le preneur avait déclaré affecter à la sûreté des fermages le mobilier apporté dans la ferme (Comp., ci-dessus, n° 50).

(2) V. L. 9, § 1, ff., *de pign et hyp.* (XX, 1) ; comp., ci-dessus, n° 13, et n° 47, *note* 3.

dérober l'hypothèque à la connaissance des tiers. Un autre reproche qu'on peut faire à la pratique romaine, est d'avoir admis (ce qui est également contraire aux notions élémentaires de la législation moderne), la faculté illimitée d'hypothéquer les biens à venir (1). On ne saurait nier que ces principes du droit romain n'aient exercé une funeste influence sur les lois hypothécaires de plusieurs peuples de l'Europe, et entre autres, sur celles de la France, avant la révolution de 1789.

L'origine prétorienne de l'hypothèque est un fait historique que nous n'avons pas dû négliger. Il sert notamment à expliquer pourquoi dans les classifications des Romains, on ne trouve pas l'hypothèque mentionnée parmi les droits réels, à côté de la propriété, de l'usufruit, des servitudes prédiales, etc. Les préteurs, comme on sait, n'avançaient dans leur œuvre de réformes successives que par des voies obliques, par des fictions, par des formules d'actions nouvelles glissées au milieu des anciennes, paraissant toujours respecter les théories pures, le vieux langage du droit et les classifications consacrées. C'est ainsi qu'ils accordaient au créancier hypothécaire, non pas une action par laquelle il affirmât avoir un droit proprement dit, mais une simple action *in factum*, où le demandeur prétendait que tel objet avait appartenu à telle personne à l'époque où celle-ci avait consenti l'hypothèque (2). Nous reviendrons sur cette observation quand nous chercherons à déterminer quel rang l'hypothèque doit oc-

---

(1) V. L. 15, § 1, ff., *de pign. et hyp.* (XX, 1).

(2) *Rem in bonis debitoris fuisse, eo tempore quo pignus contrahebatur* (V. L. 3, pr., ff., *ibid.*).— Comme le créancier soutenait que la chose avait appartenu à celui de qui il tenait l'hypothèque, son action avait, en un certain sens, le caractère d'une action réelle et pouvait être qualifiée *in rem actio* (L. 66, pr. ff., *de evict.*, etc., XXI, 2 ; L. 3, § 3, ff., *ad exhib.*, X, 4 ; comp. *Inst., de Action.*, §§ 7 et 8).

cuper dans une bonne classification des droits (V. le n° 123).

121. *Ancien droit français.*—Les principes généraux de la législation romaine, sur les droits de préférence et de suite attachés à l'hypothèque, furent admis en France, même dans les pays coutumiers; mais des modifications notables, résultant de l'influence des idées germaniques, s'y introduisirent de bonne heure. Une des principales résulte de la maxime : *les meubles n'ont pas de suite par hypothèque,* maxime déjà citée plus haut (V. n°ˢ 13 et 48), et sur laquelle nous allons bientôt revenir, en nous occupant du Code civil. D'un autre côté, le droit français reconnut comme susceptibles d'hypothèque des biens immobiliers d'une création toute moderne, ou profondément modifiés dans leur nature, tels que les rentes foncières (1), les champarts, les emphytéoses, les offices vénaux, etc. (2). Nous signalerons, en outre, comme règles particulières au droit français, la substitution des actes publics à la simple convention pour l'établissement de l'hypothèque, le tempérament apporté au droit de suite par la faculté de purger accordée au tiers-détenteur, et enfin, ce qui est d'une importance capitale, la publicité des hypothèques organisée, comme celle des autres droits réels immobiliers, dans quelques provinces dites *de saisine* ou *de nantissement.* Tous ces changements opérés dans l'ancien droit français furent de véritables progrès (3). Mais en ce moment nous ne faisons que les indiquer; chacun d'eux sera l'objet d'un examen particulier, à mesure que les développements de notre matière l'exigeront.

---

(1) Et même les rentes constituées à prix d'argent, dans les pays où, comme à Paris et à Orléans, elles étaient immeubles.

(2) V. *Rép. de jur.*, v° *Hypothèque*, sect. 1, § 3.

(3) Seulement la force que l'on crut devoir attacher aux actes publics eut pour résultat de multiplier, d'une manière fâcheuse, les hypothèques générales (V. ci-dessous, *section* 2).

122. *Droit intermédiaire.* — La loi du 11 brumaire an VII, préparée par la loi du 9 messidor an III, et modelée sur les usages des provinces du nord, dites *de nantissement*, doit être considérée comme ouvrant en France l'ère nouvelle du régime hypothécaire. Cette loi, tout en reproduisant les traditions anciennes, quant à l'essence des droits de suite et de préférence, et même quant à un grand nombre de règles de détail, donna au système entier pour bases fondamentales deux grands principes, dont plus tard nous nous occuperons longuement, la *publicité* et la *spécialité*. Du reste, non-seulement les meubles ne purent plus être hypothéqués, mais l'hypothèque fut restreinte aux immeubles territoriaux et au droit de jouissance sur ces immeubles (1), à l'exclusion des rentes foncières ou autres, et en général de toutes les prestations rachetables (2).

b. Notions générales sur l'hypothèque d'après le Code.

123. *Texte de l'article 2114.* — L'article 2114 donne de l'hypothèque une définition générale en ces termes :

***

(1) « *Sont seuls susceptibles d'hypothèque : 1° les biens territoriaux transmissibles, ensemble leurs accessoires inhérents; 2° l'usufruit ainsi que la jouissance à titre d'emphytéose des mêmes biens pendant le temps de leur durée.* » Art. 6 de la loi.

(2) « *Les rentes constituées, les rentes foncières et les autres prestations que la loi a déclarées rachetables, ne pourront, à l'avenir, être frappées d'hypothèque.* » Art. 7 de la loi (Comp. C. de proc., art. 655).

Cet article 7 de la loi de brumaire ne dit pas expressément que les rentes constituées ou foncières, et les autres droits rachetables, soient dépouillés du caractère immobilier qu'ils avaient auparavant; mais la cour de cassation décide que la mobilisation de ces divers droits est la conséquence virtuelle de la défense de les hypothéquer. V. notamment les arrêts des 8 nov. 1824 (Sir., 25, 1, 1), 28 déc. 1832 (Sir., 32, 1, 369), 2 juillet 1833 (Sir., 33, 1, 546), et 7 janvier 1843 (Sir., 43, 1, 257); V. aussi M. Troplong, t. II, n° 408.

L'hypothèque est un droit réel sur les immeubles affectés à l'acquittement d'une obligation.

Elle est, de sa nature, indivisible, et subsiste en entier sur tous les immeubles affectés, sur chacun et sur chaque portion de ces immeubles.

Elle les suit dans quelques mains qu'ils passent.

Ce texte nous fournit la matière principale de nos études sur la nature du droit d'hypothèque ; mais les articles 2118, 2119 et 2120 doivent s'y rattacher d'une manière immédiate, comme développements de la règle que l'hypothèque ne s'établit que sur les immeubles.

Nous ne nous arrêterons pas en ce moment sur la disposition finale de cet article 2114, où le *droit de suite* inhérent à l'hypothèque est établi en principe. Plus loin une *section* tout entière (1) sera consacrée aux règles fondamentales du *droit de suite*, et dans une autre *section*, il sera traité de ce même droit au point de vue des règles de la procédure (2).

124. *L'hypothèque, droit réel, est un démembrement de la propriété.* — Les mots *droit réel*, employés dans l'article 2114, expriment que l'hypothèque n'est pas une simple *créance*, c'est-à-dire un droit simplement relatif à tel ou tel débiteur déterminé, mais un droit *absolu*, c'est-à-dire opposable à toute personne. C'est envers et contre tous que le créancier hypothécaire se prétend fondé à se faire payer une certaine somme, sur le prix de vente du bien hypothéqué. Lorsque ce droit est considéré par rapport aux autres créanciers du propriétaire de l'immeuble, on l'appelle *droit de préférence* (V. art. 2093 et 2094 ; comp. ci-dessus, n° 9) ; si, au contraire, on le considère comme exercé à l'encontre des tiers acquéreurs,

----

(1) La 3ᵉ section.
(2) 5ᵉ sect., § 2.

il est qualifié de *droit de suite* (V. art. 2166 et suiv.); en sorte que l'hypothèque n'est autre chose que l'ensemble de ces deux droits, que l'on distingue pour plus de clarté, soit dans la théorie, soit dans la pratique.

Droit réel, démembrement de propriété : ces mots doivent, selon nous, être acceptés comme synonymes dans une langue juridique bien faite (1). Qu'est-ce, en effet, que la propriété complète d'une chose, si ce n'est le droit réel le plus complet, le droit de disposer de cette chose *de la manière la plus absolue* (V. C. civ., art. 544), par conséquent, d'en user, d'en jouir, de la détruire même ou d'acquérir d'autres objets en l'aliénant, en un mot d'en retirer toute l'utilité qu'elle peut procurer? Or, si un droit réel particulier, quelle que soit d'ailleurs sa nature ou son importance, s'établit sur le même objet au profit d'un autre que le propriétaire, n'est-il pas évident que le droit de celui-ci ne subsiste plus dans toute sa plénitude, qu'une portion en a été détachée à son détriment? On peut donc, avec une rigoureuse justesse d'expression, qualifier ce droit réel nouveau de *démembrement de la propriété*.

Confirmons ces notions générales par un examen attentif de la nature des avantages renfermés dans le droit d'hypothèque. Peut-on dire que le propriétaire de l'immeuble hypothéqué a conservé intact le droit *d'en disposer?* Non, certainement. D'abord ce propriétaire, qu'il soit ou non personnellement obligé au payement de la dette hypothécaire, ne peut à son gré faire subir à l'immeuble des transformations ou des modifications nuisibles à l'hy-

---

(1) Il est clair qu'ici nous n'entendons parler que des *droits réels* qui ont pour objets des *biens* ou des *choses* proprement dites, conformément à l'étymologie du mot *réel* (*res*). Nous faisons cette remarque parce qu'on appelle quelquefois *droits réels* des droits *absolus* ou opposables à tout le monde, qui n'ont point des *choses* pour objets, tels que les droits de sûreté et de réputation, l'état des personnes, etc.

pothèque, par exemple, démolir les édifices, faire dans les forêts des coupes extraordinaires et insolites, qui n'auraient pas le caractère d'une perception régulière des revenus. Ensuite, et sans s'arrêter à la question de dégradations matérielles, ce n'est pas à lui qu'appartient cette portion du *droit de disposer* qui permet au plein propriétaire de se procurer une somme d'argent, en échange de sa chose (1). C'est le créancier hypothécaire qui a désormais envers et contre tous (2), jusqu'à concurrence du montant de sa créance, le droit de transformer en argent l'immeuble hypothéqué. Si le propriétaire vend, ce ne sera que pour le compte du créancier, qui seul a le droit de toucher le prix. Allons encore plus loin : le créancier n'est pas même tenu d'accepter comme définitive la vente faite sans son consentement ; il peut la faire tomber en requérant une nouvelle vente aux enchères publiques (V. C. civ., art. 2185). Ainsi, non-seulement la faculté de toucher le prix de vente est enlevée au propriétaire, mais même celle d'aliéner ne lui demeure pas intacte. Peut-on concevoir qu'un propriétaire ait encore la plénitude du droit de disposer, quand l'acte de disposition émané de lui peut être anéanti par la volonté d'un autre ?

Peu nous importe, après cela, que dans les textes du

---

(1) Ceci rentre dans ce qu'on appelle quelquefois, chez les Romains, *abusus*, c'est-à-dire, *usage définitif* ou qui ne peut plus se renouveler, du moins pour le même propriétaire (V. M. Du Caurroy, *Institutes expliquées*, 6ᵉ édit., nᵒ 407 ; M. Pellat, *du Droit de propriété*, etc, p. 2).

(2) Et non simplement *contre le débiteur propriétaire*, comme dans la théorie générale des articles 1166 et 2093, qui permettent à tout créancier la saisie des biens et l'exercice des droits *actuels* de son débiteur. Ceci ne consistant qu'en une simple relation de droit *entre le débiteur et chacun de ses créanciers*, n'a plus le caractère d'un démembrement de la propriété.

droit romain l'hypothèque ne soit pas qualifiée de démembrement de la propriété (*pars dominii*). Certes, les jurisconsultes romains, quelle que soit d'ailleurs la beauté de leur génie, sont loin d'avoir toujours marqué leurs classifications au cachet d'une méthode bien philosophique. D'ailleurs, il est bon de se rappeler que le préteur, qui prenait souvent des voies détournées pour envahir le domaine de l'ancien droit civil, n'avait donné force à l'hypothèque que par la création d'une simple action *in factum* (V. ci-dessus, p. 174) (1). C'est évidemment sous l'influence de cette procédure romaine que presque tous nos jurisconsultes anciens et modernes ont pris l'habitude, si fort enracinée chez quelques-uns d'entre eux, d'omettre l'hypothèque dans la nomenclature des démembrements de la propriété (2). Quelquefois cependant la vérité reprend le dessus ; ainsi, Pothier lui-même, quoique souvent dominé par l'influence des classifications romaines, a cependant fort bien vu que les rentes, *les hypothèques et généralement toutes les espèces de droits réels que des tiers peuvent avoir sur un héritage, diminuent la perfection du domaine de l'héritage* (3) ; qu'en conséquence, le propriétaire d'un immeuble hypothéqué ou grevé d'un autre droit réel peut *acquérir par prescription le domaine parfait de l'héritage* (4). Ainsi, en pareil

---

(1) L'action hypothécaire est cependant appelée par les jurisconsultes action *in rem*. Nous en avons donné le motif plus haut (p. 174, *note* 2).

(2) C'est ce qu'ont fait aussi les rédacteurs du Code dans l'article 526, où plusieurs démembrements de la propriété immobilière (le terme d'*usufruit* paraît y comprendre l'*usage* et l'*habitation*) et les *prétentions* relatives à la même propriété ou à ses démembrements, sont désignés pêle-mêle sous la singulière dénomination d'*immeubles par l'objet auquel ils s'appliquent.*

(3) *Traité de la possession et de la prescription,* n° 136; comp. *cout. de Paris.* art. 114.

(4) V. Pothier, *ibid.*, et n° 139 *in fine.*

cas, le propriétaire ressaisit, par une sorte d'*usuca-pion*, le droit réel qui manquait à la plénitude de son domaine. On est parti de la même idée dans l'article 2180, n° 4, du Code civil, que nous retrouverons en traitant de l'*extinction des hypothèques*. (V., ci-dessous , sect. 4.)

Nous ne prétendons pas sans doute que ces observa-tions aient, en elles-mêmes, une importance capitale. Néanmoins, il est certain que l'exactitude du langage exerce toujours quelque influence, plus ou moins di-recte, sur l'exactitude des idées. Et si jamais il est permis de mettre quelque insistance en pareille matière, c'est lorsqu'il faut lutter contre une opposition qui a quelque chose d'ardent et de passionné (1).

Toutefois, il ne faut pas perdre de vue que l'hypo-thèque, droit réel sur un immeuble, n'est que l'acces-soire d'une créance. Or cette créance est presque tou-jours mobilière ; car presque toujours elle a pour objet une somme d'argent (V. art. 529). C'est ainsi qu'en sens inverse, on peut supposer (ce qui à la vérité sera fort rare) qu'une créance immobilière, par exemple, de tant d'hectares de terre, soit garantie par un droit de gage mobilier, véritable accessoire de cette créance.

____

(1) On ne saurait imaginer quelle irritation bizarre a parfois excitée cette simple proposition : que l'hypothèque est un démembrement de la propriété. Certes, ce n'est pas une innovation bien audacieuse que d'ap-pliquer à l'hypothèque (tout comme à l'usufruit, aux servitudes, etc.), cette idée triviale qu'un droit n'est plus entier quand on en a ôté quel-que chose ! Et cependant tel jurisconsulte que les projets de réforme les plus hardis sur des dispositions fondamentales de nos Codes trouveront froid et indifférent, ne verra pas sans colère l'hypothèque déplacée du rang qu'elle occupe dans de vieilles classifications. Il semble que l'habi-tude des petites choses soit en tout plus passionnée et plus intolérante que celle des grandes , probablement parce qu'elle tient de plus près à la per-sonnalité intime de chaque individu.

Sans doute, pour apprécier la validité d'une hypothèque conventionnelle, il faut considérer si le propriétaire avait la capacité d'*aliéner* l'immeuble qu'il veut grever; car la constitution de l'hypothèque est une sorte d'aliénation partielle (Comp. art. 2124). Mais une fois l'hypothèque établie, elle n'est pour le créancier qu'un accessoire de sa créance. Ainsi, par exemple, cette créance étant mobilière, l'hypothèque qui s'y rattache sera transmise avec elle au légataire des biens meubles; de même, elle tombera dans l'actif de la communauté entre époux (V. art. 1401, n° 1); enfin le créancier qui a la libre disposition de son mobilier, comme, par exemple, la femme séparée de biens (V. art. 1449) pourra disposer de cette même créance hypothécaire (1).

125. *De l'indivisibilité de l'hypothèque.* — L'hypothèque a toujours été considérée en droit romain (2), et dans notre ancien droit français (3), comme affectant l'objet, soit en entier, soit dans chacune de ses parties, pour la totalité de la créance. C'est ce que Dumoulin exprimait par cette formule si connue : *est tota (hypotheca) in toto, et in quâlibet parte* (4).

Le même principe est consacré dans l'article 2114 en ces termes : *Elle est* (l'hypothèque), *de sa nature, indivisible, et subsiste en entier sur tous les immeubles affectés, sur*

---

(1) C'est mal à propos, selon nous, que la cour de cassation (civ. cass., 18 juillet 1843) a considéré l'hypothèque d'une créance appartenant à un mineur comme un *bien immeuble*, soumis en conséquence à l'application des articles 457 et 458 du Code civil. V. *Gaz. des Trib.* du 19 juillet 1843, et les observations de M. Duranton, t. III, n° 593 *bis*.

(2) V. L. 8, § 2, ff., *de pign. act.* (XIII, 7); L. 8, Cod. *de distr. pign.* (VIII, 28.)

(3) V. Pothier, *sur le titre XX de la coutume d'Orléans*, n° 28.

(4) *De divid. et indiv.*, part. 2, n° 91; comp. *ibid.*, part. 3, n° 28.

chacun et sur chaque portion de ces immeubles. L'application de cette règle se présente sous deux points de vue différents.

D'un côté, tant qu'une partie de la dette, quelque minime que soit cette partie, n'est pas acquittée, l'immeuble ou les immeubles hypothéqués demeurent, non-obstant les payements partiels, affectés en totalité à la garantie de tout ce qui reste dû. De même, si la créance se divise entre plusieurs personnes, comme dans le cas de succession, chaque fraction de la créance primitive a pour sûreté, non pas une fraction correspondante des biens hypothéqués, mais l'immeuble ou les immeubles en entier.

D'un autre côté, si l'immeuble ou les immeubles périssent en partie, l'hypothèque subsiste en entier pour ce qui est dû sur tout ce qui reste des biens hypothéqués. Enfin, si les fonds hypothéqués se divisent, par succession, vente ou autrement, chacune des fractions ainsi séparées, ne fût-elle qu'une parcelle minime, demeure engagée pour toute la dette et pour chacune des portions de cette dette.

En d'autres termes, l'extinction de l'hypothèque est toujours subordonnée à la condition tacite du payement de la dette entière; et comme, en droit, les conditions ne peuvent être scindées sans la volonté de toutes les parties, tant que le créancier ou les créanciers ne sont pas complétement désintéressés, l'hypothèque subsiste dans toute sa plénitude; car la condition de son extinction n'est pas réalisée (1). Les articles 873, 1009, 1012, 1221, n° 2, et 1489 présentent des applications de la règle de l'indivisibilité de l'hypothèque.

Mais il n'est pas douteux que les parties intéressées ne puissent, par des clauses spéciales, restreindre ces effets

____

(1) **V.** Dumoulin, *loc. cit.*— L'indivisibilité du droit de réméré (**V.** art. 1670) est fondée sur une considération analogue.

ordinaires de l'indivisibilité; par exemple, en convenant que si l'immeuble hypothéqué vient à être partagé entre les héritiers du propriétaire, chacun de ces héritiers ne sera tenu hypothécairement que dans la limite de sa dette personnelle. Aussi l'article 2114 ne dit-il pas que l'hypothèque est *essentiellement indivisible,* mais seulement qu'elle est *indivisible de sa nature.*

126. *Du sens légal attaché au mot immeubles.* — L'hypothèque, en droit français, ne s'établit que sur les immeubles (V. art. 2114, et ci-dessous, n° 129) (1). Mais de là il ne faut pas conclure que toute chose comprise, dans le Code civil, sous le nom générique d'*immeubles* ou de *biens immeubles* soit indifféremment susceptible d'hypothèque. C'est ce que nous allons faire voir dans les n°⁵ suivants. Ici nous nous bornons à reproduire la classification générale que les rédacteurs du Code ont donnée ailleurs des *biens immeubles.*

L'article 517 distingue les *biens immeubles* en trois classes : ils sont tels ou *par leur nature,* ou *par leur destination,* ou *par l'objet auquel ils s'appliquent.* Les articles suivants (518 à 526), développent cette classification, dont l'examen approfondi n'est pas de notre matière. Il suffira de se rappeler, d'une part, que les biens immeubles *par leur destination* sont des objets mobiliers, placés *par le proprié-*

____

(1) L'article 2120 déclare qu'*il n'est rien innové par le présent Code* (le Code civil) *aux dispositions des lois maritimes concernant les navires et les bâtiments de mer.* Les navires et les autres bâtiments de mer sont de véritables meubles, ainsi que le reconnaît l'article 190 du Code de commerce. Mais les priviléges qui grèvent ces sortes de meubles sont régis par des lois spéciales qu'on trouve exposées dans le titre 1er, livre 2, du même Code. Déjà, plus haut, nous avons donné quelque idée de ces priviléges et de leur classement (V. n° 106, A, p. 141, et p. 169, *note* 1). On peut étudier en outre dans le titre précité du Cod. de comm. (art. 193 et suiv.) les règles toutes particulières qui concernent l'extinction de ces priviléges. Nous y avons déjà renvoyé ci-dessus (p. 142, *note* 1).

taire dans la dépendance perpétuelle de l'immeuble qu'ils servent à exploiter ou à orner (V. art. 522, 524 et 525), et d'autre part, que les immeubles *par l'objet auquel ils s'appliquent* sont purement et simplement des *droits* auxquels, par un abus de langage, on a étendu la dénomination d'*immeubles* (1), dénomination qui en réalité ne convient qu'à des objets physiques (*res immobiles* ou *soli*) (2).

127. *Des immeubles susceptibles d'hypothèque.* — En cette matière, tout peut à la rigueur se réduire aux termes de cette simple proposition : *sont seuls susceptibles d'hypothèque les immeubles qui peuvent être l'objet d'une saisie immobilière, pratiquée conformément aux lois de la procédure.* Cette règle ressort avec évidence de la combinaison des deux articles 2118 et 2204. Le premier de ces articles énumère les biens immobiliers susceptibles d'hypothèque, le second les biens immobiliers dont l'expropriation peut être poursuivie par les créanciers, et dans chacun de ces deux textes les mêmes biens sont désignés par des expressions exactement semblables. Quant à la raison de la règle, il est facile de la trouver. D'une part, la nature même du droit d'hypothèque, qui consiste dans un droit de préférence sur le prix d'un immeuble, exige que cet immeuble soit *dans le commerce* (V. art. 2118, n° 1), ou, en d'autres termes, qu'il puisse être aliéné. D'autre part, notre législation française, ancienne et moderne, plus attentive que la législation romaine à empêcher les abus de l'exercice du droit hypothécaire, a voulu que l'immeuble hypothéqué ne pût être vendu par le créancier à l'amiable, mais seulement aux enchères publiques, et

---

(1) De même le Code a appelé *meubles par la détermination de la loi* les *obligations* ou *actions* qui ont pour objets des effets mobiliers (V. art. 529; comp. ci-dessus, p. 109, *Question*).

(2) V. M. Pellat, *du Droit de propriété*, etc., p. 5 et suiv., et surtout *note* 1 de la p. 8.

dans les formes d'expropriation tracées par les lois de procédure. Il a paru qu'une vente faite en public, au grand jour, avec libre concurrence, après publications et appositions d'affiches, pouvait seule garantir les intérêts légitimes soit du débiteur, soit des autres créanciers. Reste maintenant à voir à quels biens immobiliers s'applique précisément cette règle générale.

I. Les biens appelés *immeubles par leur nature*, comme un fonds de terre, un bâtiment, peuvent être vendus sur expropriation forcée (**V.** art. 2204); ils sont donc susceptibles d'être hypothéqués. L'hypothèque peut être constituée sur la pleine propriété de l'immeuble ou sur la nue propriété, en totalité; elle peut l'être aussi sur la propriété ou la nue propriété, pour une portion seulement, soit divise, c'est-à-dire, déterminée par des limites matérielles, soit indivise, comme une moitié, un tiers ou un quart.

Ces immeubles *par leur nature*, ou immeubles proprement dits, sont ceux qui figurent en tête de l'article 2118 sous la dénomination de *biens immobiliers*. Le sens de ces mots est clairement déterminé par la suite du même article, où se trouvent mentionnés, comme objets de l'hypothèque, des biens autres que les immeubles *par leur nature*.

II. Les *accessoires réputés immeubles*, c'est-à-dire, les biens qu'ailleurs le Code appelle *immeubles par destination* (art. 517 et 524; aj. art. 522 et 525) se présentent en seconde ligne dans l'énumération des articles 2118 et 2204.

Ces biens, comme chacun sait, ne revêtent la nature immobilière que par accident, et comme participant à la nature des immeubles proprement dits, qu'ils servent à exploiter ou à orner d'une manière permanente; considérés en eux-mêmes et sous un point de vue abstrait, ce sont de véritables meubles. De là il suit qu'on ne pourrait les hypothéquer à part, indépendamment de l'immeuble auquel ils se rattachent.

D'un autre côté, il n'est pas douteux que le législateur aurait pu , sans aucun inconvénient, passer sous silence, dans l'énumération de l'article 2118 , les objets dont il s'agit. Il est bien évident que l'hypothèque établie sur un immeuble, sans rectriction ni limitation, en affecte toutes les parties, toutes les dépendances, en un mot, tout ce qui, non-seulement dans la saisie immobilière, mais encore dans d'autres opérations juridiques , telles que vente, mise en communauté , legs, serait considéré comme inséparable de l'immeuble et devant en suivre le sort. Seulement il faudra bien se garder d'appliquer cette observation, d'une manière absolue, aux fruits produits par l'immeuble. L'hypothèque n'enlève point de prime abord au propriétaire le droit d'administration, qui comprend la perception régulière et non fraudulcuse des revenus. Ce droit ne lui est enlevé que par une saisie immobilière transcrite au bureau des hypothèques ; car, d'après la loi, tous les fruits naturels, industriels ou civils sont , à partir de cette formalité , *immobilisés* au profit des créanciers hypothécaires (1). Nous reviendrons sur ce dernier point à la fin du n° 129 , et plus tard encore, en traitant de la collocation des créanciers.

III. L'usufruit d'un immeuble peut être cédé par celui à qui il appartient, mais tel qu'il existe, c'est-à-dire, purement viager, et soumis à toutes ses autres chances d'extinction (V. art. 595 et 617 et suiv.). Le même droit peut être l'objet d'une expropriation pratiquée à la requête des créanciers de l'usufruitier (art. 2204). D'après la règle générale posée plus haut, l'usufruit immobilier est donc

---

(1) V. les art. 682 et 685 du C. de pr. modifié par la loi du 2 juin 1841. — Quant au droit que le créancier hypothécaire a sur les fruits, vis-à-vis d'un tiers détenteur de l'immeuble, V. art. 2176, et ci-dessous, 3ᵉ *section*.

susceptible d'hypothèque ; et c'est aussi ce que porte le n° 2 de l'article 2118.

IV. Il faut ajouter à l'énumération faite dans l'article 2118 les biens suivants, qui tous peuvent être l'objet d'une expropriation forcée :

1° Les mines exploitées en vertu d'un acte de concession du gouvernement, en conformité de la loi du 21 avril 1810. La mine ainsi concédée constitue une propriété immobilière, distincte de celle de la surface (1), comme elle disponible et transmissible, et pouvant être expropriée et grevée d'hypothèque (V. les art. 5, 7, 8, 19 et 21 de la loi de 1810) (2). Seulement la vente de la mine ne peut avoir lieu par lots, c'est-à-dire par portions *divises*, sans une autorisation préalable du gouvernement.

2° Les diverses autres propriétés *superficiaires* dont on peut reconnaître l'existence dans notre droit, telles que — celle des constructions élevées sur un terrain ou un cours d'eau du domaine public ; la nature de ces constructions est immobilière, bien qu'elles ne dépendent pas de la propriété du sol (3) ; — la propriété des divers étages d'une

---

(1) La propriété de la surface comprend la valeur des droits ou redevances dus au propriétaire du sol par le concessionnaire étranger, en sorte que ces redevances sont affectées avec la surface aux hypothèques acquises par les créanciers du propriétaire (art. 6 et 18 de la loi). Il en doit être ainsi dans le cas même où la concession a été obtenue par le propriétaire de la surface ; nous voulons dire par là que si les deux natures de propriété ont été hypothéquées séparément, il faut faire l'évaluation de la redevance, afin de réunir le bénéfice de cette évaluation à la propriété de la surface (même loi, art. 19).

(2) V. aussi l'art. 6 de la loi du 27 avril 1838, relative à l'asséchement et à l'exploitation des mines. Cet article supposant que le concessionnaire n'a pas acquitté certaines taxes imposées pour des travaux d'asséchement, décide que le retrait de la concession peut être prononcé ; que dans ce cas il sera procédé, par voie administrative, à l'adjudication de la mine abandonnée..... et que le prix sera, s'il y a lieu, distribué judiciairement et *par ordre d'hypothèque.*

(3) V., sur ce point, M. Duranton, t. IV, n° 24. — La cour royale de

maison (V. C. civ., art. 664; V. aussi l'art. 553); — celle qui appartient au fermier dans les baux *à convenant* ou *à domaine congéable*, usités dans plusieurs départements de l'ancienne Bretagne, et confirmés par l'article 9 de la loi électorale du 19 avril 1831 (1); car le preneur à *domaine congéable* a toujours été considéré comme propriétaire des améliorations, par exemple, des édifices par lui construits, et comme maître de les hypothéquer; seulement le bailleur a le droit de les réunir à son domaine au moyen d'un remboursement fait à dire d'experts (2).

3° Les actions immobilisées de la banque de France, que le décret du 16 janvier 1808 déclare *soumises au Code civil et aux lois de privilége et hypothèque comme les propriétés foncières* (3).

4° Les actions immobilisées de la compagnie des canaux d'Orléans et de Loing, que le décret du 16 mars 1810 (art. 13) a assimilées, quant à leur immobilisation, aux actions de la Banque de France (4).

Caen a jugé qu'une pêcherie établie sur le rivage de la mer, par concession ou tolérance du gouvernement, était immeuble et susceptible d'hypothèque (Arrêt du 3 avril 1824 ; V. Sir., 25, 2, 173).

(1) Ils l'avaient déjà été par la loi du 7 juin-6 août 1791, et par celle du 9 brumaire an VI.

(2) V. *Encyclopédie méthodique*, v° *Bail à domaine congéable*; *Nouveau Denisart*, même mot, § 2, n° 1 ; *Rép. de Jur.*, même mot, n° 4.

(3) L'immobilisation s'opère dans la forme prescrite pour les transferts des actions, c'est-à-dire, par une déclaration signée sur des registres doubles et certifiée par un agent de change (V. le décret, art. 4 et 7).— V. un cas d'expropriation forcée de ces actions, rapporté dans *Sirey*, 1833, 1, 517 (ch. req., rej., 22 mai 1833).

(4) Il n'y a pas lieu de mentionner ici les *rentes sur l'État*, qui ont pu être immobilisées pour la formation d'un majorat, aux termes du décret du 1er mars 1808 (comp. C. civ., art. 896, 3e alin.); car les biens composant un majorat ne peuvent être aliénés ni hypothéqués. Aux termes de la loi du 12 mai 1835, toute institution de majorats est interdite à l'ave-

128. — *Des immeubles non susceptibles d'hypothèque* (1).

I. L'usage et l'habitation, dont le bénéfice périodique se mesure aux besoins toujours variables du titulaire du droit, sont, pour ce motif, non transmissibles à des tiers (V. art. 631 et 634). Par conséquent l'usage et l'habitation ne sont point susceptibles d'expropriation et d'hypothèque; aussi n'en est-il pas question dans les articles 2118 et 2204 (2).

II. Les servitudes actives, considérées isolément et comme détachées du fonds dominant (comp. art. 526), ne pouvaient pas non plus figurer dans les articles 2118 et 2204. En effet, comme une servitude imposée à un fonds ne peut appartenir qu'à un autre fonds situé dans le voisinage du premier, la nature de la servitude est évidemment incompatible avec une mise aux enchères publiques; dès lors, d'après les principes du droit français, elle ne saurait être grevée d'hypothèque. On trouve, il est vrai, des textes de droit romain qui admettent la constitution d'une hypothèque sur les servitudes rurales, considérées comme pouvant être détachées du fonds dominant actuel (3). Mais il ne faut tirer de là aucun argu-

---

nir; mais cette même loi a laissé subsister, soit d'une manière absolue, soit avec certaines restrictions quant à la durée, les majorats fondés auparavant.

(1) On pourrait croire au premier coup d'œil que ce n° est superflu, puisque le précédent contient l'énumération, nécessairement limitative, des biens immeubles susceptibles d'hypothèque; néanmoins nous avons jugé utile d'indiquer à part, en forme d'opposition et de contre-épreuve, ce qui étant immobilier ne peut être hypothéqué. Nous aurons ici à traiter plusieurs questions sujettes à controverse.

(2) L'*usage* et l'*habitation* ne sont pas non plus dénommés textuellement dans l'article 526. Mais il va sans difficulté que ce dernier article les comprend sous la dénomination générale d'*usufruit*. Il est évident que d'après le langage du Code civil, qui classe les *droits* parmi les *biens*, soit meubles, soit immeubles, l'*usage d'un immeuble* et l'*habitation* ne peuvent être que des *biens immeubles* (V. n° 124, p.180, *note* 2).

(3) V. L. 11, § 3, et L. 12, ff., pr. *de pign. et hyp.* (XXI, 1).

ment pour l'application du droit français. Dans la pratique des Romains, la vente des objets hypothéqués était faite par le créancier de gré à gré, pourvu que ce fût sans fraude (1) ; on conçoit donc que les servitudes rurales (comme les droits de pacage, de puisage, etc.) aient été ainsi vendues à l'amiable à quelque propriétaire voisin du fonds servant. Mais une telle vente ne ressemble en rien à nos enchères, auxquelles tout le public doit être appelé.

Si, au contraire, on suppose que le fonds dominant a été hypothéqué, les servitudes actives qui lui appartiennent sont nécessairement grevées de la même hypothèque ; car elles s'identifient avec le fonds et en constituent, pour ainsi dire, les qualités utiles (2).

Première question.—Dans le silence du Code civil, faut-il ajouter l'emphytéose aux droits immobiliers susceptibles d'hypothèque ?

Cette question, qui paraît être tranchée par la pratique et par la plus grande partie des jurisconsultes dans le sens de l'affirmative, a très-souvent été mal posée, en ce que, pour la discuter, on admettait *à priori* que l'emphytéose existe encore aujourd'hui comme droit de jouissance d'une nature particulière. Sans doute une discussion approfondie sur ce dernier point serait ici un hors-d'œuvre, et ne peut appartenir qu'à un traité *de la propriété et de ses démembrements*. Nous ne pouvons néanmoins négliger tout à fait ce côté intéressant de la question ; mais nous nous efforcerons d'en renfermer le développement dans les limites les plus étroites.

Suivant nous, la pratique et la doctrine générale des auteurs ont fait fausse route et méconnu l'esprit du Code civil, en admettant que l'emphytéose existe dans notre

____

(1) V. M. Pellat, traduction de Schilling , § 14.

(2) *Quid aliud sunt jura prædiorum, quàm prædia qualiter se habentia, ut bonitas, salubritas , amplitudo ?* (L. 86, ff., *de verb. signif.*).

législation actuelle, comme droit réel immobilier transmissible aux successeurs universels ou particuliers de
l'emphytéote, pendant un laps de temps qui peut s'étendre
à quatre-vingt-dix-neuf ans (1). Il nous paraît impossible de concevoir qu'un droit aussi important, aussi
connu que l'emphytéose, qu'un droit mentionné, depuis les Institutes de Justinien (2), dans tous les traités,
et jusque dans les moindres manuels des jurisconsultes, eût été entièrement passé sous silence par les
auteurs du Code civil, si leur intention bien arrêtée n'avait
pas été de le supprimer? Ajoutons qu'une énumération
des droits réels, faite dans un Code civil, doit être, plus
que toute autre, prise comme limitative, puisque, les
droits réels ou démembrements de la propriété, n'intéressant pas seulement les parties contractantes, mais
encore les tiers, c'est-à-dire tout le public, il est impossible que la loi en abandonne la formation et l'organisation au caprice des volontés individuelles. Enfin notre
conviction sur ce point se fortifie de plus en plus, quand
nous considérons que les rédacteurs du Code, copiant à peu
près textuellement, dans leur article 2118, l'article 6 de la
loi du 11 brumaire an VII, ont retranché de leur rédaction
nouvelle l'emphytéose dont parlait la loi de brumaire (3).

---

(1) Comme il était impossible d'admettre des emphytéoses perpétuelles,
attendu qu'il ne peut y avoir chez nous de démembrements perpétuels
de propriété au *profit des personnes* (V. C. civ., art. 530 et 686), on
a été conduit à prendre pour règle, en cette matière, l'article 1er de la loi
des 18-29 novembre 1790, qui permettait de constituer des baux à rentes
ou emphytéoses, non remboursables, pour quatre-vingt-dix-neuf ans.

(2) V. *Inst.*, § 3, *de loc. et cond.* (III, 24); j. *Cod. Just., de jure em-
phyt.* (IV, 66).

(3) Nous rappelons ici le texte, déjà cité, de cet article 6 de la loi
du 11 brumaire: « Sont seuls susceptibles d'hypothèques : — 1° Les biens territoriaux transmissibles, ensemble leurs accessoires inhérents ; — 2° l'usufruit, *ainsi que la jouissance à titre d'emphytéose des mêmes biens*, pour
le temps de leur durée. »

La loi du 9 messidor an III (*Code hypothécaire*) rangeait aussi parmi les biens susceptibles d'hypothèque, le droit résultant des baux emphytéotiques, sous la condition qu'il restât encore vingt-cinq années de jouissance (1). Les rédacteurs du Code civil connaissaient parfaitement ces deux lois ; et même, comme nous venons de le dire, ils reproduisaient à peu près littéralement l'article de la loi du 11 brumaire, mais en ayant soin d'effacer le mot *emphytéose*. Prétendra-t-on qu'ils ont considéré l'emphytéose comme étant déjà comprise, soit dans le n° 1 de l'article 2118, sous le terme général de *biens immobiliers*, soit dans le n° 2 du même article, sous le terme d'*usufruit*? Cet argument ne nous paraîtrait pas sérieux. On ne saurait douter que les *biens immobiliers* dont parle le n° 1 de l'article ne soient les immeubles proprement dits, les *biens immeubles par leur nature*, que les lois de messidor et de brumaire appellent *les biens territoriaux*, et qu'elles distinguent soigneusement du droit d'*emphytéose*. Il est certain aussi que le mot *usufruit* n'a pu être pris dans l'article 2118 que comme désignant ce qu'il désignait dans la loi de brumaire, c'est-à-dire, le droit réel connu sous ce nom depuis les Romains jusqu'à nous, droit chanceux, périssable, qui s'éteint à la mort du titulaire, droit presque toujours constitué à titre gratuit ou pour un prix unique, et non à la charge d'une redevance périodique (2).

(1) V. art. 5, n° 2.

(2) L'article 5 de la loi du 9 messidor an III parle de l'*usufruit résultant des baux emphytéotiques ;* mais le mot *usufruit* y est pris dans une acception insolite, bien que suffisamment claire à raison de l'ensemble de la phrase. On voit que la loi de messidor entend par *usufruit* la jouissance conférée dans le contrat d'emphytéose, *à l'exclusion de l'usufruit ordinaire*, dont le terme est la mort de l'usufruitier. Le législateur d'alors considérait sans doute, et avec assez de raison, l'usufruit viager à durée incertaine, comme une mauvaise base de crédit. Presque tout cela est changé par la loi de brumaire an VII, qui revient et sur l'exclusion de l'*usufruit* ordinaire, et sur la restriction relative à la durée de l'emphytéose.

D'ailleurs nous venons de voir que dans l'article de la loi de brumaire, *la jouissance à titre d'emphytéose* n'était point confondue avec l'*usufruit*, mais au contraire mentionnée d'une manière distincte. A quel motif faut-il donc attribuer le retranchement que présente à cet égard l'article 2118 ? N'aurait-on eu en vue que la simple économie de trois mots, sans s'embarrasser de l'incertitude grave qu'une telle suppression ne pouvait manquer de faire naître ? Ce n'est pas ainsi que procèdent d'ordinaire les rédacteurs du Code civil, si prolixes et si prodigues de détails lorsqu'ils n'ont pas à inventer mais à copier. Trouve-t-on au moins dans les travaux préparatoires du Code des indications qui justifient ce résultat si extraordinaire : retranchement du mot et conservation de la chose ? C'est tout le contraire ; car, au moment où le conseil d'État s'occupe de l'article 27 du projet de titre *des priviléges et hypothèques* (art. 2118 actuel), M. Tronchet, interpellé relativement à l'emphytéose, répond que *maintenant elle n'aurait plus d'objet*, qu'*il était donc inutile d'en parler* (1).

---

(1) Séance du 5 ventôse an XII (V. Fenet, t. XV, p. 360). — M. Tronchet va même jusqu'à dire qu'*on n'employait autrefois l'emphytéose que pour éviter les droits seigneuriaux*. A cet égard il se trompe sans doute. Il est bien vrai que le contrat d'emphytéose, comme le bail à rente non rachetable, ne donnait pas lieu aux lods et ventes, quand il n'y avait pas *bourse déliée*, c'est-à-dire capital payé (V. le *Rép.* de Guyot, v° *Emphytéose*, et le nouveau Denisart, même mot, § 2, n° 3). Mais il ne faut pas chercher dans ce fait secondaire l'explication de la pratique de l'emphytéose. Ce contrat, qui conférait au preneur une sorte de *propriété utile* ou de longue jouissance, s'explique tout naturellement par le manque de capitaux entre les mains des travailleurs. Celui qui n'avait que ses bras et son industrie ne pouvait payer en capital la pleine propriété foncière, surtout à une époque où elle ne se transmettait et surtout ne se morcelait guère. Dès lors il se trouvait heureux de jouer le rôle de *quasipropriétaire*, sous la charge de redevances périodiques et même souvent d'améliorations fort onéreuses. Voilà le fait économique dans sa

Il ne faut pas une étude bien profonde pour reconnaître que l'esprit de notre droit moderne a été non-seulement de diviser la propriété foncière, mais encore de la simplifier. L'ancienne société française avait pour base les grandes fortunes immobilières ; et ces fortunes ne se déplaçaient pas facilement, parce qu'à leur possession s'attachait l'importance des hommes. Contre cet état de choses , souvent oppressif, les classes inférieures trouvaient une ressource utile dans la création de nombreux démembrements de cette même propriété. Le domaine direct demeurait, il est vrai, aux classes puissantes, mais le domaine utile, plus ou moins durable, passait aux mains des classes inférieures, sous les noms divers de baux à cens, à rente, à emphytéose, à locatairie perpétuelle, à métairie, à complant, etc. Le vieux droit français se montre en cette matière d'une exubérante fécondité. Au contraire, notre droit moderne rejette ces complications devenues inutiles. La propriété foncière, sans cesse divisée par notre loi démocratique des successions, et dégagée des entraves de la substitution fidéicommissaire, est aujourd'hui à la portée des plus petites fortunes. D'ailleurs, entre celui qui a la terre et celui qui ne l'a pas, le *contrat de louage*, tel que l'organise le Code civil, est un intermédiaire suffisant (1). Or le louage du Code civil ne confère point au preneur un droit immobilier, formant un propre de communauté et susceptible d'hypothèque. Sur ce point tout le monde tombe d'accord.

---

vérité et sa simplicité. Aujourd'hui , au contraire , tout est divisé, terres et fortunes, et chacun peut aborder la propriété foncière en *bourse déliant*.

(1) Cette remarque a été faite à plusieurs reprises dans la séance du conseil d'État, du 15 ventôse an XII ; qui se termine par le *rejet de la proposition de rétablir les rentes foncières* (V. Fenet, t. XI, p. 56 et suiv.).

Les démembrements prolongés de la propriété immobilière, outre les complications qu'ils faisaient naître dans
l'ancien droit français, avaient des inconvénients pratiques de diverses natures. La jouissance des biens se trouvait souvent fixée en des mains impuissantes, faute de
capitaux, à les féconder par d'utiles améliorations. De plus,
le travailleur qui avait le titre de propriétaire, soit pour
toujours, soit pour un temps (1), supportait, par une dure
réciprocité, la charge des impôts et de toutes les réparations, même grosses ; enfin il n'avait droit à aucune indemnité dans le cas de perte de la totalité ou d'une partie de la
récolte. Au contraire, d'après le Code civil, qui reproduit
en matière de louage les règles anciennes, le simple fermier n'a point un droit de propriété, ou de *quasi-propriété* ;
mais aussi il n'est tenu qu'à de menues réparations (C. civ.,
art. 1719 à 1720), il obtient, à raison de pertes notables de
ses récoltes, des remises sur le prix du fermage (art. 1769
à 1773), et il ne paye point l'impôt foncier en son propre
nom (2). Sans doute ces diverses règles peuvent être modi-
fiées par des conventions expresses ; mais l'esprit de la loi
n'en est pas moins toujours là, qui rejette le principe d'un
démembrement de propriété résultant d'un bail à culture;
et ce principe ne peut manquer d'exercer une grande
influence, soit sur la durée des baux, soit sur la condition
ordinaire des cultivateurs.

Nous ne craindrons pas d'ajouter qu'il y a quelque
chose de choquant pour nos habitudes, et, si l'on veut,

---

(1) V. Guyot, *loc. cit.*, n° 4. On qualifiait l'emphytéose à temps de
propriété résoluble.

(2) Une portion de cet impôt lui est comptée, il est vrai, sous certaines
conditions, pour son cens électoral; mais c'est à raison de l'industrie
agricole qu'il exerce et des garanties qu'il présente à la société. Le même
impôt n'en est pas moins compté pour la totalité au propriétaire de l'immeuble affermé (Loi du 19 avril 1831, art. 9).

pour nos préjugés, dans la position d'un homme qui d'une
part, est traité, sous une foule de rapports, comme
propriétaire foncier, et qui, d'autre part, est assujetti à
des redevances au profit d'un propriétaire supérieur. Un
pareil état de choses a une ressemblance qu'on ne peut
nier avec la vassalité du régime féodal. On aura beau
faire remarquer que l'emphytéose est bien plus vieille
que le régime féodal, puisqu'elle existait déjà dans le
droit romain; il n'en est pas moins vrai que chez nous,
elle se confondait, ou à peu près, dans ses résultats,
avec le bail à cens féodal (1). Et il est impossible de nier
que cette analogie malencontreuse n'ait vivement frappé
les hommes politiques du Consulat (2).

En résumé, suivant nous, ce qui dans les conventions
privées ou dans les lois est appelé *emphytéose*, ne constitue aujourd'hui qu'un simple bail d'une durée plus
longue que les baux ordinaires, mais toujours soumis
aux règles du *contrat de louage* (C. civ., art. 1708 et
suiv.).

C'est bien là le sens qu'avaient les mots *bail emphytéotique* dans l'article 15 de la loi du 8 novembre 1814
sur la *liste civile*; car ils y sont employés par simple opposition ou antithèse avec le bail d'une durée ordinaire,

---

(1) L'emphytéose et le bail à cens, dit Boutaric, *ne diffèrent presque
que de nom*... On pourrait ajouter qu'on ne peut bailler à cens qu'un
fonds qu'on possède noblement, au lieu que pour bailler un fonds à titre
d'emphytéose, il suffit de le posséder en franc-aleu. Mais à cela près, la
ressemblance de ces deux contrats ne peut être plus parfaite, et je ne
suis point surpris que nos auteurs les confondent si souvent l'un avec
l'autre en se servant de bail à cens et de bail emphytéotique, comme de
deux expressions synonymes » (Boutaric, *Des droits seigneuriaux*,
chap. 13, à la fin).

(2) Cela perce dans toute la discussion du conseil d'État, à la séance
du 15 ventôse an XII.

c'est-à-dire, avec le bail qui n'excède pas neuf années (1).

Hâtons-nous de dire qu'évidemment nous n'entendons point parler du cas où, tout en employant le mot *emphytéose*, les parties ont voulu que la pleine propriété fût transférée, à la charge d'une redevance déterminée. Le droit à la redevance se réduirait alors à une créance mobilière, essentiellement rachetable si elle était constituée à perpétuité (V. C. civ., art. 530) (2).

Mais, hors ce cas particulier, nous rejetterons la doctrine que la cour de cassation émet, sans présenter aucun argument à l'appui, à savoir, que le Code civil *n'a ni changé ni modifié les règles concernant l'emphytéose* (3). Au reste,

---

(1) Voici le texte de cet article 15 : « Les domaines productifs affectés à la dotation de la couronne peuvent être affermés, sans que néanmoins la durée des baux puisse excéder le temps déterminé par les articles 595, 1429, 1430 et 1718 du Code civil, à moins qu'un bail emphytéotique n'ait été autorisé par une loi. » — Au reste, le mot *emphytéose* ne se retrouve plus dans l'article correspondant (article 11) de la loi du 2 mars 1832, sur la liste civile du roi régnant. Il y est dit simplement que la durée des baux des biens de la couronne, à moins qu'une loi ne l'autorise, n'excédera pas *dix-huit années*, et que ces baux ne pourront être renouvelés plus de trois ans avant leur expiration.

(2) On doit sans difficulté, en se conformant au langage consacré par les lois antérieures, regarder comme établie à perpétuité, et dès lors comme rachetable, toute redevance stipulée pour plus de quatre-vingt-dix-neuf ans (Comp. la loi préc. du 18-29 déc. 1790, art. 1er.)

(3) Req. rej., 19 juillet 1832 (Sir., 32, 1, 531). — En présence de cet arrêt, il est curieux d'en placer un autre du 1er avril 1840, rapp. M. Moreau (il y en a deux du même jour sur la même matière; Sir., 40, 1, p. 435 et suiv.), qui déclare que « *dans l'état actuel de la législation et depuis la promulgation du Code civil*, l'effet propre et particulier du bail emphytéotique est d'opérer la translation et *l'aliénation à temps de la propriété* de l'immeuble donné en emphytéose. » Il n'est donc plus vrai ici que le Code n'ait *rien changé ni modifié*... Voici une tout autre théorie ; c'est *la promulgation du Code civil* (où il n'est pas dit un mot de l'emphytéose), qui a donné *un effet propre et particulier au bail emphytéotique ;* et l'effet en question est d'opérer *l'aliénation à temps de la propriété !* comme s'il y avait chez nous une *propriété à temps !* comme si la *propriété*, par opposition à la *jouissance*, n'était pas dans le

cette doctrine, comme nous l'avons dit en commençant, paraît être aujourd'hui généralement admise (1).

Deuxième question. — Peut-on considérer comme biens susceptibles d'hypothèque, soit les *actions* ou *prétentions* ayant pour objet la propriété ou l'usufruit d'un immeuble, soit les droits de même nature, non contestés, mais *subordonnés à l'événement d'une condition* (2)?

---

langage du Code civil et du *bon sens* le droit de disposer de la chose de la manière la plus absolue (V. art. 544), droit qui n'appartiendra jamais, quoi qu'on puisse dire et juger, à un emphytéote obligé de restituer à l'époque fixée par le contrat! Mais il s'agissait, dans les espèces jugées par ces arrêts, de faire payer aux cessionnaires ou aux héritiers de l'emphytéote, les droits fiscaux qui grèvent la transmission de biens immeubles en toute propriété. — V. les deux arrêts du 1er avril 1840, et la juste critique que M. Championnière en a faite dans le *Contrôleur de l'enregistrement*, nos 4715 et 5744 ; V. aussi notre article inséré dans la *Revue étrangère et française*, mars 1843, p. 241 et suiv., et *note* de la p. 246.

(1) Dans le sens de l'opinion que nous venons de défendre, V. Delvincourt, t. III, *note* 1 de la p. 185 ; Proudhon, *Traité de l'usufruit*, t. I, n° 97; Toullier, t. III, n° 101; Grenier, *Hypothèques*, t. 1, n° 143 ; le *Contrôleur de l'enregistrement*, t. XII, art. 2298, p. 186 ; MM. Fœlix et Henrion, *Traité des rentes foncières*, p. 28 ; Aubry et Rau, t. I, n° 198, p. 414 et 415. Ces deux derniers ouvrages surtout contiennent sur cette matière de précieuses observations.

Dans le sens opposé, c'est-à-dire, pour l'opinion qui attribue à l'emphytéote un droit immobilier susceptible d'hypothèque, V. Merlin, *Questions de droit*, v° *emphytéose*, sect. 5, n° 8; Favard de Langlade, v° *hypothèque*, n° 2 ; MM. Persil, sur l'art. 2118, n° 15; Duranton, t. IV, n° 80, et t. XIX, n° 268; Duvergier, t. 1er du *Louage*, 3e de la *Continuation de Toullier*, nos 154 et suiv.; Troplong, *Priv. et Hyp.*, t. II, n° 405; Championnière et Rigaud, *Droits d'enregistrement*, t. IV, n° 3071; Battur, t. II, n° 246 ; Pepin le Halleur, *Histoire de l'emphytéose*, p. 330 et suiv.; Paris, 10 mai 1831 (Sir., 31, 2, 153); le pourvoi dirigé contre cet arrêt a été rejeté, req., 19 juillet 1832 (Sir., 32, 1, 531; Dall., 32, 1, 195); V. aussi Douai, 15 déc. 1832 (Sir., 33, 2, 65 ; Dall., 33, 2, 195).

(2) La même question est posée en d'autres termes, quand on demande si l'hypothèque peut grever *les actions en revendication, les actions en nullité*, et *les droits conditionnels*. — Il est bien entendu que dans le cours de cette question, comme dans tout le reste du *paragraphe*, nous nous occupons de l'hypothèque et des biens qui lui servent d'as-

Cette question, qui est complexe, a été souvent obscurcie par des abus de mots ou par des équivoques. Il importe d'en déterminer avec grand soin les véritables termes, et avant tout, d'en dégager ce qui ne peut donner lieu à une controverse sérieuse.

I. D'abord, il n'est pas question de demander si, pour hypothéquer son immeuble, le propriétaire doit en avoir la possession matérielle. A aucune époque la possession actuelle n'a été exigée de celui qui donne hypothèque, non plus que de celui qui aliène. L'hypothèque s'établit par les moyens légaux que nous étudierons plus tard, sur tels ou tels immeubles d'un propriétaire; c'est là un effet de droit, indépendant du fait de la possession proprement dite. Sans doute, la validité d'une hypothèque, comme celle d'une aliénation, consentie par une personne *qui se dit propriétaire,* dépend toujours, en définitive, du point de savoir si cette personne avait bien la qualité qu'elle s'est attribuée; l'hypothèque ne viendra pas affecter une propriété imaginaire. Mais si cette propriété existe, peu importe qu'elle soit temporairement méconnue par des tiers, possesseurs ou non. C'est au droit qu'il faut s'attacher en définitive, et non à des contrariétés ou à des empêchements de fait.

Il n'est pas non plus douteux que l'hypothèque ne s'établisse très-valablement sur un immeuble, du chef de celui qui avait le droit de s'en faire reconnaître propriétaire, au moyen de l'action en nullité ou en rescision d'une aliénation antérieure (V. art. 887 et suiv., 1109 et suiv., 1304,

---

siette, sans nous préoccuper de sa *cause*, c'est-à-dire, du fait qui lui donne naissance (V. ci-dessous, § 2). Mais pour plus de brièveté, et pour éviter le retour fatigant de phrases compliquées, nous ferons la plupart du temps allusion à l'hypothèque consentie volontairement (hypothèque conventionnelle); mais ce que nous en dirons devra s'entendre de l'hypothèque en général, c'est-à-dire, quelle que soit son origine.

1674 et suiv., etc.). Il suffit que l'action en nullité ou en rescision triomphe plus tard devant les tribunaux. En effet, les jugements qui accueillent des actions semblables, sont, tout aussi bien que ceux qui donnent gain de cause à des revendications proprement dites, *déclaratifs* et non *translatifs* de la propriété. Cette doctrine, qui se déduit des principes généraux du Droit, ressort d'ailleurs d'une disposition textuelle du titre des *priviléges et hypothèques*. L'article 2125 déclare que *celui qui n'a sur l'immeuble qu'un droit sujet à rescision, ne peut consentir qu'une hypothèque soumise à la même rescision.* C'est que le droit apparent de cette personne s'évanouit et s'efface complétement, lorsque la rescision est prononcée. Dès lors, il suit logiquement que l'hypothèque consentie par le demandeur en rescision qui a réussi dans sa demande, doit être considérée comme consentie *ab initio* par le propriétaire.

Enfin tout ce que nous venons de dire s'applique également à l'hypothèque établie sur un immeuble, du chef de celui qui en avait la propriété sous condition suspensive. L'article 2125 prévoit même ce cas en termes formels(1). L'événement de la condition est aussi *déclaratif* d'un droit préexistant, mais jusqu'alors inconnu. Avant cet événement le droit était, en quelque sorte, caché dans l'incertitude de l'avenir ; mais une fois la condition réalisée, le droit de propriété, et par suite l'hypothèque qui s'y rattache, qui en est une véritable dépendance, se trouvent reconnus et vérifiés comme procédant du titre originaire, par exemple, de la vente qui avait été faite sous condition suspensive. L'acquéreur n'est pas devenu propriétaire du jour de la condition, mais du jour de son titre d'acquisi-

____

(1) Article 2125 : « *Ceux qui n'ont sur l'immeuble qu'un droit suspendu par une condition, ou résoluble dans certains cas...* (ce qui est *suspendu* pour l'un est *résoluble* pour l'autre, et réciproquement), *ne peuvent consentir qu'une hypothèque soumise aux mêmes conditions...* »

tion; c'est ce qu'on exprime par cette formule connue : la condition accomplie *a un effet rétroactif* (V. art. 1179).

De ce qui précède on doit conclure qu'il peut y avoir sur le même immeuble une sorte de conflit d'hypothèques, consenties par diverses personnes dont les intérêts ou les prétentions soient contradictoires. Le sort de chacune de ces hypothèques dépendra, soit du résultat d'un procès, soit de l'événement d'une condition, de telle sorte que le maintien de l'une aura pour corrélatif nécessaire l'anéantissement de l'autre. Ces conséquences résultent directement de l'article 2125 que nous venons de citer.

Il a cependant été jugé deux fois par des cours royales et une fois par arrêt de rejet de la cour de cassation (*section des requêtes*) , que le vendeur à pacte de rachat ou de réméré n'avait pas été en droit de conférer une hypothèque sur l'immeuble vendu, en sorte que l'hypothèque ne se trouvait point confirmée par l'exercice postérieur du réméré (1). Les considérants des trois arrêts affirment et répètent, en maintes formules diverses, que le vendeur à pacte de réméré a transféré toute la propriété (*jus in re*), qu'il n'a plus qu'une simple créance contre l'acheteur (*jus ad rem*); d'où il suit que l'hypothèque provenant de son chef manque essentiellement de base. La cour de cassation dit même, dans son arrêt, que ces principes sont *incontestables*. Mais il est incontestable, au contraire, que celui qui a sur un immeuble un droit subordonné à une condition, peut valablement consentir une hypothèque soumise à la même condition. L'article 2125, d'accord avec la saine raison, le dit en termes formels. Et le vendeur à pacte de

---

(1) Besançon, 22 nov. 1822, et rejet du pourvoi formé contre cet arrêt, req. rej., 21 déc. 1825 (Sir., 26, 1, 275); Bordeaux (*après partage*), 5 janvier 1833 (Sir., 33,2,188).

réméré est si bien propriétaire sous condition, qu'il peut exercer son droit contre un second acquéreur, *quand même la faculté de réméré n'aurait pas été déclarée dans le second contrat* (art. 1664), et qu'il reprend son immeuble *exempt de toutes les charges et hypothèques dont l'acquéreur l'aurait grevé* (art. 1673). Aussi tous les auteurs (du moins à notre connaissance) s'accordent-ils à dire que le vendeur d'un immeuble avec clause de réméré peut grever cet immeuble d'hypothèques, bien entendu sous la condition de l'exercice du réméré (1).

Il est bon de remarquer que dans les espèces jugées par ces trois arrêts, le réméré avait été exercé non par le vendeur ou par le créancier hypothécaire, mais par un tiers à qui, depuis l'établissement de l'hypothèque, le vendeur avait cédé son droit de réméré. Cette complication de faits ne justifie pas, sans doute, l'abandon de prin·cipes dont l'évidence est palpable, mais elle peut jusqu'à un certain point l'expliquer. Ici, comme en bien d'autres occasions, c'est le sentiment de l'équité qui a faussé l'intelligence du droit. Il a paru choquant et inadmissible que le créancier hypothécaire pût tirer un bénéfice du rachat, au détriment du cessionnaire qui, en déboursant ses propres deniers, avait lui-même opéré ce rachat. Mais, au lieu d'imaginer que le vendeur à réméré était réduit à un *jus ad rem*, il fallait dire que le cessionnaire du réméré pouvait retenir l'immeuble recouvré et repousser l'action du créancier hypothécaire, tant qu'on ne lui aurait pas remboursé la dépense utile qu'il avait faite, dépense qui, en réalisant la clause de rachat, avait consolidé le droit d'hypothèque.

---

(1) V. Tarrible, Rép., v° *Hypoth.*, sect. 2, § 3, art. 3, n° 5; Delvincourt, t. 3, *note* 4 de la p. 292; MM. Persil, *Rég. hyp.*, sur l'art. 2118, n° 11; Duranton, t. XIX, n° 278; V. aussi Douai, 22 juillet 1820 (Sir., 21, 2, 247).

Pour terminer ce qui, dans la matière que nous traitons, doit être mis en dehors de toute controverse sérieuse, nous dirons que le créancier hypothécaire peut, s'il le juge convenable, exercer l'action en revendication, en nullité ou en rescision, du chef de celui duquel il tient l'hypothèque (V. art. 1166, 2092 et 2093). Ce dernier restant dans l'inaction, le créancier est intéressé à faire déclarer l'existence de la propriété, sans laquelle son hypothèque n'aurait aucune valeur. Si la condition suspensive d'où dépend la propriété de l'immeuble consiste dans un fait de nature à être accompli par un tiers (Comp. art. 1237), par exemple, dans le payement d'une certaine somme (1), le créancier pourra, sans nul doute, remplir cette condition, pour le compte du propriétaire conditionnel, afin d'arriver à la réalisation de son hypothèque. Souvent aussi, en matière de rescision, le créancier qui exercera l'action devra faire certaines restitutions à l'acquéreur dépossédé, par exemple, celle du prix payé pour la vente qui se trouve rescindée.

II. Abordons maintenant les véritables difficultés de notre matière, et demandons-nous si la prétention contestable (action *en revendication* ou *en nullité*), ou bien encore le droit non litigieux, mais subordonné à une condition suspensive, peut être hypothéqué, comme droit *sui generis*, distinct du droit de propriété reconnu et vérifié, en sorte que la saisie immobilière et la mise aux enchères puissent avoir pour objet *les droits litigieux ou conditionnels*, et que ces droits soient transférés à l'adjudicataire avec leurs chances et leurs incertitudes.

Pour soutenir l'affirmative, on se fondera sur la généralité des articles 2092 et 2093, aux termes desquels tous

____

(1) Le cas de l'exercice du réméré, dont il a été question plus haut, se présente tout naturellement ici.

les biens d'un débiteur sont le gage commun de ses créanciers, sauf la préférence due aux privilégiés et aux hypothécaires (1). Mais de ce que tous les biens du débiteur,
sans distinction, sont affectés à l'acquittement de ses dettes, il ne résulte pas de prime abord que les *prétentions*
ou les *expectatives* que le débiteur peut avoir quant à tel
ou tel bien, puissent être, soit hypothéquées, soit saisies
par les créanciers. En matière d'hypothèque et d'expropriation forcée, il faut toujours se rappeler les textes limi-
tatifs des articles 2118 et 2204 du Code civil et de quelques
autres lois, textes qui n'embrassent que les immeubles proprement dits, et certains droits immobiliers déterminés (2).

Sans doute les créanciers hypothécaires ou autres peuvent, comme nous l'avons déjà dit, exercer des actions ou
accomplir des conditions pour le compte de leur débiteur,
et par suite pour leur propre compte, puisqu'ils sont ses
ayant-cause. L'article 1166 leur en donne expressément le
droit. Mais cette vérité élémentaire n'a rien de commun
avec la théorie qui permettrait au débiteur d'hypothéquer
un droit litigieux ou conditionnel *comme tel*, et, par voie de
conséquence, aux créanciers de le saisir *comme tel*, et d'en
faire la matière d'une expropriation forcée. Ce résultat nous
paraît répugner et au texte et à l'esprit de nos lois. Le texte
ne s'y prête en aucune façon; nous venons de le démon-
trer. Et quant à l'esprit du Code, il perce clairement dans

---

(1) M. Pigeau, 2ᵐᵉ édit., t. 2, p. 207, et M. Duranton, 4ᵐᵉ édit., t. XXI,
nº 7, admettent, par ce motif, l'expropriation forcée des *actions en revendication, en nullité ou en rescision ;* M. Duranton applique la même
doctrine aux *droits immobiliers conditionnels*, qu'il qualifie également
d'*actions.* Mais, dans la partie de son ouvrage consacrée aux *hypothèques* (t. XIX, nᵒˢ 276 à 279), il ne s'est point précisément occupé de cette
branche de notre question, soit quant aux *actions immobilières*, soit
quant aux *droits immobiliers conditionnels.*

(2) Aucun de ces textes ne mentionne, comme le fait l'article 526 , *les
actions qui tendent à revendiquer un immeuble.*

l'article 2205, qui refuse aux créanciers personnels d'un héritier le droit de mettre en vente sa part indivise dans la succession ; le motif en est que le partage seul peut déterminer les objets qui doivent composer le lot de l'héritier (1). De même, on voit au titre de la *saisie immobilière* du C. de proc., que les réclamations des tiers, relatives à la propriété de tout ou partie des immeubles saisis (2), doivent être jugées avant qu'il soit passé outre à l'adjudication. C'est que des droits litigieux ou conditionnels ne se vendraient souvent qu'à vil prix, au détriment du saisi et des autres créanciers, qui auraient plus d'intérêt à attendre l'issue du procès ou l'événement de la condition. Le public est d'ordinaire fort défiant ; il faut d'assez habiles manœuvres pour l'entraîner à des opérations aventureuses, et il ne s'empresserait pas à des enchères où on lui offrirait des biens conditionnels, et surtout des biens dont la possession devrait être conquise par des luttes judiciaires (3).

Troisième question. — L'hypothèque elle-même peut-elle être hypothéquée ?

---

(1) Mais, comme dit l'article 2205, ces créanciers peuvent provoquer le partage ; c'est là une application de l'article 1166.

(2) Ce sont les demandes appelées *en distraction* (V. C. de proc., art. 725 à 727).

(3) V. dans le même sens Tarrible, Rép., v° *hyp.*, sect. 2, § 3, art. 3, n° 5 ; Delvincourt, t. 3, *note* 4 de la p. 157 ; MM. Berriat-Saint-Prix, *Proc. civ.*, 6ᵐᵉ édit., t. 2, p. 663, note 21 ; Troplong, t. 2, sur l'art. 2125, nᵒˢ 468 *ter* à 469 *bis*, et sur l'art. 2118, n° 406. M. Troplong, dans ce dernier passage, dit que d'ailleurs l'hypothèque accordée au créancier sur l'action immobilière n'ajouterait rien à ses droits, parce qu'il peut exercer toutes les actions de son débiteur *comme s'il en était propriétaire;* que ce créancier avait même déjà *beaucoup plus* que l'hypothèque... J'avoue qu'il m'est impossible de comprendre qu'un créancier ait beaucoup plus en recourant au droit commun des créanciers, c'est-à-dire, à l'article 1166, qu'en se prévalant de l'hypothèque, c'est-à-dire, d'un droit de préférence.

La question ici posée a, au premier abord, quelque chose d'étrange. Qu'est-ce que peut être l'*hypothèque d'une hypothèque?* Pour nous éclairer sur ce point, il faut nécessairement rechercher ce que signifiait, en droit romain, la maxime connue *pignus pignori dari potest* (1), et aussi dans quel sens notre ancienne jurisprudence avait admis le *pignus pignoris*.

Lorsqu'on disait chez les Romains que le créancier hypothécaire pouvait hypothéquer *pignus*, on indiquait par ce dernier mot *la chose même* grevée d'hypothèque pour la sûreté de la première dette (2). La nouvelle hypothèque était donc établie sur le même objet que la première, mais uniquement *en sous-ordre*, c'est-à-dire, en tant que l'hypothèque principale continuait d'exister; car elle se trouvait éteinte par le payement fait au premier créancier. Le payement pouvait aussi être fait au second créancier, et alors l'hypothèque s'éteignait également (3). Si la dette ainsi payée était d'une somme d'argent, le *sous-créancier* gardait la somme jusqu'à concurrence de ce qui lui était dû et restituait l'excédant au créancier principal; si, au contraire, la première créance avait quelque

---

(1) Le titre 24 du livre VIII du Code de Justinien, porte pour rubrique, *si pignus pignori datum sit.* La loi 40, § 2, ff., *de pign. act.* (XIII, 7), dit également : *si pignus creditor pignori dederit,* etc.

(2) *Etiam* id quod pignori obligatum est *à creditore pignori obstringi posse, jamdudùm placuit.* etc. (L. 1, Cod., *si pign. pign. dat.*). — *Si creditor* possessionem, *quæ à parentibus tuis pignoris jure fuerat obligata, non vendidit, sed alii creditori pignori dedit,* etc. (L. 2, *ibid.*). —*Cùm pignori* rem pignoratam *accipi posse placuerit,* etc. (L. 13, § 2, ff., *de pign. et hyp.,* XX, 1).— *Si mihi pignori dederis, et ego* eamdem rem *alii pigneravi,* etc. (L. 14, § 2, ff., *de div. temp. præscr.,* XLIV, 3).

(3) *Quatenùs utraque pecunia debetur, pignus secundo creditori tenetur... quòd si dominus solverit pecuniam, pignus quoque perimitur* (D. 1. 13, § 2, *de pign. et hyp.*). — *Ut sequenti creditori, utilis actio detur.... quandiù res in causa pignoris manet ejus qui dedit* (D. 1. 1, Cod, *si pign. pign.*).

autre objet, le *sous-créancier* gardait cet objet à titre d'hypothèque (1).

Mais, en droit romain, le *pignus pignoris* emportait-il hypothèque *sur la créance même du premier créancier*, en sorte que le second fût investi de l'action personnelle contre le débiteur, et qu'il eût seul qualité pour recevoir le payement, à partir du moment où il aurait notifié son droit au débiteur cédé? La question est controversée; toutefois la négative semble préférable; car aucun texte ne donne, en pareil cas, au sous-créancier le droit d'exercer l'action personnelle contre le débiteur. On peut, en effet, concevoir que tel consente à affecter à son créancier l'émolument résultant d'un droit d'hypothèque, sans entendre pour cela lui donner en gage sa créance tout entière (2).

Mais, au contraire, l'hypothèque de la créance emportait nécessairement l'hypothèque de l'hypothèque attachée à cette même créance (3). En pareil cas, le débiteur primitif ne devait plus payer que le nouveau créancier, à partir de la signification que ce dernier lui avait faite de son droit (4).

Dans notre ancien droit coutumier, on avait adopté la maxime *pignus pignori dari potest,* mais le sens en était altéré dans le langage des auteurs; car ils entendaient parler d'une hypothèque donnée en sous-ordre, non *sur l'immeuble,* mais *sur la première hypothèque.* Au reste, cette différence n'était que nominale et ne changeait rien aux résultats pratiques. Les sous-créanciers ne faisaient pas saisir et vendre le droit d'hypothèque; mais ils interve-

---

(1) Du moins c'est ce qui paraît résulter du texte un peu obscur de la L. 13, § 2, ⅋ *sed potest, de pign. et hyp.*

(2) V. sur ce point, M. Pellat, *Traduction de Schilling,* § 3, p. 18, *note* 19.

(3) Comp. l. 18, pr. *de pign. act.* (XIII, 7).

(4) L. 4, Cod., *quæ res pign.* (VIII, 17).

naient à l'ordre ouvert sur le prix de l'immeuble saisi (1),
afin de se faire colloquer *au lieu et place du premier créancier*, dans les limites de leurs créances personnelles, et
d'après leur rang d'hypothèque, conformément à la
maxime *prior tempore, potior jure*. C'était là ce qu'on appelait le *sous-ordre*, par opposition à l'*ordre* principal, dans
lequel le créancier principal devait, au préalable, être
colloqué (2).

Aujourd'hui il ne reste point de vestiges de cette ancienne procédure. Le titre de la *saisie immobilière*, loin
d'organiser la matière des *sous-ordres*, décide au contraire, dans un article formel (C. de Proc., art. 778), que
le montant de la collocation du débiteur « *sera distribué,
comme chose mobilière*, entre tous les créanciers inscrits (3)
ou opposants avant la clôture de l'ordre. » L'hypothèque
de l'hypothèque se trouve donc effacée de nos codes, et
le principe contraire, *hypothèque sur hypothèque ne vaut*,
est proclamé comme incontestable par tous les jurisconsultes. Quel est le motif d'un changement aussi notable?
Probablement le législateur a voulu éviter les complications nombreuses qui résultaient des *sous-hypothèques* dans
le règlement des *ordres*, et aussi, à raison du régime actuel de publicité, la confusion que les inscriptions secon-
daires auraient pu jeter dans la tenue des registres. Quoi
qu'il en soit, tâchons de déterminer les conséquences de
ce nouvel état de choses.

Puisque l'hypothèque en sous-ordre n'est plus admise,
que va faire le créancier hypothécaire qui, pour trouver

----

(1) Ils pouvaient, au besoin, le saisir eux-mêmes, comme exerçant à cet
égard le droit de leur propre débiteur.

(2) V. Pothier, sur le titre XXI de la cout. d'Orléans (*des criées*),
§ 17, nᵒˢ 141 à 143.

(3) C'est-à-dire, ceux qui ayant pris l'inscription du chef de leur débiteur, se sont ainsi fait connaître (V. cet art. 778, et l'art. 1166, C. civ.).

du crédit, veut offrir en garantie son droit de préférence immobilier ? Sans nul doute, il peut donner en gage sa *créance hypothécaire* (V. C. civ., art. 2075 et 2076 ; comp. ci-dessus, p. 52), ce qui revient à faire cession de cette créance, pour le cas où il ne satisferait pas à sa propre obligation (Comp. art. 1689 et 1690). S'il donne ainsi en gage sa créance à plusieurs *sous-créanciers*, l'ordre de préférence entre ces derniers sera réglé par la date de chacune des conventions successives de gage.

Cette opération reproduit, comme on voit, non le *pignus pignoris*, mais le *pignus nominis* des Romains; car ce que le créancier gagiste obtient pour sûreté n'est pas seulement l'hypothèque, mais la créance hypothécaire avec tous ses avantages, et en première ligne, l'action personnelle contre les débiteurs et les cautions s'il y en a. Or, un tel résultat ne convient pas le moins du monde au créancier hypothécaire, toutes les fois que son intention est de ne concéder à son propre créancier qu'une collocation en sous-ordre, et non des droits de poursuite personnelle. Lui imposer, comme seule ressource de crédit, la dation en gage de sa créance, serait donc l'entraîner au delà de son but; ce serait lui faire une sorte de violence.

Aussi la pratique de nos jours a-t-elle imaginé un tout autre expédient, pour concilier la marche des affaires et le jeu des intérêts avec la suppression des *sous-hypothèques*. Voici la formule nouvelle qu'elle adopte : au lieu d'hypothéquer son hypothèque *on la cède*, ou, en d'autres termes, *on y subroge*. D'après ce nouvel usage, l'hypothèque, détachée en quelque sorte de la créance dont elle était l'accessoire, est transférée au nouveau créancier, appelé désormais à l'exercer en son propre nom. Et s'il y a plusieurs cessionnaires ou subrogés successifs, ils sont colloqués sur le produit de l'hypothèque suivant la date des cessions ou subrogations. C'est surtout quant à l'hypothèque légale des femmes (Comp. art. 2121 et 2135) que cette subrogation a passé dans les habitudes de la pratique moderne.

Cette sorte de cession ou de subrogation est-elle bien fondée en doctrine, ou faut-il la rejeter, comme faisant revivre sous une autre forme de langage les hypothèques d'hypothèques et les *sous-ordres* de l'ancienne jurisprudence? De très-bons esprits tiennent pour ce dernier parti; suivant eux, l'hypothèque ne peut être cédée qu'avec la créance dont elle est l'accessoire (1). Nous pensons au contraire qu'aucune loi ne prohibant la cession d'un droit d'hypothèque, ce droit qui en somme est purement pécuniaire, ne peut être mis hors du commerce, mais qu'il est négociable et transmissible. Suivant nous, il y a lieu d'appliquer ici l'adage : *qui peut le plus peut le moins;* nul n'a intérêt ni qualité pour se plaindre de ce que la cession ne comprend qu'un accessoire, un émolument de la créance, au lieu d'embrasser la créance tout entière. Tout ce qu'on peut raisonnablement exiger, c'est qu'une telle subrogation ne nuise point aux attentes légitimes que les tiers détenteurs et les autres créanciers hypothécaires ont pu fonder sur leurs rapports naturels avec le cédant, conformément aux règles du droit commun sur le régime hypothécaire (2). Quant à l'objection qui consiste à dire que la subrogation aux hypothèques reproduit avec une simple transformation de mots l'ancien *pignus pignoris*, nous ne la croyons pas fondée, et nous trouvons des différences

---

(1) V. MM. Aubry et Rau, t. II, n° 288, p. 215, note 4.

(2) Par exemple, le tiers détenteur fera des notifications valables au créancier qui, nonobstant la subrogation consentie par lui, est demeuré inscrit sur les registres (V. art. 2183); la réquisition de mise aux enchères faite par le créancier hypothécaire demeuré inscrit profitera aux autres (V. art. 2185 et 2190). Nous ne pouvons ici approfondir ce point qui se rattache à des notions non encore exposées ; nous y reviendrons plus tard.

réelles et bien tranchées entre l'ancien et le nouveau système. En effet : 1° toute cession d'une hypothèque détachée de la créance hypothécaire sera nécessairement conventionnelle; tandis que l'hypothèque de l'hypothèque avait lieu jadis, et aurait pu encore aujourd'hui avoir lieu par l'effet des jugements, ou même par la seule force de la loi (1); 2° la cession d'hypothèque, telle que l'admet la pratique, n'est pas plus que toute autre cession de droit pécuniaire assujettie à une publicité spéciale; tandis que la législation actuelle subordonne, en principe, la validité des hypothèques à l'existence d'une inscription faite sur des registres publics (V. art. 2134). Nous nous bornons à ces aperçus généraux, afin de ne pas anticiper sur des matières qui seront traitées plus tard.

129. *De la règle que les meubles n'ont pas de suite par hypothèque* (V. art. 2119).— Nous savons déjà qu'en droit romain il n'y avait, pour tous les biens, meubles ou immeubles, qu'un seul et même régime hypothécaire; mais que cette assimilation de biens d'une nature si différente répugnait au génie de notre droit français, qui a toujours, en matière de meubles, fait jouer un si grand rôle à la possession actuelle. De là notre vieille maxime française : *les meubles n'ont pas de suite par hypothèque* (V. ci-dessus, n°s 47, *note* 3, 48, 120 et 121). Quel en était le sens précis dans l'ancien droit français, et que signifie-t-elle encore dans le Code civil où elle forme l'article 2119 ? Voilà ce que nous devons maintenant approfondir. Nous nous occuperons d'abord de l'ancien droit, afin d'en tirer quelques lumières pour l'interprétation du Code.

I. Dans les pays de droit écrit et dans quelques cou-

---

(1) V. art. 2121-2123, et le *paragraphe* suivant : *Des causes de l'hypothèque.*

tumes(1), on admettait, il est vrai, les collocations par ordre d'hypothèque sur les meubles appartenant à un débiteur; mais on refusait à l'hypothèque mobilière tout effet contre les tiers acquéreurs. En d'autres termes, on avait conservé le *droit de préférence*, mais ce que nous appelons proprement aujourd'hui le *droit de suite* avait disparu. Pour nous autres modernes, cet état de choses est exprimé de la manière la plus claire et la plus exacte par la maxime : *les meubles n'ont pas de suite par hypothèque* (V. les n°s 13 et 48).

Mais le droit commun des pays coutumiers ne s'arrêtait pas à cette demi-réforme; il rejetait l'hypothèque des meubles sous toutes ses faces, comme droit de collocation par préférence aussi bien que comme droit de suite. Ce résultat en lui-même n'a rien sans doute qui puisse embarrasser l'esprit. Mais ce qui étonne, c'est de retrouver dans le droit coutumier général la même maxime : *les meubles n'ont pas de suite*, etc., constamment reproduite? Que signifie cette *suite par hypothèque* qu'on refuse en fait de meubles, lorsqu'en réalité on supprime l'hypothèque des meubles tout entière et sans aucune réserve?

Si l'on demande aux jurisconsultes des pays coutumiers le mot de cette énigme, rien de plus confus, de plus embarrassé que leurs réponses(2). Les textes mêmes des coutumes où se trouve la fameuse maxime en question ne pa-

---

(1) Anjou, Maine, Normandie.

(2) On peut s'en convaincre en lisant les nombreuses citations réunies par de Ferrière dans sa grande *Compilation* (*Glose sur l'art.* 170 *de la coutume de Paris*). Quand on étudie l'ancien droit français, on est à chaque moment embarrassé par le défaut de précision dans le langage du droit. Souvent, malgré la diversité des termes, les règles juridiques sont, au fond, les mêmes. D'autres fois, au contraire, une trompeuse identité d'expressions cache des différences notables dans les principes. Combien de brocards anciens qui n'ont qu'un faux air de généralité!

raissent point être écrits dans le même esprit. Ainsi, dans l'article 447 de la coutume d'Orléans l s mots *suite par hypothèque* signifient tout simplement le *droit d'hypothèque*, c'est-à-dire, le droit d'être colloqué par préférence, eu égard à la date du titre; en sorte que la règle : *les meubles n'ont pas de suite par hypothèque* est synonyme de celle-ci : *les meubles ne peuvent être hypothéqués.* Ce sens résulte du contexte de l'article, où, après avoir énoncé la maxime, on ajoute sur-le-champ, et comme conséquence du principe posé, qu'il n'y a de préférence sur les meubles saisis qu'au profit du créancier premier saisissant, ou privilégié (1). Au contraire, la coutume de Paris (art. 170) (2) emploie la formule : *les meubles n'ont pas de suite,* etc., dans une acception beaucoup plus subtile et qui se rattache à une combinaison d'idées toute particulière. Pour elle, la *suite par hypothèque* est le droit général qui appartient au créancier sur les biens de son débiteur, c'est-à-dire, le droit d'exécution forcée sous toutes ses faces diverses, telles que droit de saisie, de vente et de collocation, soit au marc le franc, soit dans un certain ordre de préférence, suivant la qua-

---

(1) Art. 447 de la *cout. d'Orléans :* « Meubles n'ont point de suite par » hypothèque ; en manière que celui des créanciers qui premier fait ses » diligences par exécution ou arrest sur les meubles de son débiteur, est » à préférer à tous créanciers postérieurs en diligence, supposé qu'ils fus- » sent précédents en hypothèque; sinon qu'il y ait déconfiture, ou privi- » lége. »

Évidemment Pothier résiste au sens naturel de cet article et en ré-forme la langue, lorsqu'il met en note : « *Les meubles* NON-SEULEMENT » N'ONT PAS DE SUITE, *et ne peuvent être poursuivis contre des tiers, lors-* » *qu'ils ont cessé d'appartenir au débiteur; mais ils ne sont pas suscep-* » *tibles du droit d'hypothèque*....» Pothier répugne à accepter les mots DROIT DE SUITE comme embrassant le *droit de préférence;* avant tout, il veut de l'exactitude dans les termes. On voit qu'il a été nourri à l'école du droit romain.

(2) Art. 170 de la *cout. de Paris :* « Meubles n'ont point de suite par » hypothèque , quand ils sont hors de possession du débiteur. »

lité du titre et la nature des biens. Ainsi les biens sont-ils meubles, la collocation des créanciers s'opère au marc le franc, sauf la préférence due au premier saisissant (1) et aux priviléges (2). Mais s'agit-il d'immeubles, les créanciers munis de titres authentiques sont colloqués par préférence suivant l'ordre de leurs titres; car telle est la force particulière que le droit coutumier attribue aux actes revêtus du sceau de l'autorité publique (3). Tous ces principes généraux sont sous-entendus dans l'article 170 de la coutume; dès qu'on les possède, le sens véritable de cet article se dégage; il devient aussi lumineux qu'il était obscur. Il signifie que nul titre, même authentique, ne confère au créancier le droit d'exécution forcée *sur les meubles transférés à des tiers par le débiteur*, à la différence des immeubles, sur lesquels le droit d'exécution subsiste, même contre les tiers acquéreurs, et ce, avec droit de collocation par préférence, suivant la date des titres authentiques (4). On voit que l'article de la coutume ne nous paraît bizarre qu'à raison de la transformation qu'a subie le sens du mot *hypothèque* ; ce mot étant pris aujourd'hui dans une acception beaucoup plus restreinte qu'elle ne l'était autrefois (5).

En demeurant toujours au même point de vue du droit coutumier, nous nous expliquerons facilement que les

____

(1) V. *cout. de Paris*, art. 178.

(2) V. de Ferrière, sur l'article 179 de la *cout. de Paris*, glose, § 2.

(3) V. Pothier, sur le titre 20 de la *cout. d'Orléans*, n° 6; comp. ci-dessus, p. 175, *note* 3.

(4) Toute cette série d'idées se retrouve dans le premier projet de Code civil présenté par Cambacérès à la convention nationale; liv. 3, tit. 12 (*des hypothèques*). L'art. 170 de la coutume de Paris y est transporté littéralement (art. 5).

(5) Nos hypothèques générales actuelles et surtout notre hypothèque judiciaire sont de véritables vestiges de cette ancienne manière de considérer l'exécution forcée sur les immeubles (V. le *paragraphe* suivant).

commentateurs de la coutume de Paris aient signalé comme dérogations à l'article 170 : 1° le droit de revendication qu'a le locateur d'immeubles sur les objets mobiliers détournés des lieux loués qu'ils servaient à garnir ; 2° le même droit exercé par l'aubergiste sur les effets des voyageurs, quand ces effets ont été enlevés de l'auberge à son insu ; 3° le droit de suite qui appartient au vendeur non payé du prix des meubles vendus, lorsque la vente a été faite sans terme (1). Toutes ces dérogations, qui sont relatives à des cas de *gages* exprès ou tacites, et que le vieux droit français rattache cependant au droit de *suite par hypothèque*, seraient pour nous fort peu intelligibles, si nous n'étions initiés au secret du langage des coutumes, où les mots *hypothèque* ou *suite par hypothèque* expriment la force d'exécution attachée au titre du créancier (2).

II. Les rédacteurs du Code civil ont reproduit dans l'article 2119 la règle : *Les meubles n'ont pas de suite par hypothèque.* Mais quel sens ont-ils voulu lui donner?

Ce ne peut être celui de la coutume de Paris, où, comme nous l'avons vu, il s'agit de restreindre quant aux meubles la force du titre exécutoire. En effet, l'article 2119 figure dans un chapitre (le troisième du titre *des priviléges et hypothèques*) consacré à l'*hypothèque* spécialement. Or qu'est-ce que l'*hypothèque* dans le langage du Code civil? ce n'est plus un droit général d'exécution sur les biens, produisant des effets divers suivant les circonstances;

---

(1) En pareil cas, le vendeur a l'option entre l'exercice de son privilége et le recouvrement de la possession de l'objet mobilier (V. de Ferrière, sur l'art. 176, n°s 5 et 6 ; aj. ci-dessus, n° 88 ; comp. p. 153).

(2) V. *cout. de Paris*, art. 170, comp. aux art. 171, 175 et 176, *ibid.;* *cout. d'Auxerre*, tit. 5, art. 159; de Ferrière, sur l'art. 170 de la *cout. de Paris*, *glose unique*, n° 17 ; Pothier, *Louage*, n° 257, et *note* sur l'art. 447 de la *cout. d'Orléans* (Comp. ci-dessus, n°s 51 et 66).

mais *un droit réel sur les immeubles affectés à l'acquittement d'une obligation*. Cette définition a. été donnée un peu plus haut par l'article 2114 et confirmée encore, en ce qui concerne la nature exclusivement immobilière du droit, par l'article qui précède immédiatement le nôtre (art. 2118) (1).

L'article 2119 nous paraît tout simplement exprimer, comme le faisait la coutume d'Orléans, que les meubles ne sont pas susceptibles d'être grevés d'hypothèque.

Mais, objectera-t-on sans doute, cela était bien inutile à dire, puisque déjà les articles 2114 et 2118 avaient restreint l'hypothèque aux seuls immeubles. L'article 2119 ne sera donc qu'une pure superfluité, une vaine redondance de mots? Nous n'en disconviendrons pas ; mais combien d'autres articles superflus ne trouve-t-on pas dans le Code civil! Il est même curieux de remarquer que ce pléonasme législatif existait déjà dans le Code hypothécaire du 9 messidor an III (2), où, après avoir dit (art. 5) : « Sont seuls susceptibles d'hypothèque : 1° la

---

(1) Dès lors nous ne pouvons comprendre comment M. Troplong, a pu emprunter aux interprètes de l'article 170 de la *coutume de Paris,* pour l'accoler à l'article 2119, une exception qui ne nous paraît s'y rapporter en aucune façon, tandis qu'elle se rattachait très bien à l'article de la coutume. Voici le passage de M. Troplong (t. II, n° 414): « La con» séquence de cette règle (celle de l'article 2119) est que l'acquéreur d'un » meuble ne peut être inquieté ! Il n'y a d'exception à cela que pour le cas » où le locateur dégarnit la maison louée ; alors le locataire peut exercer » la revendication dans le délai de, etc. *Et encore s'agit-il ici d'un privi*» *lége.* » Mais puisqu'il s'agit ici d'un privilége, et, bien entendu, d'un privilége mobilier, en quoi l'exercice de ce privilége peut-il déroger à une règle qui concerne l'hypothèque définie par les articles 2114 et 2118 *un droit réel sur les immeubles?* L'auteur a-t-il dans la pensée que les priviléges sur les meubles sont de véritables hypothèques, bien que le Code civil ne les qualifie pas ainsi? Nous l'ignorons, car, malgré toutes nos recherches, nous n'avons rien pu découvrir dans le reste de son ouvrage qui eût trait à cette manière d'envisager les priviléges *mobiliers.*

(2) Mais non, il est vrai, dans la loi du 11 brumaire an VII.

propriété *des biens territoriaux*, etc.; 2° l'usufruit *des mêmes biens*, etc., on ajoutait (art. 6) : « *A l'égard des biens meubles, ils ne peuvent être l'objet d'aucune hypothèque.* » Et il faut bien avouer que dans la loi de l'an III cette redondance est encore plus extraordinaire que dans le Code civil. Là, en effet, elle se montre sans détour et dans toute sa naïveté; ici, au contraire, elle se glisse en quelque sorte à l'abri d'une formule consacrée depuis des siècles, et devenue comme un axiome de droit tellement usuel que sa place était, en quelque sorte, assurée dans une loi faite par des praticiens sur les hypothèques.

Cependant plusieurs interprètes du Code, peu satisfaits de ce résultat, se sont efforcés de donner à l'article 2119 un sens propre et indépendant des articles qui précèdent (1). Ils ont imaginé de dire que cet article n'a trait qu'aux objets *immeubles par destination*, frappés d'hypothèque, non isolément, mais comme dépendances de l'immeuble *naturel* qu'ils servent à orner ou à exploiter (comp. ci-dessus, n° 127, II). Ces objets, a-t-on dit, n'étant grevés d'hypothèque qu'à raison de leur confusion avec un immeuble, si le propriétaire vient à les en séparer, soit pour les aliéner, soit pour les employer lui-même à un nouvel usage, ils retombent dans la classe des meubles, et, par conséquent, ils échappent à l'hypothèque. Ainsi, la *suite par hypothèque*, que rejette l'article 2119, ne serait pas autre chose que la *permanence* de l'hypothèque sur des objets dépouillés de leur nature immobilière (2). Les mêmes au-

---

(1) L'analyse rigoureuse des textes du Code civil, telle qu'on l'a pratiquée dans nos écoles modernes, a produit sans doute d'excellents résultats; mais parfois aussi elle a fait trop bon marché de l'autorité des traditions historiques.

(2) V. Delvincourt, t. III, p. 157, et *note* 5, *ibid.* ; MM. Duranton, t. XIX, n° 280; Demante, 3ᵉ édit., t. III, n° 961; comp. M. Troplong, sur l'art. 2119, n° 414 *bis*.

teurs ne feraient sans doute pas difficulté d'appliquer également l'article aux *parties intégrantes* de l'immeuble hypothéqué, qui seraient détachées de cet immeuble et transformées ainsi en choses mobilières, telles que les matériaux provenant d'une maison démolie, ou les bois coupés dans une futaie de réserve.

Cette explication a sans doute un tour fort ingénieux ; mais, à coup sûr, elle n'est point la traduction exacte de la pensée des rédacteurs du Code. Nulle part dans le texte des coutumes, ni dans les ouvrages de nos anciens auteurs, nous n'avons pu découvrir un mot qui eût rapport à ce sens tout à fait étroit et restreint qu'on veut donner à notre maxime ; et par une conséquence facile à prévoir, il ne s'en trouve rien non plus dans les travaux préparatoires du Code, ni dans les discours des orateurs du gouvernement et du tribunat (1).

D'ailleurs, parvient-on de cette manière à enlever à l'article 2119 ce qu'il a d'inutile et d'explétif ? Nous ne l'apercevons pas ; car enfin les immeubles étant seuls susceptibles d'hypothèque, aux termes des articles 2114 et 2118, comment aurait-on imaginé qu'un objet mobilier pût être grevé d'hypothèque, parce qu'autrefois il aurait fait partie d'un immeuble hypothéqué ? Les meubles ne sont point susceptibles d'hypothèque ; voilà une règle générale qui doit comprendre tous les cas particuliers, y compris celui dont il s'agit. Alléguera-t-on que les rédacteurs du Code ont pu juger convenable, pour prévenir toute espèce de doute, de s'expliquer dans un article exprès sur les objets mobilisés par leur séparation d'un immeuble hypothéqué ? Soit ; mais alors comment

____

(1) M. Bigot-Préameneu (Fenet, t. XV, p. 226, et Locré, t. XVI, p. 110) dit expressément que l'objet de l'article est d'abolir l'hypothèque des meubles, même quant au droit de préférence.

concevoir qu'au lieu d'exprimer leur pensée à ce sujet en termes clairs et intelligibles, ce qui assurément n'offrait pas grande difficulté, ils aient copié une vieille formule qui jusqu'alors avait toujours eu une portée beaucoup plus étendue? N'auraient-ils pas senti d'ailleurs que les mots *suite par hypothèque*, pris dans un sens tout nouveau et indépendant de la tradition, se prêteraient à une ambiguïté fort dangereuse, en ce qu'on pourrait en induire que les objets détachés de l'immeuble demeuraient affectés au droit de *préférence* hypothécaire, tant qu'ils n'avaient point passé aux mains de tiers acquéreurs?

Mais après nous être expliqué sur l'interprétation large qu'il convient de donner à l'article 2119, rien ne nous empêche de nous arrêter sur l'application très-légitime qu'on peut certainement faire de cet article aux objets mobilisés. Ce cas particulier, nous l'avons déjà dit, est compris dans la règle générale qui rejette l'hypothèque en matière de meubles. Nous allons, pour compléter notre travail sur l'article 2119, rechercher quelles conséquences doit entraîner la mobilisation d'accessoires ou de portions intégrantes d'un immeuble hypothéqué? Ce point de vue a été un peu négligé par les auteurs; et pourtant la jurisprudence pouvait déjà leur fournir à cet égard des documents précieux.

Nous croyons devoir poser d'abord, comme incontestables, les deux règles suivantes :

1° Les objets mobilisés par leur séparation de l'immeuble hypothéqué ne sont point eux-mêmes grevés de l'hypothèque; et par conséquent, s'ils viennent à être saisis sur le débiteur et vendus en justice, le prix n'en doit point être distribué aux créanciers par ordre d'hypothèque.

2° Si les mêmes objets mobilisés ont été vendus par le détenteur de l'immeuble (tenu ou non tenu personnellement de la dette hypothécaire), le prix déjà payé ou encore dû par l'acheteur ne doit pas non plus être réparti entre les créanciers par ordre d'hypothèque; car ni la créance d'une somme d'argent, ni cette somme elle-même, ne peut servir de base à un droit hypothécaire.

Quant à cette seconde règle, nous devons convenir que dans une espèce jugée par la cour de Douai, le 3 janvier 1815, des créanciers hypothécaires ont réussi à se faire colloquer en cette qualité sur le prix d'objets immeubles par destination, vendus séparément de l'immeuble et par conséquent mobilisés (1). Il y eut pourvoi en cassation; mais le pourvoi fut rejeté le 4 février 1817 (2).

Ce n'est pas cependant que la cour de cassation ait prétendu consacrer une règle contraire à celle qui vient d'être posée, c'est-à-dire, réserver, en principe, aux créanciers hypothécaires leur droit de préférence sur le prix de vente des objets mobilisés. Loin de là ; elle base sa décision sur une circonstance toute particulière de l'affaire qui lui était soumise, à savoir, que la vente séparée des objets servant à l'exploitation de l'immeuble avait été faite non par le propriétaire, mais par un curateur à la succession vacante. La Cour considère que « les objets réputés immeubles peuvent bien retomber dans la classe des meubles, lorsque cette destination est finie, mais que *cette destination devient irrévocable à l'instant du décès du propriétaire.* » Nous avouerons franchement que cette dérogation au principe général ne nous semble pas bien fondée. Suivant nous, dans le cas dont il s'agit, on n'avait que deux partis à prendre : ou bien annuler la vente isolée des objets immeubles par destination, comme faite par une personne qui n'avait pas le pouvoir de changer cette

---

(1) C'étaient des ustensiles servant à l'exploitation d'une brasserie.
(2) Sir., 17, 1, 359.

destination et de les séparer de l'immeuble principal ; ou bien, si l'on maintenait la vente, à raison de la maxime : *en fait de meubles la possession vaut titre*, reconnaître sans détour que la mobilisation, quelle qu'en fût d'ailleurs la cause, étant définitive et sans remède, les objets mobilisés échappaient à l'hypothèque des créanciers. Nous ne concevons pas qu'on puisse prendre un moyen terme, c'est-à-dire, maintenir la mobilisation en lui refusant ses effets naturels, sous prétexte qu'elle s'est opérée mal à propos et indûment. Est-ce que l'on croit que le propriétaire lui-même soit dans son droit, lorsque, cherchant à faire argent de tout, il distrait de l'immeuble hypothéqué les ustensiles d'exploitation, le cheptel de bétail ou les autres accessoires de ce genre, dont l'absence va diminuer d'une matière notable la valeur du bien, et qui peut-être avaient été nominativement indiqués dans le contrat d'hypothèque ? Allons encore plus loin : est-il dans son droit quand il démolit les édifices, ou quand il dévaste les forêts par des coupes insolites ? Non, sans doute, et nous verrons même plus loin que, dans certains cas, les créanciers peuvent obtenir contre le propriétaire ou d'autres personnes, soit le rétablissement des choses dans leur ancien état, soit des dommages-intérêts. Mais si la mobilisation est définitive et irrévocable, il faut bien la prendre comme un fait accompli, qui produit forcément toutes ses conséquences légales (1).

Maintenant, il nous reste à examiner quelles ressources on peut trouver dans les principes généraux du droit, pour préserver, autant que possible, les créanciers hypothécaires du préjudice qu'on tenterait de leur causer, en dénaturant indûment leur gage. Les moyens d'atteindre

---

(1) M. Troplong critique aussi l'arrêt de la cour de cassation (t. II, n° 399).

.ce but varient avec les circonstances. Pour éviter l'obscurité et les longueurs, nous avons essayé de résumer cette matière difficile en une série de propositions détachées (1).

1° Les créanciers hypothécaires, même conditionnels ou à terme, sont bien fondés à s'opposer aux démolitions des édifices, aux coupes extraordinaires de bois, à l'enlèvement des bestiaux, des ustensiles, etc., en un mot, à toute entreprise qui tendrait à détériorer leur gage. En pareil cas, l'opposition des créanciers n'est autre chose qu'un acte conservatoire de leur droit, soit actuel, soit éventuel (V. C. civ., art. 1180).

2° Si l'enlèvement des objets immeubles par destination, ou la dégradation matérielle des immeubles *naturels* est un acte consommé, les créanciers hypothécaires peuvent exiger, en tant que cela est possible, le rétablissement des choses dans leur état primitif (réintégration des bestiaux ou des ustensiles, soit en nature, soit en objets semblables, reconstruction des bâtiments, etc.). Ce rétablissement doit s'opérer aux frais de l'auteur des détournements illicites. Mais bien entendu, la créance de ces frais n'a rien d'hypothécaire ; elle n'est point non plus privilégiée, car aucune loi ne la déclare telle.

3° Lorsque les objets détournés ou détachés sont individuellement reconnaissables entre les mains de l'auteur de la dégradation illicite, les créanciers peuvent même se faire autoriser par la justice à saisir ces objets, afin de les réintégrer ou rétablir eux-mêmes, sauf à exercer

---

(1) Nous ne dirons rien ici de la déchéance du bénéfice du terme, infligée au débiteur qui par·son fait a diminué les sûretés qu'il avait données au créancier (V. C. civ., art. 1188), ni de la ressource, également relative au terme, que l'article 2131 présente au créancier, lorsque la diminution du gage hypothécaire n'est pas imputable au débiteur. Ces deux points seront examinés dans le *paragraphe* suivant, à propos de la *spécialité* des hypothèques.

ensuite leur répétition pour les frais, comme il vient d'être expliqué. Ce droit des créanciers n'est qu'une application de ce principe : que la puissance publique intervient pour procurer directement au créancier la prestation effective que lui refuse mal à propos le débiteur, toutes les fois du moins que ce but peut être atteint par une simple prise de possession matérielle, et non par une contrainte ou des violences exercées *sur la personne du débiteur* (*V.* C. civ., art. 1143 et 1144).

4° Le droit qui appartient aux créanciers de s'emparer avec autorisation du juge, des objets mobilisés, pour les rattacher à l'immeuble, n'est point anéanti par cela seul que ces objets seraient déjà compris dans une saisie-exécution, pratiquée à la requête d'autres créanciers. En effet, il a toujours été admis en principe que l'*executio judicati* dirigée sur tel ou tel objet particulier, s'exerce même à l'encontre de la masse des créanciers. C'est ainsi qu'autrefois l'acheteur d'un meuble, quoique n'étant pas encore propriétaire, se faisait mettre en possession de l'objet acheté, bien que cet objet eût été, depuis la vente, englobé dans une saisie-exécution. Cette créance qui *s'exécute* sur un objet déterminé ne doit pas être confondue avec une créance de somme d'argent ou de denrées : celle-ci ne pouvant aboutir qu'à la saisie et à la vente des biens du débiteur, est nécessairement colloquée au marc le franc avec toutes les autres créances semblables ; tandis que le droit d'appréhender et de retenir *en nature* tel ou tel objet déterminé s'exerce, de toute nécessité, dans sa plénitude et sans être passible d'aucune limitation. C'est à raison de ce principe que Dumoulin et, après lui, Pothier décidaient que la créance d'un corps certain pouvait, *malgré le principe général de la divisibilité des dettes*, être exercée *in solidum* contre celui des héritiers du débiteur qui, par le partage, était devenu seul possesseur de la chose (1). Cette décision a été transportée dans notre droit (V. art. 1221, n° 2, et *ibid.*, n° 5, 2° alin.); et même on peut dire que l'esprit du Code civil est de regarder tout créancier d'un corps certain comme investi d'un droit réel (V. art. 711 et 1138). Sans doute (et ce principe va aussi trouver son application), la possession des tiers acquéreurs de bonne foi les protége contre l'exercice d'actions mobilières, quelle qu'en soit l'origine ou la nature (V. art. 2279 et 2280); mais la masse des créanciers saisissants ne joue point le rôle d'un tiers acquéreur : elle n'exerce que les *droits actuels* du débiteur et elle doit subir les conséquences de toute action qui a un caractère de réalité (Comp. C. de proc., art. 608) (2).

5° Les créanciers hypothécaires ne peuvent agir à fin de réintégration des objets mobilisés, contre les tiers acquéreurs de bonne foi déjà mis en possession réelle. Ces tiers acquéreurs sont protégés par la maxime : *En fait de meubles, la possession vaut titre* (C. civ., art. 2279).

C'est ce qui a été jugé, le 10 janvier 1823, par la cour royale de Douai, dans une espéce où un acheteur de bâtiments à démolir et d'arbres à abattre, avait fait de bonne foi les démolitions et les coupes. Le pourvoi formé contre cet arrêt a été rejeté par la cour de cassation (3).

6° La même décision doit s'appliquer aux objets immeubles par destination, quoique non déplacés de l'immeuble hypothéqué, lorsqu'ils ont été achetés de bonne

----

(1) « *Quia quamvis actio merè sit personalis*, tamen executio judicati in rem scripta est, *et divisio non debet impedire vim futuri judicii, nec executionem in rem et in ejus possessionem, salvo contra heredes recursu.* » Dumoulin, *Tract. de divid. et individ.*, p. 2, n° 84. — Pothier, *Traité des obligations*, n° 302.

(2) M. Duranton (t. XIX, n° 283) donne une solution contraire à la nôtre, mais il ne fait que l'énoncer.

(3) Req. rej., 9 août 1825 (Sir., 26, 1, 133).

foi par le locataire ou le fermier de cet immeuble. En effet, d'une part, ces objets, n'appartenant plus au propriétaire, ne sont plus *attachés au fonds à perpétuelle demeure*, et dès lors ils ont perdu leur caractère immobilier (V. C. civ., art. 522 et 524), et, d'autre part, l'acheteur qui déjà les détenait à titre précaire, en a acquis, par le fait seul de la vente et sans déplacement, la possession réelle.

La cour de Bourges a décidé en ce sens, le 31 janvier 1843, dans un cas où le propriétaire d'un domaine hypothéqué avait vendu au fermier le cheptel de bétail (1). Mais nous devons aussi noter une décision rendue en sens contraire par la cour de Paris, le 29 février 1836 (2). Dans cette dernière affaire, les objets mobiliers garnissant une maison de bains avaient été achetés par le locataire. Les motifs donnés par l'arrêt (qui ne fait qu'adopter ceux des premiers juges) sont loin de jeter un grand jour sur la question ; car ils se réduisent à cette allégation que « *le créancier hypothécaire n'avait pu être privé d'aucun des droits à lui appartenant sur iceux* (les meubles formant le matériel des bains) *par suite de l'affectation hypothécaire* », allégation évidemment insoutenable dans sa généralité. L'arrêt ajoute, il est vrai, que l'acheteur, *faute d'avoir purgé les hypothèques grevant les objets dont il s'agit, est obligé comme tiers détenteur.* Mais qui a jamais entendu parler d'une purge effectuée par un acheteur de meubles ? Quelles formalités cet acheteur aurait-il donc à remplir pour arriver à son but ? Toutes celles qu'indique la loi dans le Code civil (art. 2181 et suiv.) et dans le Code de procédure (art. 832 et suiv.) ne supposent-elles pas une aliénation volontaire d'*immeubles* ? Ainsi, et dès le

____

(1) Dev.-Car., 44, 2, 67.
(2) Sir., 36, 2, 349.

début de la procédure, l'acheteur d'objets mobiliers devrait-il donc transcrire son contrat d'acquisition au bureau des hypothèques (V. C. civ., art. 2181)? Tout ce système, à notre sens, ne supporte pas l'examen.

7° La possession réelle pouvant seule protéger les acquéreurs de bonne foi auxquels le propriétaire du fonds hypothéqué aurait vendu les meubles par lui détournés ou détachés, à plus forte raison ces acquéreurs ne peuvent-ils, malgré les créanciers hypothécaires, transformer eux-mêmes en mobilier telle ou telle portion intégrante de l'immeuble. Si, par exemple, le propriétaire a vendu des bâtiments à démolir, une superficie de bois à couper, la démolition ou la coupe sera arrêtée par l'opposition des créanciers (comp. ce qui a été dit ci-dessus, au 1°) (1).

8° Lorsque les acquéreurs n'ont pas reçu de bonne foi la possession des objets indûment mobilisés, la maxime : *En fait de meubles*, etc., n'est plus applicable. Si le rétablissement des objets est possible, les acquéreurs seront contraints de l'opérer ; s'il ne l'est pas, les créanciers lésés n'auront de ressource que dans une condamnation à des dommages-intérêts, prononcée contre les tiers acquéreurs par application de l'article 1382 du Code civil. Mais cette créance de dommages-intérêts, n'étant ni hypothécaire ni privilégiée, ne primera point celles des autres créanciers personnels des acquéreurs.

Tout ce qui précède, remarquons-le bien, n'a aucunement trait aux perceptions ou même aux ventes de fruits, faites aux époques ordinaires, suivant la nature et l'usage des lieux. Nous avons déjà vu que l'hypothèque n'enlève point au propriétaire le droit d'administrer son bien et d'en percevoir les fruits et les revenus. L'immobilisation des fruits naturels ou civils n'a lieu que dans les cir-

---

(1) V., en ce sens, req. rej., 10 juin 1841 (Dev.-Car., 41, 1,484).

constances indiquées par la loi : après la transcription de la saisie immobilière (V. C. de proc. modifié par la loi du 2 juin 1841 , art. 682 et 685), ou, si l'aliénation a été volontaire , après la sommation faite au tiers détenteur de payer ou de délaisser (V. C. civ. , art. 2176) (1).

---

(1) Comp. ci-dessus, n° 127, p. 187.

§ 2. DES CAUSES DE L'HYPOTHÈQUE.

(C. civ., art. 2115 à 2117 ; 2121 à 2133 ; 2140 à 2145 ; 2161, 2162 et 2165,
C. de comm., art. 563.)

Sommaire.

130. Énumération des causes de l'hypothèque.
131. Division des hypothèques en générales et spéciales.

130. *Énumération des causes de l'hypothèque.* — Après avoir, dans le § précédent, donné des notions générales sur la *nature* de l'hypothèque, nous avons à examiner quelles sont dans notre législation les *causes* de ce droit, en d'autres termes, quels sont les divers faits ou événements qui le font naître.

La première disposition que l'on rencontre sur cet objet, dans notre titre, est celle de l'art. 2115, où nous trouvons posé ce principe : *L'hypothèque n'a lieu que dans les cas et suivant les formes autorisés par la loi.*

Sans s'arrêter à ce qu'il y a de bizarre, grammaticalement parlant, dans la rédaction de cette phrase, on peut se demander si la disposition en elle-même a quelque utilité réelle. Ce que l'on dit ici en particulier de l'hypothèque, ne pourrions-nous pas le dire, en termes généraux, de la propriété et de ses démembrements, et même de tous les droits, quelle qu'en soit la nature? L'affirmative ne paraît pas souffrir de difficulté; il est évident que nous ne pouvons acquérir aucun droit si nous ne sommes dans un cas prévu par la loi, et si nous n'avons observé les formes qu'elle prescrit.

Toutefois il est facile de pénétrer la pensée sous l'influence de laquelle on a écrit l'article 2145. On a voulu dire que, l'hypothèque étant un droit de préférence tout à fait exceptionnel qui attribue à un créancier la prééminence sur les autres, la loi, en cette matière, doit être interprétée d'une manière rigoureuse; qu'il faut écarter les considérations, même les plus spécieuses, et les arguments d'analogie qui tendraient à faire reconnaître des hypothèques en dehors des dispositions formelles de la loi; tandis qu'au contraire, dans d'autres matières, on peut assez généralement argumenter *à simili* d'une disposition de la loi, par exemple, lorsqu'il s'agit d'un simple droit d'obligation. En un mot, il ne faut voir dans l'article 2115 qu'une sorte d'application de la maxime connue : *Exceptiones sunt strictissimæ interpretationis.* Plus tard, nous aurons à voir quelle est au juste la portée qu'il faut donner à cette règle, notamment s'il est indispensable, à peine de nullité, d'observer dans l'inscription hypothécaire les formalités multipliées et minutieuses qui sont prescrites par la loi.

L'article suivant (2116) nous donne une indication sommaire des causes de l'hypothèque. *Elle est*, nous dit cet article, *ou légale, ou judiciaire, ou conventionnelle.* Puis arrive, dans l'article 2117, une sorte d'explication ou de définition de chacun de ces termes : *L'hypothèque légale est celle qui résulte de la loi.—L'hypothèque judiciaire est celle qui résulte des jugements ou actes judiciaires.—L'hypothèque conventionnelle est celle qui dépend des conventions et de la forme extérieure des actes et des contrats.* —Reprenons dès à présent, d'une manière sommaire, chacune des parties de cette division :

1° *L'hypothèque légale est celle qui résulte de la loi.* On conçoit, en effet, que certaines créances paraissent au législateur assez dignes de faveur pour qu'il veuille leur assurer de plein droit, indépendamment de toute manifestation expresse de volonté, la garantie hypothécaire. Bientôt nous expliquerons quels sont les cas où a lieu cette faveur exceptionnelle. Les mots : *hypothèque qui résulte de la loi*, ne donnent par eux-mêmes qu'une idée très-vague de cette partie de notre sujet, puisqu'ils ne font nullement connaître les faits qui, d'après la loi, sont de plein droit causes de l'hypothèque.

2° *L'hypothèque judiciaire est celle qui résulte des jugements ou actes judiciaires.* Le but du législateur a été ici d'assurer l'exécution des jugements. Il a voulu, comme on l'a dit au conseil d'État, que le débiteur condamné ne pût, au moyen d'aliénations ou de constitutions d'hypothèques antérieures à la saisie pratiquée contre lui en vertu du jugement, rendre illusoires cette saisie et le jugement lui-même (1). On a même allégué que l'hypothèque judiciaire sera souvent fort avantageuse pour le débiteur lui-même, en ce que le créancier, tranquillisé par sa garantie hypothécaire, mettra moins d'activité et de rigueur dans ses poursuites ultérieures, soit quant à l'expropriation des immeubles hypothéqués, soit quant à l'emploi des autres voies d'exécution.

D'un autre côté, on ne peut nier que le système de l'hypothèque judiciaire n'ait un inconvénient très-grave. C'est de faire presque toujours dépendre le sort d'une créance de l'issue plus ou moins prompte d'une instance engagée, c'est-à-dire, d'un événement fortuit. En outre, l'hypothèque dont il s'agit étant *générale* présente tous les inconvénients attachés aux hypothèques de cette nature. Nous les signalerons dans le n° suivant.

Les *jugements* dont parle l'article 2147 sont les jugements qui condamnent une partie à exécuter une

---

(1) « La force des jugements n'eût été qu'illusoire si le condamné » eût pu ensuite, par une simple convention d'hypothèque, donner sur » ses biens un droit préférable. » Ce sont les termes du rapport fait au conseil d'État par M. Bigot-Préameneu, dans la séance du 12 pluviôse an XII.

obligation. Quant aux *actes judiciaires*, ce sont certains faits (comme, par exemple, l'aveu du souscripteur d'un billet), que les juges reconnaissent et déclarent s'être passés devant eux, et d'où résulte l'existence d'une obligation, bien qu'il n'y ait pas eu condamnation proprement dite. Nous donnerons plus tard sur ce point les développements nécessaires.

3° Enfin l'*hypothèque conventionnelle est celle qui dépend des conventions, et de la forme extérieure des actes et des contrats* (1). Cette seule définition fait voir que l'hypothèque conventionnelle ne résulte pas du seul accord des volontés, et qu'il faut, outre le consentement des parties, l'accomplissement de certaines formes. Le contrat d'hypothèque est du nombre de ceux qu'on peut appeler *solennels* : tels sont encore, par exemple, la donation entre vifs et le contrat de mariage (art. 931 et 1394). Si la solennité vient à manquer, la convention elle-même n'a point d'existence légale.

131. *Division des hypothèques en générales et spéciales.*— L'hypothèque *judiciaire* a cela de commun avec l'hypothèque *légale*, qu'elle existe sans que le propriétaire ait exprimé la volonté de l'établir. A la rigueur, on aurait pu la qualifier aussi de *légale*, car elle est attachée, de plein droit et par la seule force de la loi, aux jugements et aux actes judiciaires. En d'autres termes, l'hypothèque que le Code appelle *légale*, et celle qu'il appelle *judiciaire*, ont toutes deux une origine de même nature, à savoir, la volonté plus ou moins directe de la loi, indépendamment de toute convention. Et de là résulte un fait

---

(1) Ces mots *et des contrats* peuvent être supprimés comme inutiles. Le Code parle ici le langage vicieux de la pratique, où l'on confond l'accord des volontés (*contractus*) avec l'écrit (*instrumentum*) destiné à le constater. C'est ainsi que dans l'art. 2274 on emploie le mot *obligation* pour désigner une reconnaissance de dette faite par acte notarié.

très-remarquable : c'est que le Code n'a pas cru pouvoir *spécialiser* les hypothèques de ces deux premières classes, c'est-à-dire, les restreindre à tels ou tels biens particuliers du débiteur. On a pensé que les parties seulement peuvent, lorsqu'elles traitent ensemble, indiquer par une désignation claire et précise, la nature et la situation des immeubles qui doivent constituer la garantie du créancier (V. art. 2129). Les hypothèques appelées *judiciaires* et *légales* ont donc une tout autre portée que l'hypothèque conventionnelle, puisqu'elles embrassent tous les immeubles du débiteur au lieu d'être limitées à certains immeubles déterminés (1). Aussi dans le langage habituel du droit les nomme-t-on *générales*, par opposition à l'hypothèque conventionnelle, qui est dite *spéciale*.

La division des hypothèques en *générales* et *spéciales* se rattache donc intimement à la théorie de la *cause des hypothèques*. Aucun article de loi, il faut l'avouer, ne la consacre d'une manière formelle. Néanmoins on doit reconnaître qu'elle existe virtuellement dans le Code ; en effet, quoique le chapitre 3 de ce titre contienne deux *sections* différentes, consacrées, la première à l'hypothèque légale, et la deuxième à l'hypothèque judiciaire, on peut voir que la phrase employée dans l'une et l'autre section à exprimer l'étendue illimitée du droit hypothécaire, est conçue en termes presque absolument identiques (comp. art. 2122 et art. 2123 , 2ᵉ alin.) (2).

---

(1) Ce que nous disons ici ne s'applique point aux priviléges spéciaux *dégénérés en simples hypothèques* (V. art. 2113, et ci-dessus, p. 16, nᵒ 14, *in fine*), qu'à la rigueur on pourrait appeler *hypothèques légales*, bien que le Code civil ne les qualifie point ainsi. Ces hypothèques existent sur les immeubles déterminés qu'aurait grevés le privilége lui-même s'il eût été régulièrement conservé (V. ci-dessous, 2ᵉ sect., § 3 , art. 1).

(2) Nous pouvons même remarquer, dans ce 2ᵉ alinéa de l'art. 2123,

Nous avons donc pensé qu'il fallait, conformément au langage ordinaire des jurisconsultes, classer les hypothèques en *générales* et en *spéciales*. Déjà nous avions dit quelques mots de ce classement, en traitant de *la nature de l'hypothèque* (1). Nous n'avions fait alors que l'indiquer, parce qu'il a trait, non à la *nature intrinsèque* du droit hypothécaire, mais à l'étendue des objets de ce droit (2); il était impossible de s'en rendre parfaitement compte, avant de connaître, au moins par aperçu général, les diverses causes de l'hypothèque.

Au reste le système, admis par le Code, des hypothèques générales, a donné lieu à de nombreuses réclamations, qui, dans ces derniers temps, ont éclaté avec plus de force, et que nous ne pouvons passer sous silence. On a fait remarquer que ces hypothèques, s'étendant sur tous les biens présents et à venir du débiteur, frappent souvent de discrédit une masse d'immeubles beaucoup plus considérable que ne l'exigerait la sûreté des créances hypothécaires; on a dit encore, avec raison, que multiplier le nombre des hypothèques qui grèvent les mêmes immeubles, c'est à coup sûr multiplier aussi les conflits d'intérêts, et, partant, les contestations qui surgissent

---

un adverbe *aussi* qui ne s'explique que comme renvoi à la proposition analogue énoncée dans l'art. 2122.

(1) V. p. 175, note 3, et p. 215, note 5.

(2) Cependant, comme nous le verrons, l'hypothèque spéciale a des conséquences plus rigoureuses pour le tiers-détenteur, puisque celui-ci n'a pas le droit d'opposer au créancier le *bénéfice de discussion* (comp. art. 2170 et 2171; V. ci-dessous , § 3 , n° 2). — Une autre différence à noter entre les deux classes d'hypothèques a trait à la forme de l'inscription (V. art. 2148, n° 5, et ci-dessous, § 3 , art. 1ᵉʳ). — Enfin , quant au droit de préférence , nous aurons à examiner plusieurs difficultés relatives au classement des hypothèques générales et des hypothèques spéciales, lorsqu'elles concourent sur les mêmes immeubles.

dans les ordres ouverts sur le prix des biens vendus. Nous verrons que la crainte de ces inconvénients est précisément ce qui a fait admettre, en principe, la règle de *la spécialité* en matière d'hypothèques conventionnelles. Ajoutons enfin que le régime des hypothèques générales a entraîné à sa suite de notables dérogations au principe de la publicité, principe si éminemment utile en cette matière.

ART. 1er. DES HYPOTHÈQUES GÉNÉRALES.

Sommaire.

152. Notions préliminaires sur les hypothèques générales. — Division de la matière.

132. — Les hypothèques générales s'étendent, nous le savons déjà, sur toute la fortune immobilière du débiteur ; elles grèvent, non pas tels ou tels immeubles spécialement désignés, ni même seulement la masse des immeubles qui appartiennent au débiteur lors de l'événement qui produit l'hypothèque, mais, en outre, tous les immeubles qui lui arrivent par la suite ; et ce, au fur et à mesure de leur acquisition (1). Ce caractère de généralité est clairement expliqué dans l'article 2122, qui, parlant de l'hypothèque légale, dit que *le créancier peut exercer son droit sur tous les immeubles appartenant à son débiteur, et sur ceux qui pourront lui appartenir dans la suite ;* et aussi dans l'article 2123, alin. 2, où il est dit de l'hypothèque judiciaire : *Elle peut s'exercer sur les immeubles actuels du débiteur et sur ceux qu'il pourra acquérir.*

Toutefois ces hypothèques ne sont point *générales*

____

(1) D'après la loi du 11 brumaire an VII (art. 4), l'hypothèque judiciaire ne pouvait affecter que les biens *appartenant au débiteur lors du jugement.*

dans un sens tout à fait absolu. En cette matière, la loi admet un tempérament, afin de remédier aux abus évidents que l'application du principe de la *généralité* pourrait produire. Elle a permis, dans certains cas et moyennant l'observation de certaines formalités, aux parties inéressées de restreindre conventionnellement ou de faire restreindre en justice l'hypothèque générale (V. art. 2140 à 2145, 2161, 2162 et 2165). C'est à cette restriction ou réduction que se rapportent les mots : *sous les modifications qui seront ci-après exprimées*, qu'on trouve dans les articles 2122 et 2123.

Allant plus loin encore, faut-il admettre qu'en principe et abstraction faite de toute restriction (conventionnelle ou judiciaire) formellement autorisée par la loi, tous les immeubles acquis par le débiteur *à une époque quelconque* (1) sont soumis à l'hypothèque générale? Enfin, le principe de la généralité des hypothèques s'applique-t-il aux immeubles acquis par les héritiers du débiteur? (2) Ces points doivent être examinés, chacun à sa place, dans les n^{os} suivants.

Nous passons maintenant aux détails de cette matière, qui se divise tout naturellement en trois parties : la première consacrée aux hypothèques légales, la seconde aux hypothèques judiciaires, et la troisième à la restriction des hypothèques générales.

---

(1) C'est-à-dire, même à l'époque où le débiteur avait perdu la qualité (par exemple *de mari* ou *de tuteur*) qui donnait lieu à l'hypothèque générale.

(2) Loysel nous présente la négative comme étant une maxime du droit coutumier : « Générale hypothèque de tous biens, dit-il, comprend » les présents et à venir, et non ceux des hoirs. » (*Inst. cout.*, liv. III, tit. VII, règle 21.) — V. aussi Pothier, *Introd. au titre XX de la coutume d'Orléans*, n° 20.

N° 1er. *Des hypothèques légales.*

Sommaire.

133. Notions préliminaires.

133. — Nous avons vu que la dénomination de *légales* est réservée aux hypothèques *qui dérivent immédiatement de la loi* dans certaines circonstances déterminées, à l'exclusion des hypothèques conventionnelles, et même de celles qui résultent d'une décision ou d'un acte judiciaire. L'article 2121 du Code contient une énumération des *droits et créances* auxquels l'hypothèque légale est attachée. Ce sont : *1° Ceux des femmes mariées, sur les biens de leur mari; 2° ceux des mineurs et interdits, sur les biens de leur tuteur; 3° ceux de l'État, des communes et des établissements publics, sur les biens des receveurs et administrateurs comptables.* Ces hypothèques frappent, conformément à l'article 2122, déjà cité plus haut, tous les immeubles présents et à venir des maris, des tuteurs et des comptables.

Première question. — Les hypothèques légales de l'article 2121 s'étendent-elles aux immeubles personnels des héritiers légitimes ou testamentaires du débiteur ?

Nous déciderons sans hésiter la négative; car aucune loi n'étend aux biens personnels des héritiers l'hypothèque légale établie sur les biens de leur auteur ; et sans nul doute en cette matière on ne doit pas être disposé à étendre les dispositions de la loi (1). On pourrait, il est vrai, quant à l'héritier légitime, objecter la règle de droit qui fait de lui un continuateur de la personne du défunt. Mais cette règle n'a aucun trait au sujet qui nous occupe; elle signifie seulement que l'héritier légitime, saisi de plein droit de la succession de son auteur, se trouve, par la seule force de la loi et sauf sa renon-

____

(1) Comp. la note 2 de la page précédente.

ciation ou son acceptation sous bénéfice d'inventaire, débiteur de toutes les dettes du défunt. Le créancier pourra, sans aucun doute, obtenir contre l'héritier un jugement de condamnation, et par suite acquérir sur ses immeubles propres une hypothèque générale; mais, comme nous le verrons bientôt, c'est là le droit commun des créanciers, et ce résultat n'a rien d'exceptionnel au profit du créancier qui avait une hypothèque légale sur les biens du débiteur originaire.

Deuxième question. — L'hypothèque légale frappe-t-elle les immeubles acquis par le débiteur lui-même depuis qu'il a perdu la qualité de mari, de tuteur, de receveur ou d'administrateur comptable?

Pour soutenir la négative , on peut argumenter de la rédaction de l'article 2121, qui ne parle textuellement que des biens du *mari*, du *tuteur*, des *receveurs* ou *administrateurs*, et dire que , la femme venant à mourir, le pupille arrivant à sa majorité ou obtenant l'émancipation, le fonctionnaire comptable cessant de remplir sa fonction, il n'y a plus de *mari*, de *tuteur*, de *receveur* ou d'*administrateur comptable*, et que les immeubles postérieurement acquis n'ont, en réalité, jamais appartenu à une personne revêtue de la qualité déterminée par la loi. On peut ajouter, dans le même sens, que, l'hypothèque légale existant à raison de la position particulière où se trouve le débiteur vis-à-vis du créancier, dès que cette position est changée, il n'y a plus de motif pour que l'hypothèque s'établisse sur les biens postérieurement acquis par le débiteur (1).

Suivant nous, il faut préférer l'opinion contraire , qui paraît être suivie dans la pratique (2). Le créancier

______

(1) V. *Traité des droits des femmes* , par M. Cubain , n° 527.

(2) Req. rej., 17 juillet 1844 (Dev.-Car., 44, 1, 641). — V. aussi M. Duranton , t. XIX, n° 327.

investi d'une hypothèque légale exerce son droit, aux termes de l'article 2122, *sur tous les immeubles appartenant à son débiteur et sur ceux qui pourront lui appartenir dans la suite*, sans que la loi distingue si les acquisitions nouvelles ont, ou non, précédé la perte de la qualité dont l'existence avait donné lieu à l'hypothèque. La loi, on peut le dire, fait ici une stipulation pour le compte du créancier, telle qu'on pouvait la faire en droit romain par une convention expresse, et telle qu'on la reconnaissait autrefois en France, comme clause virtuelle et sous-entendue dans tous les actes authentiques (1). L'hypothèque légale doit procurer au créancier des avantages analogues à ceux qui résulteraient d'une hypothèque générale, en la supposant valablement stipulée dans une convention formelle; or évidemment, en pareil cas, l'hypothèque consentie par une personne débitrice à raison d'une qualité déterminée, par exemple, comme comptable, frapperait tous les biens de ce débiteur, quelle que fût l'époque de l'acquisition. L'argument que, dans l'opinion contraire, on tire des expressions *mari, tuteur, receveurs ou administrateurs comptables* (art. 2121) n'a guère de poids, si l'on réfléchit que les rédacteurs du Code n'affectent point une scrupuleuse propriété de termes, mais se laissent souvent aller à des locutions usuelles et vulgaires, qui ne sont pas d'une parfaite exactitude. Les mots *mari, tuteur, administrateur* indiquent sans difficulté, dans la langue du monde et de la pratique, non-seulement la personne qui est actuellement *mari, tuteur*, etc., mais

____

(1) V. Pothier, *Traité de l'hypothèque*, chap. Ier, sect. 1re, art. 1er; *Introd. au tit. XX de la coutume d'Orléans*, n°s 3 et 6. Aujourd'hui la stipulation expresse d'hypothèque sur les biens à venir n'est admise que par forme d'exception, et au cas d'insuffisance des biens présents de la personne qui consent l'hypothèque (v. art. 2130).

encore celle qu'à la rigueur il faudrait appeler *l'ex-mari*, *l'ex-tuteur*, etc.; ainsi on dira très-bien qu'un pupille devenu majeur poursuit *son tuteur* en reddition de compte; et le Code civil parle constamment ce langage dans la section consacrée au compte de tutelle (V. art. 471 et suiv.; aj. art. 295 et suiv.). Du reste, nous examinerons, dans le § suivant, si *la dispense d'inscription* que la loi accorde exceptionnellement à plusieurs hypothèques légales, doit s'appliquer aux biens acquis depuis la cessation de l'état de choses qui en principe motive cette exception.

A. Hypothèque légale de la femme mariée.

Sommaire.

134. Droit antérieur au Code civil.
135. Code civil. Art. 2121.
136. Des créances garanties par l'hypothèque.
137. Des biens grevés de l'hypothèque.
138. Du cas où le mari est en faillite.
139. Des femmes étrangères.

134. *Droit antérieur au Code civil.* — I. Il faut remonter au droit romain, pour trouver l'origine de l'hypothèque légale qui appartient à la femme mariée sur les biens de son mari. Déjà bien avant Justinien, on lui avait accordé pour assurer ses reprises dotales, un *privilége*, c'est-à-dire, un droit de préférence opposable aux créanciers chirographaires, mais sans aucun droit hypothécaire (1): tel était, comme nous l'avons fait voir dans les *notions générales* placées en tête de ce livre (2), le sort commun

(1) Nous trouvons au *Digeste* un certain nombre de textes qui se réfèrent à cette ancienne prérogative de la femme. V. notamment les suivants : L. 74, *de jure dot.* (xxiii, 3); L. 1, *sol. matr.* (xxiv, 3); LL. 17, § 1, 18 et 19, *de rebus auctor. jud.* (xlii, 5).
(2) V. ci-dessus, p. 16, n° 15.

de tous les *priviléges* romains, droits bien différents de ceux qui ont reçu chez nous la même dénomination. Justinien augmenta d'une manière notable les sûretés de la femme mariée. D'abord il établit à son profit une *hypothèque légale*, limitée du reste, comme l'était autrefois le *privilége*, à la garantie de la restitution de la dot (1); puis il étendit le bénéfice de cette hypothèque aux créances paraphernales de la femme (2); enfin, par une constitution célèbre, qui a été l'objet de nombreuses et justes critiques, il voulut que l'hypothèque de la femme, en tant qu'elle assure le recouvrement de la dot, fût *privilégiée*, c'est-à-dire, eût le pas sur toutes les hypothèques, même constituées antérieurement au mariage (3). Cette prééminence sur les hypothèques est, dans notre droit actuel, le caractère distinctif des priviléges immobiliers (4).

II. Notre ancienne jurisprudence française admit presque universellement une hypothèque légale au profit de la femme mariée (5); mais cette hypothèque n'avait point le caractère de *privilégiée*, si ce n'est dans quelques pays de droit écrit (6).

V. L. un., § 1, Cod., *de rei uxor. act.* (v, 13).

(2) V. L. ult., Cod., *de pact. conv. tàm super dote, etc.* (v, 14).

(3) V. L. 12, Cod., *qui potiores in pign.* (viii, 18). Cette constitution est habituellement désignée par son premier mot, sous le nom de loi *Assiduis*. Nous l'avons déjà indiquée ci-dessus (page 17, note 2). V. aussi Inst., § 29, *de action.* Par la novelle 97 (ch. iii et ch. iv), Justinien décide que l'hypothèque privilégiée de la femme doit même passer avant celle du créancier qui a mis ou conservé un bien dans le patrimoine du mari; seulement, il veut qu'elle soit primée par le privilége du créancier qui a prêté de l'argent au mari *occasione militiæ*, pourvu que ce créancier ait rempli certaines formalités.

(4) V. Cod. civ., art. 2095, et ci-dessus, n° 14.

(5) V., dans Merlin (*Répert.*, v° *Nantissement*, § 2, art. 4 et 5), l'indication de provinces où anciennement cette institution n'était pas en usage.

(6) M. Persil (*Rég. hyp.*, sur l'art. 2121, p. 335, n° 11, en note) avance que la loi *Assiduis* était suivie autrefois dans le ressort du parlement de Paris; mais il ne cite aucune autorité, et nous n'avons pu en

Cette hypothèque existait, comme dans le droit actuel, bien qu'il n'y eût point de contrat de mariage rédigé par écrit (1). Cependant il était important d'examiner

---

découvrir une seule à l'appui de son assertion. Au contraire, nous voyons, dans les œuvres de Loysel, de Pothier, de Lebrun et de Renusson, que ces auteurs, parlant de l'hypothèque légale de la femme mariée, lui assignent toujours son rang *du jour du contrat de mariage*, ou, s'il n'y en a pas eu, *du jour de la célébration du mariage*. — Nous ne trouvons l'hypothèque privilégiée admise sur tous les biens du mari que dans le ressort du parlement de Toulouse et dans la Soule (petit pays ressortissant au parlement de Pau). Ce privilége avait lieu en faveur de la femme et de ses enfants seulement ; et même les créanciers qu'avait le mari avant son mariage pouvaient s'en garantir en faisant *dénonce* ou dénonciation à la future épouse, dans un acte authentique qui relatait leurs titres. Bien plus, certains créanciers n'étaient point astreints à faire cette *dénonce :* c'étaient les enfants du premier lit, lesquels devaient toujours être payés sur les biens de leur père préférablement à la dot de la seconde femme, non-seulement pour la dot de leur mère, mais aussi pour ses biens paraphernaux et pour le reliquat de leur compte de tutelle. — Au parlement de Provence, la femme n'avait d'hypothèque privilégiée que sur les biens donnés à son mari en faveur du mariage. Les créanciers antérieurs au mariage ne pouvaient se plaindre de ce résultat, puisque sans le mariage ces biens ne seraient pas entrés dans le patrimoine de leur débiteur. — Dans le Lyonnais, le privilége de la femme était borné aux meubles du mari. — A Bordeaux, la coutume (art. 44) accordait à la femme, non pas un *privilége*, mais une faveur d'une autre nature : lorsque le mari était, au moment du mariage, commun en tous biens avec ses frères, la femme acquérait une hypothèque qui frappait sur la masse indivise tout entière. — Quant au Dauphiné, nous avons un document fort curieux, duquel il résulte que très-anciennement la femme avait sur les biens de son mari une simple hypothèque, et non un privilége ; c'est un passage du recueil qui nous est parvenu sous le nom de *Petri exceptiones* (lib. iv, c. 54), lequel, suivant M. de Savigny, fut composé à Valence un peu après le milieu du XIe siècle. — Remarquons enfin que, toutes les fois qu'il y avait eu estimation des biens dotaux, la femme était, de droit commun, considérée comme venderesse, et pouvait en cette qualité exercer un privilége sur ces biens. V., sur cette partie de l'ancien droit, Merlin (*Rép.*, v^{ls} *Dot* , § 12, et *Dénonce*), et M. Tessier, *Traité de la Dot*, t. II, n° 141, et note 1143.

(1) Justinien, établissant une hypothèque au profit de la femme, disait déjà : *Et nemo putet nos hoc sancire in his tantùmmodo dotibus quæ instrumentis receptæ sunt* (L. un., § 1, Cod., *de rei uxor. act.*).

s'il existait ou non un contrat de mariage *notarié* passé entre les parties. En effet, comme les actes notariés avaient alors par eux-mêmes la puissance de conférer une hypothèque générale, le contrat de mariage fait devant notaires produisait ce résultat au profit de la femme, conformément à la règle ordinaire. On peut dire qu'en pareil cas aucune faveur spéciale n'était attachée aux créances que la femme avait contre son mari. Au contraire, l'hypothèque légale *proprement dite* apparaissait quand les parties s'étaient mariées sans contrat de mariage notarié (1); l'hypothèque alors ne tenait plus, comme dans le droit commun, à la forme d'un acte public. Cette distinction n'était point purement nominale; elle était, au contraire, d'une haute importance quant au rang de préférence hypothécaire. S'il existait un contrat de mariage notarié, l'hypothèque prenait rang, suivant le droit commun, à la date du contrat; mais à défaut de ce contrat elle n'avait de rang qu'à la date de la célébration du mariage. Nous tirerons parti de ce document dans le § suivant, où nous traiterons du *droit de préférence* hypothécaire.

III. Dans le droit intermédiaire, l'hypothèque légale de la femme mariée subsista sans interruption. L'article 17 de la loi du 9 messidor an III prononçait, il est vrai, la suppression de toutes les *hypothèques tacites;* mais cette loi, suspendue par divers décrets postérieurs, ne fut en réalité jamais exécutée, si ce n'est dans quelques dispositions purement réglementaires. La loi du 11 brumaire an VII (art. 4) accordait à la femme, en termes formels, une hypothèque sur tous les immeubles qui appartenaient au mari lors du mariage, et même sur ceux qu'il acquérait par la

––––––––––––––

(1) V. Pothier, *Traité de l'hypothèque*, chap. 1, art. 3; et *coutume d'Orléans*, introd. au tit. XI, n° 18.

suite; mais du reste, elle la soumettait, comme toutes les autres, à la grande règle de la publicité, dont elle avait fait le droit commun de la France en matière d'hypothèques. Quant au privilége de la loi *Assiduis*, il n'en est plus fait aucune mention.

135. *Code civil.* — Nous savons déjà que l'article 2121 du Code donne à la femme une hypothèque sur les immeubles du mari pour la garantie de ses *droits et créances* contre ce dernier (1). Et il n'y a pas à rechercher si les époux ont, ou non, réglé leurs droits respectifs par contrat de mariage; car aujourd'hui les actes notariés n'emportent point hypothèque de plein droit et par une puissance particulière attachée à leur forme.

Mais le Code, non plus que la loi de brumaire, n'a point établi de *privilége* au profit de la femme. Il a même cru devoir, dans l'article 1572, en traitant de la restitution de la dot sous le régime dotal, rejeter d'une manière expresse le privilége de la loi *Assiduis*.

Nous savons aussi que l'hypothèque légale de la femme mariée est *générale*, c'est-à-dire, grève tous les biens présents et à venir du mari (art. 2122).

Maintenant nous pouvons entrer dans les détails de cette matière.

136. *Des créances garanties par l'hypothèque.* — L'article 2121 déclare que l'hypothèque légale *est attribuée aux droits et créances des femmes mariées sur les biens de leur mari. Aux droits et créances!* ce sont là des termes généraux et exclusifs de toute distinction. Peu importe donc le régime matrimonial sous lequel les époux sont placés, régime de communauté, régime dotal ou autre. Peu im-

---

(1) Il va sans difficulté que dans le cas où un mariage est déclaré nul, la femme qui a contracté ce mariage de bonne foi peut réclamer le bénéfice de l'hypothèque légale, comme tous les autres droits civils qui résultent du mariage (V. art. 201 et 202).

porte en outre que l'obligation du mari ait telle ou telle origine, qu'elle soit née d'un contrat, d'un quasi-contrat, d'un délit, d'un quasi-délit ou de la loi seule. Dans tous les cas, les actions que la femme a contre son mari sont garanties par l'hypothèque.

En effet le motif de cette faveur extraordinaire s'applique non point seulement à telle ou telle créance, mais à toutes sans aucune distinction. Ce motif, c'est l'état de dépendance où la femme se trouve durant le mariage. On l'a considérée comme étant dans une sorte d'impossibilité morale de veiller à ses intérêts et de les défendre, quand ils sont en opposition avec ceux du mari (1).

(1) Ce motif a été donné, à diverses reprises, lors des travaux préparatoires de ce titre du Code civil, non pas précisément, il est vrai, pour justifier en principe l'hypothèque légale de la femme mariée, mais pour expliquer comment, par dérogation aux règles ordinaires, cette hypothèque n'est point soumise à l'inscription. « La femme, dit » M. Treilhard, est dans une impuissance d'agir qui souvent ne lui per- » mettrait pas de remplir les formes auxquelles la loi attache le carac- » tère de la publicité. » (Exposé des motifs au Corps législatif, séance du 24 ventôse an XII.) M. Grenier dit de même que « cet affranchissement » de la publicité a été déterminé par l'impuissance où sont les femmes de » veiller à leurs intérêts. » (Rapport au tribunat, séance du 26 ventôse an XII.) Mais il est de toute évidence que, si le motif allégué par ces orateurs explique qu'on ait affranchi l'hypothèque légale de la femme de la nécessité de l'inscription, il explique, à plus forte raison, qu'on ait dispensé la femme du soin de se procurer, par des stipulations expresses ou par des poursuites, les sûretés hypothécaires dont elle peut avoir besoin.

Au surplus, cette considération n'a-t-elle pas entraîné le législateur dans une fausse voie? Combien de fois la ruine du mari n'est-elle pas due au défaut de surveillance intérieure, au luxe, aux folles dépenses de la femme? Est-il juste alors de la tenir indemne et assurée de toutes ses reprises, en lui sacrifiant les créanciers les plus irréprochables et les plus dignes d'intérêt? « Une autre erreur, dit M. Pougeard (*De l'amé-* » *lioration du régime hypothécaire en France*, p. 38), c'est de sup- » poser que le mari est toujours occupé à ruiner et tromper sa femme, » pendant que leur intérêt est évidemment commun, et que l'expérience » nous les montre en collusion perpétuelle pour voler leurs créanciers. »

Or cette considération s'applique évidemment sous tous les régimes matrimoniaux, et quelle que soit la cause des obligations contractées par le mari envers la femme. La règle de l'article 2121 est donc, sans nul doute, la seule qu'il faille suivre quand on recherche uniquement si, dans tel cas donné, la femme a une hypothèque légale. Est-elle créancière du mari ? voilà ce qu'il faut se demander ; et, dès que la réponse est affirmative, on doit, par une déduction nécessaire, reconnaître l'existence de l'hypothèque.

Il importe de ne pas confondre avec la règle générale de l'article 2121 les dispositions de l'article 2135, dont l'objet est de déterminer, eu égard à l'origine des diverses créances de la femme, le rang hypothécaire de chacune d'elles. Pour appliquer cet article 2135, c'est-à-dire, pour colloquer hypothécairement telle ou telle créance de la femme, il faut toujours, comme nous le verrons, chercher quelle est la cause de cette créance. De là des difficultés parfois très-sérieuses, que nous examinerons dans le § suivant, sur le point de savoir quel rang d'hypothèque on doit assigner à certains droits de la femme (par exemple aux créances relatives à ses biens paraphernaux), qui ne paraissent pas textuellement compris dans l'énumération de l'article 2135. Mais quant à l'existence même de l'hypothèque légale dans tous ces cas dont l'article 2135 ne fait pas mention, on ne peut, suivant nous, la révoquer en doute (1). Aussi n'avons-nous pas cru devoir, bien qu'on l'ait fait dans

---

D'un autre côté, n'est-il pas bizarre que le Code civil, si prodigue de garanties pour les femmes, quand leurs maris sont riches en immeubles, n'ait absolument rien fait pour celles dont les maris n'ont qu'une fortune mobilière ?

(1) Il paraît qu'autrefois ce point ne donnait lieu à aucune difficulté, notamment dans les provinces de droit écrit, où l'on suivait la L. ult. Cod., *de pact. conv.* (V. Julien, *Statuts de Provence*, t. II, p. 452; Comp.

plus d'un ouvrage, examiner en forme de *question* si la femme a une hypothèque légale à raison des biens dont elle s'est réservé l'administration et la jouissance (biens appelés communément *paraphernaux* quand la femme est mariée sous le régime dotal). Souvent, dans la pratique, on a essayé de contester l'affirmative; mais toujours, du moins à notre connaissance, elle a été consacrée par les tribunaux (1).

137. *Des biens grevés de l'hypothèque.* — L'hypothèque légale de la femme mariée grève tous les biens immeubles qui appartiennent à son mari. Il n'est plus question de déterminer ce qu'il faut entendre par *immeubles susceptibles d'hypothèque*; nous avons donné là dessus des notions assez complètes en traitant de la *nature de l'hypo-*

---

ci-dessus, p. 241). — Quant au Code civil, les travaux préparatoires montrent que l'objet de l'article 2135 n'est point de donner une énumération limitative des créances garanties par l'hypothèque légale, mais seulement d'assigner à certaines d'entre elles un rang postérieur à la célébration du mariage. Le projet de cet article, en cela conforme à l'ancienne jurisprudence du parlement de Paris, fixait d'une manière générale le rang de l'hypothèque légale de la femme à une seule et unique date, qui était celle de la célébration du mariage. Mais le tribunat ayant représenté que, pour certaines créances de la femme, il serait dangereux de faire remonter si haut l'hypothèque, cette observation fut approuvée et donna lieu à la rédaction actuelle de l'article 2135.

(1) V. surtout les arrêts suivants : Civ. cass., 11 juin 1822 (Sir., 22, 1, 379); civ. cass., 5 décembre 1832 (Sir., 33, 1, 113); Grenoble, 30 mai 1834 (Sir., 34, 2, 478). Comp. Aubry et Rau (t. II, p. 125, note 16). Nous signalerons à ce sujet une inexactitude, que les savants annotateurs de Zachariæ paraissent avoir commise sur la foi d'un sommaire d'arrêt mal rédigé. Ils indiquent comme ayant refusé d'admettre l'hypothèque légale à raison des biens paraphernaux de la femme, un arrêt de la cour de Grenoble, du 18 juillet 1814 (Sir., 18, 2, 294); or, bien au contraire, dans cet arrêt la cour reconnaît qu'en principe la femme a hypothèque légale pour ses créances paraphernales; seulement (ce que, du reste, nous n'approuvons pas), elle en refuse l'exercice dans l'affaire particulière dont il s'agit, par le motif que la formalité de l'inscription n'avait pas été remplie, et que l'article 2135 ne contient point de dispense d'inscription pour les créances paraphernales.

thèque et en expliquant l'article 2118 (V., ci-dessus, § 1er,
n° 127). Mais il nous reste à présenter quelques règles
particulières, relatives à certains cas où le mari n'avait
sur un immeuble qu'un droit conditionnel. Nous aurons
aussi à examiner une question fort controversée, qui se
rattache à la théorie difficile des droits du mari sous le
régime de communauté.

Si l'on suppose le mari propriétaire d'un immeuble
sous condition suspensive, on devra purement et simplement appliquer les principes ordinaires du droit (V. *loc.
cit.*) ; il sera reconnu , suivant que la condition se réalisera ou ne se réalisera pas, que la femme a eu *à priori*
ou n'a jamais eu d'hypothèque légale sur l'immeuble dont
il s'agit. De même, si le droit du mari existait sous condition résolutoire, et que la condition vienne à défaillir, la
propriété du mari sera maintenue, et avec elle l'hypothèque légale : les règles ordinaires recevront encore ici
leur application.

Mais si, au contraire, la condition résolutoire, au lieu
de défaillir, s'est réalisée et a fait ainsi évanouir le droit
de propriété du mari; alors se présentent des dispositions spéciales du Code civil, qui règlent le sort de
l'hypothèque légale de la femme, et sur lesquelles nous
devons nous arrêter.

La première de ces dispositions se trouve dans l'article 952 du Code civil, où l'on traite des effets du
droit de retour stipulé par un donateur, soit pour le cas
de prédécès du donataire seul, soit pour le cas de prédécès du donataire et de sa postérité. Ce droit de retour
n'est, en réalité, qu'une condition résolutoire de la donation. Et cependant, bien que cette condition s'accom-
plisse, la loi maintient quelquefois, au profit de la femme
du donataire , *l'hypothèque de la dot et des conventions matrimoniales.* Mais pour cela, il faut d'abord que la donation

ait été faite par le même contrat de mariage duquel résultent ces droits et cette hypothèque, et, en outre, que les autres biens du mari ne suffisent pas pour le payement intégral de la femme. On a considéré que le donateur, ayant fait de sa libéralité une clause du contrat de mariage, dans le but évident de favoriser l'union projetée, n'a pu vouloir se réserver la faculté d'opposer le droit de retour à la femme, lorsque les autres biens du mari seraient insuffisants pour assurer la reprise de la dot et l'exécution des conventions matrimoniales. C'est là, comme on le voit, une pure interprétation de la volonté du donateur, volonté qui se révèle par l'ensemble des clauses du contrat de mariage. Aussi rien ne s'opposerait à ce que, par une clause expresse, le donateur dérogeât à la disposition de l'article 952. Il pourrait très-bien, ou stipuler que le droit de retour venant à se réaliser, l'hypothèque de la femme s'évanouira en entier, conformément au droit commun ; ou, en sens inverse, étendre la garantie subsidiaire de la femme à des créances autres que celles de la dot et des conventions matrimoniales, ou bien enfin déclarer que l'exercice de l'hypothèque ne sera point subordonné à l'insuffisance de la fortune du mari.

L'autre disposition, dont le sens est un peu plus difficile à saisir, est écrite dans l'article 1054, à propos des substitutions permises par le Code au profit des enfants du donataire ou du légataire. Déjà l'ordonnance de 1747 *sur les substitutions*, reproduisant à cet égard d'anciennes règles de la jurisprudence française, restreignait d'une manière notable, et avec de minutieuses distinctions (1), l'hypothèque de la femme sur les biens grevés de substitution à la charge du mari. D'abord, suivant l'ordonnance, l'hypothèque, en pareil cas, n'était jamais que

---

(1) V. les art. 44 à 54 de l'ordonnance, 1re partie.

subsidiaire, c'est-à-dire, réservée comme dernière ressource en cas d'insuffisance des biens libres du mari ; de
plus elle ne garantissait pas toutes les créances de la
femme, mais seulement : 1° sa dot, *tant en fonds ou capital
qu'en fruits ou intérêts;* 2° soit *le douaire*, soit *l'augment de
dot* (1), et même encore avec certaines limitations, dont
le détail nous mènerait trop loin (V. les art. 45 et 46).
« Selon nos principes, dit Pothier, cette hypothèque
» subsidiaire n'a lieu que parce qu'on la présume avoir
» été un moyen au grevé pour trouver un établissement
» par mariage, que l'auteur de la substitution n'a pas
» voulu lui ôter (2). » Le Code civil se montre encore
plus rigoureux que ne l'était l'ancien droit, pour restreindre l'hypothèque subsidiaire de la femme sur les biens
grevés de substitution. Il ne l'autorise plus que *pour le
capital des deniers dotaux*, à l'exclusion des avantages
que la femme aurait reçus de son mari et même des intérêts de sa dot. De plus il exige que le testateur (ou le
donateur) *l'ait expressément ordonné;* tandis que dans l'ancien droit on présumait toujours que telle avait été l'intention du disposant. Ainsi, à la différence du cas de
droit de retour dont nous venons de parler, la volonté
du disposant doit être ici formellement exprimée en faveur de la femme, et on ne peut l'induire de la nature
de l'acte de libéralité ou de toute autre circonstance.
Mais comment s'expliquer cette règle prohibitive, qui
annule les effets de la clause même la plus explicite,
lorsque cette clause étend la garantie de l'hypothèque
subsidiaire au delà du capital des deniers dotaux? Voici

---

(1) Suivant que les biens étaient situés en pays de coutumes ou en pays
de droit écrit.

(2) *Traité des Substitutions*, sect. v, art. 2. Il paraît que la jurisprudence avait cru trouver dans la nov. 39, chap. Ier, cette dérogation aux
principes reçus en matière de condition résolutoire.

évidemment quelle a été sur ce point la pensée du législateur : Des biens placés hors du commerce par l'effet d'une
substitution prohibée de droit commun (*V.* art. 896), et qui
n'est permise qu'en faveur des enfants du donataire grevé,
ne doivent point, si ce n'est dans les cas les plus dignes
d'intérêt, profiter à d'autres qu'à ces mêmes enfants.
Partant de là, on veut bien déroger à la règle ordinaire
pour garantir à la femme *le capital* des restitutions qui
lui sont dues à titre de dot, mais non pour lui assurer les
libéralités de son mari, ni même *les intérêts de sa dot,*
intérêts que, par fraude ou négligence, elle pourrait laisser
courir au détriment des personnes appelées à la substitution.

Question.— L'hypothèque légale de la femme mariée en
communauté frappe-t-elle les conquêts, c'est-à-dire les
immeubles qui sont entrés dans l'actif de la communauté?

Cette question a été souvent traitée, et pourtant elle
est encore, sinon dans la pratique, au moins dans la
doctrine, plus indécise que jamais. Les difficultés qu'elle
présente tiennent à l'obscurité qui règne sur plusieurs
principes importants du régime de la communauté. Le
mari doit-il être considéré, pendant la durée de la communauté, comme propriétaire unique des biens qui en
forment l'actif, ou ne doit-on voir en lui qu'un simple
associé, copropriétaire avec sa femme, mais investi de
pouvoirs très-étendus pour la bonne administration des
biens communs? Ce n'est pas tout : si la femme accepte
la communauté, ratifie-t-elle par là même tous les actes
du mari? Si au contraire elle renonce, la considérera-t-on
comme n'ayant jamais eu la qualité de commune? Voilà des
points sur lesquels il faut avoir des idées bien arrêtées, pour
résoudre sûrement la question que nous venons de poser.

Cette question est complexe; avant tout il convient de
la décomposer. On peut supposer d'abord qu'à la disso-
lution de la communauté les conquêts se trouvent encore

dans la masse de l'actif commun, sans avoir été ni aliénés par le mari, ni grevés par lui ou de son chef d'hypothèques ou de tout autre droit réel. Il peut arriver, au contraire, que les conquêts aient été aliénés ou grevés de droits réels par suite de l'administration du mari. Dans l'un et dans l'autre cas, la question se subdivise encore, suivant que la femme aura accepté la communauté ou qu'elle y aura renoncé.

I. Examinons d'abord le cas où les immeubles de la communauté n'ont été ni aliénés par le mari ni grevés d'aucunes charges réelles par suite de son administration. Ce premier cas n'exigera pas de longs développements; on n'y rencontre pas la plus grande difficulté de notre sujet, à savoir, le conflit de l'hypothèque de la femme avec les droits des ayants cause du mari.

Si la femme accepte, il n'est pas douteux que son hypothèque ne frappe les immeubles qui, par l'effet du partage, seront tombés au lot du mari ou de ses héritiers. En effet, le partage, étant déclaratif de propriété, détermine les biens dont le mari est censé avoir été seul propriétaire, au moins à partir du moment où la communauté a cessé, et même, peut-être, du moment où chacun des biens est entré dans la communauté (1). Au surplus ce dernier point est indifférent quant à cette partie de notre question.

Si, au contraire, la femme renonce, tous les immeubles communs sont considérés comme ayant toujours appartenu au mari, et dès lors ils doivent être grevés en entier de l'hypothèque légale. La renonciation de la femme produit, relativement au droit de copropriété qu'elle avait sur les biens communs, les effets attachés à l'événement

---

(1) Cette formule est mieux d'accord avec ce principe, vrai suivant nous, que la communauté n'est pas un être moral, qui ait un droit de propriété distinct de celui des époux.

d'une condition résolutoire ; le mari retient tous ces biens, non en vertu d'un titre nouveau, mais à raison du droit originaire qui résultait pour lui d'une clause de son contrat : il conserve, *jure non decrescendi*, comme disaient nos anciens auteurs, tout ce qui ne lui est pas enlevé (V. Pothier, *communauté*, n° 568) (1). Cette manière d'envisager la renonciation de la femme et ses résultats quant aux biens de la communauté, sert de base à l'article 1475, article puisé dans Pothier et suivant lequel le droit de la femme se fractionne entre les divers héritiers, en sorte que les parts de communauté abandonnées par quelques-uns d'entre eux n'accroissent point aux autres, mais *restent* au mari ou à ses héritiers (V. Pothier, *communauté*, n°˙ 577 et 579, *in fine*).

II. La véritable difficulté se présente lorsque le conquêt a été aliéné ou grevé d'un droit réel par le mari durant la communauté (2). Dans ce cas, l'hypothèque de la femme s'exercera-t-elle contre l'acquéreur, le créancier hypothécaire, ou tout autre tiers qui tient son droit du mari (3)?

Sur ce point, la doctrine de nos anciens auteurs man-

---

(1) Aussi la loi du 22 frimaire an VII (art. 68, § I, n° 1) et la loi du 28 avril 1816 (art. 44, n° 10) ne soumettent-elles qu'à un droit fixe, et non à un droit proportionnel de transmission, les renonciations à communautés.

(2) La question sera la même si des tiers ont acquis des droits réels sur le conquêt du chef du mari, sans le consentement de celui-ci, mais en vertu d'un titre qui lui était opposable ; si, par exemple, le conquêt a été exproprié ou grevé d'hypothèques judiciaires, à la suite de jugements rendus contre le mari.

(3) Ici nous supposons, bien entendu, que l'hypothèque de la femme viendrait naturellement, et par application des régles ordinaires, se placer dans un rang où elle primerait le droit réel du tiers ; car, si le tiers avait un droit acquis avant celui de la femme, il n'y aurait pas de question à examiner (V. Code civ., art. 2135 ; et ci-dessous, § 3, art. 2).

que souvent de précision; et, autant que nous pouvons
en juger, ils n'étaient point parfaitement d'accord. Plusieurs d'entre eux ne reconnaissent d'une manière formelle l'existence de l'hypothèque de la femme au préjudice des tiers qu'en supposant *qu'elle a renoncé à la communauté* : probablement ils étaient préoccupés de cette
idée que, si la femme accepte, elle ratifie ce qui a été fait
par le mari et ne peut plus dès lors inquiéter les personnes qui ont traité avec lui (1). D'autres, au contraire,
disent en termes généraux, sans parler d'acceptation ni
de renonciation, que l'hypothèque de la femme s'exerce
sur les conquêts de la communauté comme sur les propres du mari (2).

Que faut-il décider sous l'empire du Code civil, soit que
la femme accepte la communauté soit qu'elle y renonce?
Tout va dépendre du point de vue sous lequel on envi-
sagera les droits du mari comme chef de la communauté.

---

(1) V. notamment Renusson (*De la Communauté*, part. 2, ch. 3,
n° 47); et Lebrun (*De la Communauté*, p. 501).

(2) « Le mary par son contrat de mariage, dit Bacquet (*Des droits de
» justice*, ch. XV, n° 42), ayant obligé tous et chacuns ses biens, pré-
» sents et advenir, au payement et satisfaction du douaire et conven-
» tions matrimoniales de sa femme, il ne peut aliéner les conquests, non
» plus que les propres et acquests, *sans le droit d'hypotèque créé à la
» femme* dès l'instant que lesdits conquests ont esté faits et qu'ils ont
» esté entre les biens de son mary. Autrement la femme seroit de pire
» condition que les autres créanciers hypotequaires. » — Bourjon (Droit
commun de la France, t. 1er, p. 671) dit de même que les conquêts
aliénés par le mari sont frappés de l'hypothèque de la femme : « C'est
» en vain, ajoute-t-il, que quelques-uns opposent que la coutume con-
» stitue le mari maître des conquêts, et que c'est affoiblir cette puissance
» que de faire influer l'hypothèque de la femme sur iceux; cette puis-
» sance ne s'entendant que relativement aux droits de la femme sur la
» communauté, *et non par rapport à ses autres droits et créances.*
» Soutenir le contraire, c'est vouloir ajouter à la coutume et changer sa
» disposition; ce qui est d'autant plus incontestable que les conquêts ont
» souvent été acquis avec les deniers dotaux de la femme. »

Si l'on part de cette idée que pendant la durée de l'association conjugale le mari est considéré comme propriétaire *pur et simple* de *la totalité* des biens communs, et que la femme est réduite à une simple espérance, à une expectative de propriété pour le cas où elle accepterait, en un mot, si l'on admet le brocard de Dumoulin, *non est propriè socia, sed tantùm speratur fore* (1), on devra décider que l'hypothèque de la femme grève les conquêts de communauté, aussi bien que tous les autres immeubles du mari. Cela posé, il y a deux cas à prévoir : ou la femme renonce à la communauté, ou elle l'accepte. Si elle renonce, pas de difficulté : son hypothèque demeure intacte et s'exerce dans toute sa plénitude. Si au contraire elle accepte, elle doit souffrir la réduction de son hypothèque à raison de la part dont elle est tenue dans les dettes communes ; car, en tant qu'elle est obligée de garantir l'ayant cause du mari, elle ne peut elle-même l'évincer par son action hypothécaire (2). Ce système nous paraît être, dans toutes ses parties, celui de Bacquet et de Bourjon (3). Il est vrai que ces auteurs ont omis de s'expliquer sur la restriction que l'hypothèque légale pourra subir lorsque la femme accepte la communauté ; mais il est impossible de croire qu'ils aient entendu rejeter en cette matière l'application de la règle : *Quem de evictione tenet actio, eumdem agentem repellit exceptio.*

Mais aujourd'hui doit-on considérer ainsi le mari comme propriétaire pur et simple de l'actif de la com-

______

(1) **V.** aussi Pothier, *coutume d'Orléans*, Introd. au titre X, n° 1.

(2) Notez que la femme, même en acceptant, n'est tenue de sa part des dettes de la communauté que jusqu'à concurrence de son émolument, lorsqu'elle a fait inventaire (**V.** Code civ., art. 1483). Si donc son émolument se réduit à rien, elle n'a aussi rien à payer dans les dettes, et l'hypothèque légale demeure aussi intacte que dans le cas de renonciation.

(3) **V.** page précédente, note 2.

munauté, et la femme comme réduite à la simple *espérance* d'y participer? Nous ne le croyons pas. Le Code civil ne dit plus, comme on le disait autrefois, que le mari est *seigneur et maître de la communauté;* mais il le qualifie d'*administrateur.* Dans cet ordre d'idées, qui est celui de la loi, le mari dispose des biens communs en vertu du *pouvoir* qu'il a reçu de la femme copropriétaire. Ce pouvoir n'est d'ailleurs point sans bornes; car le mari ne peut faire à son gré toute espèce de donations entre-vifs, ni obliger d'une manière définitive la communauté par toute espèce d'actes (V. C. civ., art. 1422 et 1424). Or, un pareil état de choses n'est-il pas inconciliable avec l'existence de l'hypothèque légale sur les biens que le mari a mission de gérer? La pensée de la loi, qui interprète ici la volonté des époux dans le sens le plus utile et le plus raisonnable, est évidemment de conférer au mari, pour la bonne direction des affaires communes, un crédit équivalent au chiffre de l'actif de la communauté. Le mari administrateur n'agit point pour son avantage exclusif, mais aussi pour l'avantage de la femme; dès lors il importe à la femme elle-même, intéressée à la prospérité de la communauté, que les tiers qui contractent avec le mari n'aient pas à redouter, quant aux biens communs, les effets de l'hypothèque légale.

Aujourd'hui, lorsque la femme accepte la communauté, on paraît être d'accord pour lui refuser l'hypothèque sur les conquêts (1). Mais souvent on fonde cette décision sur des motifs erronés en eux-mêmes, et fort dangereux d'ailleurs par les conséquences qu'on peut en tirer *à contrario sensu* pour le cas de renonciation.

______

(1) Voy. MM. Grenier (T. I, n° 248); Delvincourt (T. III, note sur la page 165); Persil (*Rég. hyp.*, sur l'art. 2121, et *Questions*, T. I, p. 233); Duranton (T. XIV, n° 516, et T. XIX, n°s 329 et 330); Troplong (*Hypoth.*, n° 433 *ter*).

Ainsi, on dit très-souvent que la femme, en acceptant la communauté, ratifie tous les actes du mari et dès lors renonce à son hypothèque. Or cette assertion est inexacte : il est certain, au contraire, qu'en acceptant la communauté, la femme ne ratifie point l'aliénation qui aurait été faite sans son aveu de ses droits propres, par exemple, l'aliénation d'un usufruit ou d'une servitude active qui lui appartenait sur un immeuble commun, ou la mainlevée consentie par le mari d'hypothèques qu'elle avait acquises avant le mariage sur des biens devenus ensuite conquêts de la communauté. Si donc la femme avait, en principe, une hypothèque légale sur les conquêts, son acceptation ne l'en ferait pas déchoir (1).

D'autres fois, et cet argument est le plus ordinaire, on allègue que la femme, étant, à raison de son acceptation, tenue pour partie des dettes de la communauté, et, entre autres, de l'obligation de garantie due aux tiers, verrait son action hypothécaire repoussée par la maxime *Quem de evictione tenet actio, eumdem agentem repellit exceptio.* Mais, déjà nous l'avons remarqué, si la communauté acceptée ne présente aucun émolument, la femme peut se décharger en entier du fardeau des dettes (C. civ., art. 1483), et par conséquent de l'obligation de garantie. En outre, dans le cas même où la femme trouve un émolument dans la communauté, elle n'est tenue que jusqu'à concurrence de cet émolument, et jamais au delà *d'une moitié* des dettes qu'elle n'a pas contractées personnellement (V. C. civ., art. 1482 et 1483). Pourquoi donc en pareil cas, c'est-à-dire, lorsqu'elle n'est obligée qu'à raison de sa qualité de commune et pour partie envers les tiers, ne conserverait-elle pas, pour l'autre partie, son droit d'hypothèque légale ? En principe général, l'obliga-

----

(1) V. les passages cités plus haut de Bacquet et de Bourjon.

tion de garantir n'est-elle pas, tout aussi bien que l'obligation de livrer, parfaitement divisible (1)?

Il faut donc rejeter ces divers motifs et nous en tenir à ceux que nous avons donnés plus haut. Il faut dire que l'hypothèque légale des conquêts de communauté est radicalement incompatible avec les pouvoirs que le mari exerce, et avec le libre usage du crédit dont il doit jouir pour la bonne administration des biens communs. Cette idée est simple, claire, et échappe aux objections invincibles et aux complications infinies qui résultent de la théorie de la *ratification* ou de l'*exception de garantie*.

Lorsque la femme renonce, la jurisprudence, ainsi que la plupart des auteurs, lui accorde sur les conquêts une hypothèque opposable aux ayant-cause du mari. Mais comment justifie-t-on cette doctrine?

A cet égard, il y a divergence et confusion. Les uns paraissent tenir à l'ancienne manière de voir, qui fait du mari, même durant l'association conjugale, un vrai propriétaire de la masse des biens de la communauté. Nous avons déjà réfuté ce système; nous n'y reviendrons pas.

Les autres conviennent que durant la communauté le mari est un copropriétaire, muni du *pouvoir* d'aliéner et d'engager les biens communs. Mais, disent-ils, cet état de choses tout entier se trouve résolu et disparaît en quelque sorte par l'effet de la renonciation de la femme. Celle-ci, dès lors, est censée n'avoir jamais été commune, et, par conséquent, le pouvoir qu'elle avait donné au mari pour traiter avec les tiers se trouve rétroactivement anéanti (2).

---

(1) Dumoulin (*De div. et indiv.*, pars 2ᵃ, nⁱˢ 499 et seq.). et Pothier (*Contr. de vente*, n° 173) reconnaissent la divisibilité de l'obligation de garantie.

(2) V. Toullier, t. XII, n° 305 ; Grenier, *Hypoth.*, t. I, p. 533 ; MM. Duranton et Troplong (*loc. cit.*); Tessier, *Traité de la Dot*, t. II, p. 311.—Aj.

On le voit, ce dernier système a pour base unique cette proposition, présentée comme incontestable : *la femme qui renonce est censée n'avoir jamais été commune.* Mais, quelle que soit l'autorité d'une pratique qui aujourd'hui paraît constante, nous n'avons jamais pu nous décider à reconnaître l'existence d'une fiction arbitraire, dont la loi ne fait aucune mention, et qui, destructive de la sécurité des tiers, l'est aussi du crédit de la communauté.

Dans notre opinion, qui a pour elle les suffrages de Delvincourt (1), de M. Persil (2) et de M. Cubain (3), la femme, même renonçante, ne peut jamais opposer son hypothèque légale aux tiers qui ont traité avec le mari (4). Sans doute après la renonciation de la femme, son droit de copropriété se trouve résolu au profit du mari; celui-ci reste maître de tous les biens et, par une corrélation nécessaire, tenu au payement intégral des dettes qu'il a contractées comme chef de la communauté. Mais cela n'empêche nullement qu'il n'y ait eu communauté, et qu'en fait le mari n'ait reçu le pouvoir de disposer sans contrôle des biens communs, pourvu que ce fût à titre onéreux. Or, nous l'avons montré, un tel pouvoir est incompatible avec l'existence de l'hypothèque légale sur les mêmes biens. Rien n'est plus étrange, à nos yeux du moins, que de subordonner les effets des actes du mari au parti que prendra la femme, peut-être après de longues années de mariage, sur l'acceptation ou la répu-

---

aux arrêts indiqués par ces auteurs, req. rej,, 16 février 1841 (Dev.-Car., 41, 1, 550).

(1) T. III, note sur la page 165.

(2) *Régime hypoth.*, sur l'art. 2121, n° 10; *Questions*, T. I, p. 233.

(3) *Traité des droits des femmes*, n° 528. — Mais l'auteur ne fait qu'effleurer la question.

(4) Avant le Code civil, la question a été jugée dans le même sens par un arrêt du tribunal d'appel de Paris, du 8 prairial an XII (Sir. IV, 2, 707).

diation de la communauté. Pour admettre un résultat aussi nuisible au crédit public et à la sécurité des tiers, il faudrait le trouver écrit dans une loi formelle ; or, nulle part le Code civil ne dit que, si la femme renonce, la communauté doive être considérée, d'une manière absolue, *comme n'ayant jamais existé*. Il décide seulement (art. 1494), ce qui est très-différent, que la femme peut, en abandonnant tous ses droits sur les biens, se décharger de toute contribution aux dettes. Il est facile de saisir le motif de cette disposition : elle a pour but d'affranchir la femme, qui n'administre point, de la charge indéfinie des dettes créées par l'administration du mari. Mais, certes, on va bien plus loin quand on veut que la femme renonçante soit considérée comme n'ayant jamais, sous aucun rapport, été mariée en communauté.

Nous en avons assez dit sur les inconvénients de toute nature qu'engendre un pareil système. Souvent, il est vrai, pour le défendre, on a allégué que les personnes qui traitent avec le mari peuvent se préserver de l'hypothèque de la femme, en exigeant son intervention dans les actes où ils sont intéressés ; on a ajouté que les acheteurs et les autres acquéreurs des conquêts ont la ressource de la purge légale. Mais ces expédients sont loin de suffire, du moins selon nous, pour remédier au mal. D'abord il est des tiers qui ne peuvent y recourir : ce sont les créanciers qui ont acquis sur les conquêts des hypothèques légales ou judiciaires. Ceux dont l'hypothèque est purement conventionnelle peuvent, sans doute, exiger l'intervention de la femme, et d'ordinaire ils l'exigent en effet ; mais que résulte-t-il de là ? c'est que la condition de la femme devient pire qu'elle n'eût été en l'absence de toute hypothèque légale ; non-seulement elle perd cette hypothèque, mais de plus elle se trouve personnellement obligée, et sa renonciation ultérieure à la communauté ne l'affranchit point de ses engagements (V. art. 1494). Quant à la purge légale, moyen toujours coûteux pour les acquéreurs qui l'emploient, quel doit en être le résultat naturel, si ce résultat est sérieux? C'est d'inviter, en quelque sorte, la femme à exercer pendant la durée même de la communauté son hypothèque sur les conquêts aliénés par le mari (V. art. 2193 et suiv.), et, par conséquent, de mettre des entraves à l'administration de ce dernier (1).

138. *Du cas où le mari est en faillite.* — La faillite du mari commerçant place quelquefois la femme sous l'empire de règles exceptionnelles, soit quant à la nature des créances qu'il lui est permis de faire valoir, soit quant aux preuves qu'elle peut invoquer, soit enfin quant à l'hypothèque qui lui sert de garantie. Ces dérogations, toutes défavorables à la femme, ont eu pour but de raffermir le crédit commercial, trop souvent ébranlé par les folles dissipations des époux, et même par les fraudes concertées entre eux afin de spolier les créanciers du mari. En cette matière, le Code de commerce de 1807 portait l'empreinte manifeste de l'indignation publique, provoquée par l'éclat de scandaleuses banqueroutes. Mais n'avait-il pas dépassé les justes limites d'une réforme nécessaire ? C'est en ce sens que l'opinion la plus générale s'était prononcée dans ces derniers temps. Aussi, lorsqu'après plusieurs essais infructueux, on a revisé la partie du Code de commerce consacrée aux *faillites et banqueroutes*, s'est-on beaucoup relâché de la rigueur déployée par ce Code à l'égard des femmes de négociants faillis. Nous allons faire connaître les dispositions de la nouvelle loi (du 28 mai 1838) qui se rapportent à l'hypothèque légale de la femme.

____

(1) V., ci-dessous, 3ᵉ section, § 3, art. 4, nᵒ 2.

D'abord remarquons bien qu'aujourd'hui, comme sous le régime de l'ancien Code, les restrictions relatives à l'hypothèque de la femme n'ont pas lieu indistinctement dans tous les cas de faillite du mari (1). Le législateur n'a point voulu ôter à la femme les garanties hypothécaires du droit commun, lorsqu'en se mariant elle n'a pu raisonnablement prévoir que son mari dût jamais, en qualité de négociant, courir les chances d'une faillite; mais, quant aux règles de détail admises sur ce point, la loi nouvelle s'est écartée de l'ancienne. D'après le Code de 1807, le régime exceptionnel, restrictif de l'hypothèque légale, s'appliquait dans les cas suivants : 1° lorsque le mari était commerçant à l'époque de la célébration du mariage (V. l'ancien art. 551); 2° lorsque, fils de commerçant, et n'ayant lors de son mariage aucun état ou profession déterminée, il était ensuite devenu lui-même commerçant (V. l'anc. art. 552); 3° enfin lorsque, même ayant au moment de son mariage une profession déterminée autre que celle de commerçant (et, à plus forte raison, n'en ayant aucune), il s'était livré au commerce dans l'année de la célébration (V. l'anc. art. 553). Aujourd'hui, d'après l'article 563 du nouveau Code, les règles spéciales relatives à l'hypothèque légale ne sont admises qu'autant que le mari était commerçant lors de la célébration du mariage, ou que, n'ayant point alors d'autre profession déterminée, il est devenu commerçant dans l'année. On voit que dans la loi nouvelle il n'est plus question : 1° du fils de négociant qui, n'ayant aucune profession déterminée lors de son mariage, est devenu lui-même négociant plus d'une année après ; 2° de celui qui en se mariant avait une pro-

---

(1) Il en est autrement des règles particulières qui exigent pour certaines reprises de la femme la production d'actes authentiques (V. nouv. Code de comm., art. 557 à 562 ; anc. Code, art. 544 à 550).

fession déterminée autre que celle de négociant, et qui s'est livré au commerce dans l'année de la célébration (1).

Cela posé, nous allons voir quelles restrictions l'hypothèque légale subit, quant aux immeubles du mari qui en sont grevés : c'est le gage de la créance qui se trouvera diminué. Nous rechercherons, en outre, s'il existe quelque autre restriction, relative *à la nature des créances de la femme*, en d'autres termes, si, contrairement au droit commun, certaines de ces créances sont, comme moins dignes de faveur que les autres, dépouillées de la garantie hypothécaire.

I. En ce qui touche le premier point, la loi commerciale déroge clairement au principe ordinaire, suivant lequel l'hypothèque de la femme grève tous les immeubles présents et à venir du mari. Le Code de 1807 (art. 551), inflexible dans ses défiances, restreignait même l'hypothèque aux seuls immeubles qui appartenaient au mari lors de la célébration du mariage. Quelle était donc à cet égard la pensée du législateur ? Évidemment de prévenir les fraudes que le mari pouvait pratiquer pour avantager sa femme aux dépens de ses créanciers. Or on comprend très-bien que dans ce but la loi ait dû refuser à la femme tout droit de préférence sur des immeubles acquis par le mari à titre onéreux, c'est-à-dire, presque toujours avec l'argent de ses créanciers (2). Mais pourquoi soustraire

---

(1) L'application de l'article 563 pourrait-elle être faite par un tribunal civil, lorsque la faillite n'a pas été déclarée par le tribunal de commerce ? Oui, d'après la jurisprudence (V. MM. Renouard, *Traité des faillites et banqueroutes*, 2ᵉ édit., t. II, p. 282 ; et Bédarride, *Traité des faillites et banqueroutes*, t. II, nᵒ 1044). C'est ainsi encore que, toujours en supposant la faillite non déclarée commercialement, nous voyons souvent les tribunaux de répression appliquer les peines établies en matière de banqueroute (V. C. de comm., liv. 3, tit. 2, et notamment l'art. 597) ; mais sur ce dernier point, il s'élève des doutes très-sérieux.

(2) La loi s'applique, par identité de raison, à la plus-value résultant

également à l'hypothèque légale les immeubles advenus au mari par succession ou par donation? Quant aux successions, il est même difficile d'imaginer la possibilité d'une fraude, à moins qu'on ne veuille supposer que le mari, ayant des cohéritiers, s'arrange avec eux pour faire mettre dans son lot peu de meubles et beaucoup d'immeubles (1). Les donations faites pendant le mariage présentent un peu plus de danger : car, à toute force, elles peuvent résulter de combinaisons frauduleuses, intervenues entre le mari et des tiers qui consentiraient à figurer comme donateurs dans de faux actes de libéralité. Aussi, dans la première discussion de la chambre des députés (2), tout en rétablissant l'hypothèque légale sur les immeubles échus au mari à titre de succession, avait-on refusé d'étendre cette concession au cas de donation entre-vifs ou testamentaire. Mais plus tard cette distinction fut abandonnée : on ne s'inquiéta plus de la possibilité de fraudes d'une nature fort extraordinaire, que les créanciers sont toujours admis à prouver et que souvent même ils pourront prévenir (3). On exprima donc dans la loi que les immeubles qui appartenaient au mari à l'époque de la célébration du mariage, ou qui lui adviennent depuis soit par succession, soit par donation entre-vifs ou testamentaire, seront seuls soumis à l'hypothèque de la femme (V. nouvel art. 563) (4).

---

des additions, constructions et améliorations quelconques effectuées par le mari sur ses biens durant le mariage (V. M. Renouard, t. II, p. 302). Au contraire elle ne s'applique pas aux immeubles acquis pendant le mariage en échange d'anciens immeubles.

(1) V. la discussion de la chambre des députés, 23 février 1835.

(2) Même séance du 23 février.

(3) Par exemple, en intervenant au partage de la succession, conformément à l'art. 882 du Code civil. V., sur tous ces points, M. Renouard, *ibid.*, p. 279 et suiv.

(4) La réforme opérée par la loi de 1838, relativement aux immeubles advenus au mari *depuis le mariage par succession ou par donation,*

II. Examinons maintenant si, dans les mêmes cas, les droits de la femme, restreints comme on vient de le voir, quant à l'étendue du gage immobilier, le sont aussi quant à la nature des créances pour lesquelles l'hypothèque existe. D'après l'article 551 du Code de 1807, l'hypothèque n'existait que pour les deniers ou effets mobiliers que la femme justifiait par actes authentiques avoir *apportés en dot*, pour le remploi de ses biens aliénés pendant le mariage et pour l'indemnité des dettes par elle contractées avec son mari. On retranchait donc à la femme cette

---

a fait surgir une question transitoire, que nous n'aurions pas crue susceptible de controverse, et qui pourtant a été controversée. On s'est demandé si une femme mariée sous l'empire du Code de 1807 a hypothèque sur les immeubles dont le mari a hérité ou qui lui ont été donnés ou légués, *lorsque le mari est tombé en faillite depuis la promulgation de la loi de* 1838. Suivant nous, il faut dire que l'hypothèque légale, entravée dans ses effets sous l'empire du Code de 1807, est venue frapper les immeubles dont il s'agit *à la date de la promulgation de la loi nouvelle;* que dès lors cette hypothèque est opposable à ceux des créanciers du mari qui n'avaient point, sur les mêmes immeubles, d'hypothèques acquises avant cette dernière loi. D'une part, les créanciers qui n'avaient point d'hypothèques à l'époque de la promulgation de la loi de 1838 ne peuvent se plaindre : car on ne saurait admettre qu'un créancier chirographaire ait un *droit acquis* à n'être primé par aucun droit de préférence *résultant d'une loi postérieure à sa créance.* D'autre part, les créanciers hypothécaires antérieurs à la loi de 1838 avaient sur les biens du failli un véritable droit acquis, protégé par cette règle fondamentale que la loi n'a point d'effet rétroactif (Code civ., art. 2; comp. art. 2135, *in fine*).—V., en ce sens, M. Renouard, t. II, p. 278 et suiv. ; civ. rej., 3 janvier 1844 (Dev.-Car., 44, 1, 106); req. rej., 17 juillet 1844 (Dev.-Car., 44, 1, 600).— M. Duvergier, au contraire (*Collect. des lois*, t. XXXVIII, p. 409), semble refuser à la femme l'hypothèque légale à l'égard de tous créanciers antérieurs à la loi de 1838, sans distinguer entre les hypothécaires et les chirographaires. M. Bédarride se prononce d'une manière très-explicite dans le même sens (nᵒˢ 990 à 992), mais ses arguments ne nous paraissent nullement convaincants. — M. Duranton modifie cette doctrine, en accordant un *droit acquis* aux créanciers chirographaires dont les droits avaient une date certaine avant la promulgation de la loi de 1838 (t. XIX, nᵒ 299 *bis*).

garantie pour les biens qui lui étaient advenus *par succession ou par donation*. Probablement on avait voulu
que les créanciers pussent toujours connaître exactement, par le contrat de mariage, le montant de la
créance hypothécaire. Mais, sur ce point, la loi nouvelle rétablit presque en entier les règles du Code civil.
Elle reproduit textuellement (art. 563) l'énumération
que l'article 2135 du Code donne des créances hypothécaires de la femme mariée (*dot apportée lors du mariage,
biens acquis par la femme à titre de succession ou de donation, remploi des propres, indemnité des dettes contractées
avec le mari*) (1), en omettant seulement les *conventions
matrimoniales*, mots que l'article 2135 emploie pour indiquer les avantages faits par le mari à la femme dans le
contrat de mariage. Quant à ce dernier point, il ne
pouvait même être question de l'hypothèque légale,
puisqu'aux termes de l'article 564 (ancien art. 549)
la femme ne peut exercer dans la faillite aucune action (même
personnelle) *à raison des avantages portés au contrat de mariage* (2). Ainsi, à ce retranchement près, l'article 2135
du Code civil est reproduit mot pour mot dans le nouvel
article 563 du Code de commerce. Or, comme nous l'a-
vons dit plus haut (3), l'objet de l'article 2135 n'est en
aucune façon de restreindre à certaines créances de la
femme le bénéfice de l'hypothèque légale; mais seulement

(1) La femme qui a cautionné son mari peut, même avant d'avoir
payé la dette, exercer son droit d'hypothèque dans la faillite, afin de se
garantir ainsi contre toute perte résultant de son cautionnement (V. C.
civ., art. 2032 , n° 2).

(2) A plus forte raison ne peut-elle se prévaloir des donations que le
mari lui a faites pendant le mariage, donations essentiellement révo-
cables par le donateur (V. C. civ., art. 1096), et bien moins dignes
de faveur que les avantages insérés dans le contrat de mariage
(V. M. Bédarride, t. II, n° 1044).

(3) V., ci-dessus, p. 246.

d'assigner aux créances, suivant l'origine de chacune d'elles, tel ou tel rang hypothécaire (1).

Ajoutons à tout ce qui précède que l'état de faillite d'une personne entraîne, *dans divers cas* dont nous ne ferons pas ici le détail, la nullité des hypothèques *acquises* et parfois des hypothèques simplement *inscrites* depuis la cessation des payements ou dans les dix jours qui ont précédé cette époque ; en outre, *dans tous les cas*, la nullité des inscriptions prises depuis le jour du jugement déclaratif de la faillite (V. C. de comm., art. 446 et 448).

Tout cela sera expliqué, soit en forme d'*appendice*, à la fin de la matière des *causes de l'hypothèque*, soit dans le § consacré à la formalité de l'inscription (2). En ce moment bornons-nous à dire que l'article 446 n'annule point, comme acquises depuis la cessation des payements ou dans les dix jours qui l'ont précédée, les hypothèques *légales*, mais seulement les hypothèques *conventionnelles* et *judiciaires*, et que dès lors, suivant nous du moins, cette disposition n'a aucun trait à l'hypothèque de la femme mariée (3).

139. *Des femmes étrangères.* — Les femmes étrangères ont-elles, comme les femmes françaises, une hypothèque légale sur les immeubles situés en France qui appartiennent à leurs maris (4) ?

---

(1) M. Renouard (p. 302) prétend, au contraire, que l'action personnelle de la femme lui demeure intacte pour certaines créances qui ne sont point hypothécaires ; mais il n'indique pas les créances auxquelles il entend faire allusion.

(2) V. ci-dessous, § 3 , art. 1.

(3) M. Pardessus, supposant qu'un mariage a été contracté dans les dix jours qui précèdent la cessation des payements, déclare nulle l'hypothèque légale de la femme (*Cours de droit commercial*, t. V, n° 1.135). Mais il est loin de justifier cette opinion , que repousse le texte de la loi.

(4) Il ne faut pas oublier ici que, d'après le Code civil, la femme, française ou étrangère, qui se marie avec un homme d'une autre nation,

Cette question, que nous ne pouvions omettre ici, serait mieux placée dans une dissertation complète sur la condition des étrangers, parce que là elle se lierait à une théorie générale de la nature et du mode d'exercice des droits privés qui leur appartiennent en France. Mais, du reste, cette théorie est en elle-même une œuvre très-difficile, à cause de l'insuffisance et de l'obscurité des textes de lois qui doivent lui servir de base (1). Nulle part on n'a plus à se mettre en garde contre les pétitions de principe et aussi contre l'inexactitude du langage, cause perpétuelle de la confusion des idées.

I. Plusieurs jurisconsultes décident notre question en faveur des femmes étrangères, à l'aide de cette seule proposition qui, suivant eux, est décisive : La loi qui établit les hypothèques, légales ou autres, *est un statut réel* (c'est-à-dire *une loi relative aux immeubles*). Quel est donc le fond de cette théorie? C'est que toute loi qui a trait à l'établissement et à l'organisation de la propriété foncière et des droits réels immobiliers dans un pays, par exemple, en France, doit y être appliquée d'une manière absolue, et abstraction faite de la nationalité des personnes. Cette doctrine, dit-on, déjà admise dans l'ancien droit, est confirmée par l'article 3 du Code civil, qui porte en termes exprès : « *Les immeubles, même ceux possédés par des étrangers, sont régis par la loi française* (2). »

---

perd sa nationalité pour acquérir celle de son mari (C. civ., art. 12 et 19).

(1) Le tribunat voulait que l'on mît dans le Code l'énumération complète des droits privés qui seraient refusés aux étrangers ; mais cette réclamation n'eut point de suite, tandis qu'on prit la peine d'énumérer les incapacités qu'entraîne la mort civile. (V. C. civ., art. 25, et nos *observations* sur la condition des étrangers en France, au t. I de notre édition de l'*État des Personnes*, de Proudhon, p. 174.)

(2) V. Merlin, *Rép.*, v° *Remploi*, § 2, n° 9, et M. Troplong, *Hypoth.*, t. II, n° 513 *ter*.

Est-il donc bien vrai que l'hypothèque légale de la femme, considérée au point de vue de son origine, ou, en d'autres termes, du titre dont elle procède, soit régie par le *statut réel*, c'est-à-dire, par les lois qui s'occupent directement des immeubles, sans qu'on doive tenir compte de la nationalité des ayant-droit ? Non, suivant nous : cette hypothèque est bien plutôt une dépendance du *statut personnel*, ou de la loi qui règle directement et principalement l'état et la capacité des personnes. Mais laissons là ce point, sur lequel nous reviendrons; supposons pour un instant que l'hypothèque légale prenne son origine dans le seul *statut réel :* notre question ne sera pas encore décidée *in terminis* en faveur de la femme étrangère. En effet, l'hypothèque légale ne serait-elle point par hasard un *droit civil* dans le sens des articles 11 et 13 du Code, c'est-à-dire, un droit refusé aux étrangers ? Pour que le statut réel puisse opérer dévolution d'un droit réel immobilier au profit d'une personne, il faut, avant tout, que cette personne ait la capacité d'acquérir le droit dont il s'agit; or, d'après ces articles 11 et 13, il est certain que les étrangers sont, comme tels, exclus de certains droits accordés aux Français. Ainsi, pour prendre un exemple, qu'on suppose le legs d'un immeuble ou d'un droit réel immobilier, fait à un étranger : certainement si le legs est valable, les droits de propriété, d'usufruit, de servitudes, attribués par la disposition testamentaire, seront régis par nos lois quant à leur étendue et au mode de leur exercice. Mais cela tranche-t-il la question de savoir si, en principe, un étranger est capable de recevoir un legs ? Non, évidemment : car, dans l'ancien droit français, et même pendant longtemps sous l'empire du Code civil, en règle générale les étrangers n'avaient point cette capacité (V. article 912), et il a fallu une loi expresse (celle du 14 juillet 1819) pour les mettre sous ce rapport, comme sous d'autres, dans une position égale à celle des Français (1).

Laissons donc là pour un moment le *statut réel*, et abordons cette difficulté qui se présente en première ligne: l'hypothèque légale de la femme mariée peut-elle appartenir aux étrangères, ou, au contraire, faut-il mettre cette hypothèque dans la catégorie des droits qui n'appartiennent qu'aux personnes françaises, sauf dans les cas exceptionnels prévus par les articles 11 et 13 du Code civil (2)?

II. Trouverons-nous ici un principe général qui puisse nous servir de guide? A quel signe reconnaîtrons-nous les droits appelés par excellence *droits civils*, auxquels les étrangers ne participent point, si ce n'est exceptionnellement, lorsque des traités sont intervenus à ce sujet entre la France et leur nation, ou lorsqu'ils ont établi leur domicile en France avec l'autorisation du roi (art. 11 et 13), ou enfin lorsqu'une loi spéciale, telle que la loi du 14 juillet 1819, leur en a fait la concession expresse? C'est ici qu'apparaît le conflit des opinions. Les uns distinguent entre les droits qui ont existé à l'origine dans toutes les sociétés humaines (comme, par exemple, ceux qui se rattachent à la vente, à l'échange, etc.), et les droits créés par les divers législateurs, à la suite de progrès déjà notables faits par

----

(1) De même, une *marque de fabrique*, quel que soit le fabricant, ne peut être protégée en France que conformément aux lois françaises. Cela n'a pas empêché la cour de cassation (arrêt du 14 août 1844), et plus tard le tribunal de commerce de la Seine (jugement du 20 nov. 1844; V. *Gaz. des Trib.*, du 21.), de refuser aux étrangers le droit de se prévaloir en France de leurs marques de fabrique. Au reste, le projet de loi que la chambre des pairs vient de voter sur cette matière accorde le bénéfice du droit commun à tous les étrangers, pour les produits de leurs établissements situés en France (art. 19, 20 et 21).

(2) La cour de Douai, dans son arrêt du 24 juin 1844 (Dev.-Car., 44, 2, 339), rendu sur une consultation de M. Duvergier, a très-bien montré que la grande difficulté de notre question est là, et qu'on a tort de vouloir tout d'abord se rejeter sur la *réalité* du statut.

la civilisation (comme le droit d'hypothèque); distinction pleine d'obscurité et d'arbitraire. D'autres s'en réfèrent, en cette matière, à l'autorité des jurisconsultes et des praticiens ; ils cherchent leur classification des droits dans les livres des auteurs anciens et modernes et dans les décisions des tribunaux ; c'est le système des *précédents*, tel que l'entendent les Anglais, système variable et soumis à toutes les fluctuations de la doctrine et de la jurisprudence. Il en est encore dont le principe est de refuser à l'étranger tous les droits dont la concession ne lui a pas été faite au moins implicitement par la loi. Enfin (ce qui, tout bien considéré, nous paraît être le plus sûr), on peut prendre le contre-pied de ce dernier système, et attribuer aux étrangers tous les droits que le législateur ne leur a pas enlevés par une disposition formelle. En partant de cette idée, on comprendra sans peine que nos lois renferment des dispositions spéciales et expresses qui refusent aux étrangers tel ou tel droit déterminé ou qui en restreignent l'exercice dans leurs mains (1). Plus de doute, plus d'arbitraire; les étrangers pourront acquérir la propriété et tous les autres droits réels reconnus par la loi française, sauf le cas d'une exclusion formelle prononcée par cette loi.

D'après cette théorie, l'hypothèque légale de la femme mariée ne sera point un des droits civils auxquels il est fait allusion dans les articles 11 et 13 du Code (2).

---

(1) V. C. civ., art. 14, 16, 726, 912 ; C. de proc., art. 905 ; loi du 17 avril 1832, art. 14 et suiv.

(2) L'ancienne jurisprudence s'est généralement prononcée en faveur de l'hypothèque de la femme étrangère ; souvent, il est vrai, en partant d'une distinction faite *à priori* entre les *droits civils* et les *droits naturels*. Ainsi nous lisons dans Goujet (*Traité des hypothèques*, quest. 1) que « les » contrats et obligations reçus aux pays étrangers n'ont exécution par hy- » pothèque en France, *sauf pour ce qui concerne la dot*, QUÆ NATURALEM » PRÆSTATIONEM HABET » ; et cet auteur rapporte des arrêts du parlement

Mais, tout en admettant que les principes généraux du droit n'excluent point les femmes étrangères du bénéfice de l'hypothèque légale, ne faudrait-il pas dire que cette exclusion résulte de la manière dont l'hypothèque légale est organisée chez nous, et des graves dangers qu'elle présenterait pour les tiers, si les femmes étrangères pouvaient s'en prévaloir?

Pour soutenir cette thèse, voici comment on raisonnerait: D'abord le Code civil, tout en dispensant de la publicité ordinaire l'hypothèque de la femme mariée (V. art. 2135), cherche, autant qu'il est possible, à prévenir les inconvé-

----

de Paris qui ont jugé de la sorte. Basnage (*Traité des hypothèques*, part. I, chap. 12, p. 30) nous indique un grand nombre d'auteurs qui distinguaient de même entre les contrats de mariage et les autres actes, par la raison que les contrats de mariage produisent une hypothèque légale *qui est du droit des gens et même du droit naturel*.— Nous n'omettrons pas ici un arrêt célèbre du parlement de Paris, du 4 septembre 1744, qui jugea que la princesse de Carignan avait une hypothèque légale sur les biens de son mari situés en France. Les créanciers du mari s'étant pourvus en cassation devant le conseil des parties, ce conseil reconnut l'existence de l'hypothèque *pour la reprise de la dot*, et ordonna, quant aux autres droits, une plus ample instruction; l'affaire fut terminée par un arrangement (V. l'annotateur de Lefévre de la Planche, *Traité du Domaine*, t. II, p. 202, note *a*). Merlin (*Répert.*, v° *Hyp.*, sect. 1, § 5, n° 12,) et, après lui, M. Troplong (*Hyp.*, n° 513 *ter*) prétendent que l'arrêt du parlement de Paris fut cassé par le conseil à la majorité d'une voix; mais ils ne citent pas leurs autorités : nous n'avons donc point de bonnes raisons pour rejeter le témoignage de l'auteur contemporain que nous venons de citer, et que cite également M. Tessier (*Traité de la dot*, t. II, p. 297, note).— Enfin nous lisons dans le *Dictionnaire anglo-normand* de Hoüard (t. II, p. 188) que, lorsqu'un étranger meurt en Normandie laissant une veuve, celle-ci, qu'elle ait un contrat de mariage notarié ou sous seing privé, ou qu'elle n'en ait pas du tout, a hypothèque sur les biens de son mari.— Du reste, pour nos anciens jurisconsultes, la difficulté tenait à la circonstance que le contrat de mariage avait été passé en pays étranger bien plus qu'à la nationalité de la femme étrangère : l'idée d'une hypothèque *légale* proprement dite n'était pas aussi bien déterminée qu'elle l'est aujourd'hui chez nous.

nients que peuvent entraîner les hypothèques occultes ; et, dans ce but, elle charge diverses personnes, entre autres, le procureur du roi du domicile du mari, de requérir l'inscription sur les immeubles grevés (art. 2136 à 2139). N'est-il pas évident que cette mission n'a pu être confiée à un magistrat étranger, incompétent pour faire en France une réquisition légale ou tout autre acte de ses fonctions? En outre, la peine du stellionat, c'est-à-dire la contrainte par corps (V. C. civ., art. 2059), prononcée contre le mari qui n'a pas requis l'inscription sur ses propres immeubles (V. art. 2136), aurait peu de prise sur l'étranger, déjà contraignable par corps d'après le droit commun (1).

Enfin, on voit que, dans la discussion du conseil d'État sur les hypothèques légales dispensées d'inscription, la publicité des mariages a été considérée comme suppléant, jusqu'à un certain point, à la publicité ordinaire de l'inscription ; or, la plupart du temps, les mariages des étrangers, fussent-ils même célébrés en France, y seront bien moins notoires que les mariages contractés entre les nationaux. Souvent, il est vrai, le contraire peut arriver ; mais les lois ne statuent qu'en forme de règlements généraux et eu égard à ce qui se passe le plus ordinairement.

Ces considérations sont fort graves sans doute ; cependant elles ne nous semblent pas décisives. Les mesures prises par la loi pour étendre, autant que possible, à l'hypothèque de la femme la règle salutaire de la publicité ne sont point tellement essentielles que, si l'exécution en devient difficile, l'hypothèque elle-même doive disparaître. Ainsi, un Français peut être en France sans domicile ou, si l'on veut, sans domicile connu ; et pourtant on ne peut douter que sa femme n'ait l'hypo-

---

(1) V. Loi du 17 avril 1832, titre III.

thèque légale. D'un autre côté, les étrangers, d'après une jurisprudence assez générale, peuvent acquérir chez nous, même sans autorisation du roi, un domicile qui produit des effets juridiques, par exemple, en ce qui touche l'assignation devant les tribunaux (1). Dans un cas semblable, le procureur du roi de ce domicile ne serait-il donc pas recevable à requérir inscription sur les immeubles du mari étranger (2)? L'argument tiré de la peine du stellionat, s'il prouve quelque chose, prouverait trop : car il conduirait à décider que l'étranger ne peut, en aucune façon, participer aux actes juridiques auxquels le droit commun rattache la contrainte par corps. On lui interdirait de faire le commerce, de se porter caution judiciaire, de vendre ou d'hypothéquer des immeubles (3): conséquences évidemment absurdes! Certes le créancier n'est pas lésé, parce que la garantie énergique de la contrainte par corps lui appartient à un double titre (4).

Si l'on prétend considérer la publicité du mariage comme une condition *sine quâ non* de l'hypothèque légale,

----

(1) V. civ. rej., 6 février 1826 (Sir., 26, 1, 341); req. rej., 24 avril 1827 (Sir., 28, 1, 212); Paris 15 mars 1831 (Sir., 31, 2, 237); Riom, 7 avril 1835 (Sir., 35, 2, 375). V. aussi M. Fœlix, *Traité du droit international privé*, nᵒˢ 38 et 127.—Mais voy., en sens contraire, Paris, 5 déc. 1844 (Dev.-Car., 44, 2, 617).

(2) Dans la pratique actuelle, que le mari soit Français ou étranger, les procureurs du roi ne remplissent jamais cette formalité. Ici la loi a été vaincue par la puissance des intérêts. En effet, ne serait-il pas monstrueux que l'universalité des immeubles appartenant aux maris fût couverte d'inscriptions hypothécaires, pour les créances actuelles ou éventuelles de toutes les femmes mariées? Et même il faudrait y joindre les inscriptions hypothécaires de tous les mineurs et de tous les interdits ; car ces hypothèques sont soumises au même régime.

(3) V. C. civ., art. 2040 et 2059; loi du 17 avril 1832, tit. 1ᵉʳ.

(4) Ajoutons qu'aujourd'hui l'étranger coupable de stellionat peut subir une contrainte par corps beaucoup plus rigoureuse que dans le cas de dettes ordinaires. Cela résulte de la combinaison des articles 7, 17 et 18 de la loi du 17 avril 1832.

on entre dans une voie dangereuse; on est entraîné de proche en proche à des résultats qu'on ne peut admettre et qu'on ne sait comment rejeter. En effet, beaucoup de mariages de Français sont tout à fait ignorés en France, parce que les époux se sont mariés à l'étranger, peut-être même sans avoir fait en France de publications (1), ou parce que, mariés en France, ils n'y ont aucune possession d'état (2) : que décidera-t-on en pareil cas ? sera-t-il possible de nier l'existence de l'hypothèque légale (3) ?

En résumé, nous ne croyons pas devoir nous arrêter à toutes ces considérations de détail, pas plus qu'à la doctrine qui fait de l'hypothèque légale un *droit civil* proprement dit.

III. Ces solutions étant admises, il reste encore une difficulté à résoudre. Les femmes étrangères, avons-nous dit, ne sont point, à raison de leur extranéité, privées de l'hypothèque légale; mais toutes sans exception peuvent-elles en réclamer le bénéfice? C'est ici le moment de rechercher si le principe de l'hypothèque légale, le titre qui la constitue, est dans le *statut réel* ou dans le

______

(1) Ces mariages sont validés par la jurisprudence actuelle, lorsqu'il ne paraît pas que dans l'omission des publications il y ait eu fraude concertée pour échapper à quelque prescription de la loi, par exemple, à la nécessité d'obtenir le consentement des ascendants ou de requérir leur conseil. V. req. rej., 10 mars et 18 août 1841 (Dev.-Car. , 41, 1, 302 et 872); Grenoble, 30 mars 1844 (Dev.-Car., 44, 2, 655). V. aussi MM. Aubry et Rau, t. III, § 468, p. 312 , note 12; et notre édition annotée de *l'état des personnes* de Proudhon, t. 1, p. 412.

(2) Réciproquement, beaucoup de mariages d'étrangers sont trèspublics en France , parce qu'ils y ont été célébrés, ou parce que les époux ont la possession d'état , ou même à raison de ces deux circonstances réunies.

(3) Nous rechercherons ci-dessous (§ 3, art. 2) si l'hypothèque de la femme française mariée en pays étranger est subordonnée à la transcription que le Français doit faire de l'acte de célébration de son mariage , sur le registre public des mariages du lieu de son domicile , dans les trois mois qui suivent son retour en France (V. C. civ., art. 171).

statut personnel. L'hypothèque légale procède-t-elle du *statut réel?* il faudra en reconnaître l'existence au profit de toutes les femmes étrangères sans distinction. Dépend-elle au contraire du *statut personnel?* la femme étrangère qui se prévaudra de l'hypothèque devra montrer que la loi qui règle son état, c'est-à-dire la loi de son pays, lui accorde cette garantie extraordinaire.

Pour soutenir que notre question se rattache uniquement au statut réel, on dira : Les mots *statut réel* ont toujours été employés comme comprenant, non-seulement les lois qui règlementent l'exercice des droits acquis sur le territoire soumis à leur empire, mais encore celles qui attribuent elles-mêmes ces droits et en opèrent la dévolution, en sorte que le statut réel a toute la puissance d'un véritable titre. Et, d'un autre côté, on a toujours donné au statut réel une portée absolue et indépendante de la nationalité des personnes, pourvu, bien entendu, que ces personnes soient capables de jouïr des droits régis par le statut réel. A l'appui de cette théorie, on fera remarquer ce qui se passe lorsque la succession d'un étranger comprend des immeubles situés en France : ces immeubles sont dévolus *ab intestat* aux personnes que la loi française appelle à succéder suivant leur ordre et leur degré de parenté, lors même que, d'après la loi du *de cujus*, ces personnes ne viendraient pas en ordre successible ou n'y viendraient que pour une plus faible part (1). De même encore un étranger acquiert ou perd des biens immeubles par l'effet de la prescription, conformément à la loi de la situation de ces biens (2). Or, comment ce qui est vrai de la dévolution de la pleine propriété ne serait-il pas également vrai de l'attribution de l'hypothèque?

---

(1) V. M. Fœlix, *Traité du droit international privé*, n°° 36 et suiv.
(2) *Ibid.*, n° 36, p. 61.

Il est admis en principe, nous l'accordons, que les lois qui régissent les biens territoriaux (*statut réel*) opèrent attribution de ces biens aux personnes qu'elles désignent. Mais cette règle reçoit une limitation naturelle, lorsque l'attribution n'a lieu au profit de tel ou tel qu'*à raison de son état personnel* : il est reçu dans le droit des gens que cet état, pour chaque individu, est régi d'une manière absolue par la loi de son pays et s'attache à lui, en quelque sorte, pour le suivre même sur le sol étranger (comp. C. civ., art. 3, 3e alin.) (1). Il faut bien considérer que les lois de succession ne sont point des dépendances immédiates de l'état des personnes; ce sont plutôt des lois politiques, tantôt favorisant le principe monarchique et la concentration de la propriété, tantôt cherchant, au contraire, à faire dominer dans le pays le principe de l'égalité et poussant au morcellement du sol. On conçoit donc que les successions immobilières, même dévolues à des étrangers, soient régies par la loi de la situation des biens et non par une loi étrangère. De même, la prescription des immeubles résultant d'une longue possession se rattache, soit à une présomption légale de titre, soit à un intérêt de sécurité générale et par conséquent d'ordre public; et, sous ce double rapport, elle est essentiellement réglée par la loi territoriale. Pouvons nous en dire autant de l'hypothèque de la femme mariée? Nullement : la loi qui accorde cette hypothèque est la même qui organise la famille, qui règle l'état des époux et leurs rapports entre eux : c'est eu égard à l'étendue de la puissance du mari et de l'incapacité de la femme que chaque législation, par une corrélation naturelle, détermine les garanties dont la femme a besoin. Ces garanties peuvent être d'une tout autre nature que l'hypothè-

---

(1) V. M. Fœlix, *ibid.*, n°s 29, 30 et 31.

que (1) : ce sera, par exemple, un cautionnement fourni par le mari, ou la surveillance d'une autorité tutélaire confiée à certains magistrats. Gardons-nous donc d'attribuer à la femme étrangère un droit exorbitant que ne lui fournirait point sa loi personnelle. Il ne résulterait de là que discordance, difficultés d'exécution et froissement d'habitudes et d'intérêts (2).

(1) L'hypothèque légale de la femme mariée n'existe point en Angleterre, en Écosse, en Hollande, en Autriche, en Russie et dans plusieurs cantons suisses. En Angleterre, on ne connaît même point, à proprement parler, le droit que nous appelons *hypothèque*.

(2) **V.**, dans le sens de notre doctrine, MM. Rapetti, *Thèse sur la condition des étrangers*, p. 121 ; Cubain, *Traité des droits des femmes*, n° 679 ; Demangeat, *Hist. de la condition civile des étrangers en France*, n° 82, p. 380 ; et le rapport de la Faculté de Paris, dans le t. III des *Documents relatifs au régime hypothécaire*, publiés par ordre de M. Martin (du Nord), garde des sceaux, p. 570 et suiv. — Mais, il faut le dire, jusqu'à ce jour, la jurisprudence et la plupart des interprètes refusent toute hypothèque légale aux femmes étrangères, en prenant généralement pour point de départ ce principe, que l'hypothèque de la femme est un *droit civil*. V. arrêts de la cour supérieure de Liége, du 16 mai 1823 (cité au Rép. de Jurispr., v° *Remploi*, § 2, n° 9) ; de Bordeaux, 17 mars 1834 (dans le *Traité de la Dot* de M. Tessier, t. II, p. 295) ; de Douai, 24 juin 1844 (Dev. Car., 44, 2, 339). V. aussi MM. Grenier, *Hypoth.*, t. Ier, n°s 246 et 247 ; Duranton, t. XIX, n° 292 ; Aubry et Rau, t. II, § 264, note 15, p. 125 ; Fœlix, *Revue étrangère et française*, t. IX (1842), p. 25. Du reste, il est bon de remarquer que la cour de Douai, dans les considérants de son arrêt, dit formellement que l'hypothèque légale est établie par le *statut personnel*. — Un système mixte a été longuement développé par M. Tessier (*Traité de la Dot*, t. II, note 1092, p. 288 et suiv.), mais, du moins suivant nous, d'une manière un peu confuse ; en voici le résumé. D'après M. Tessier, quoique l'hypothèque légale soit *de droit civil*, on doit l'accorder à la femme étrangère, lorsque son mariage a été célébré en France. Il part de cette idée générale que les étrangers, *qui en principe n'ont pas la jouissance des droits civils*, doivent cependant jouir des *droits civils accessoires aux contrats dérivant du droit des gens qu'ils ont passés en France ;* et il en conclut que la femme, *ayant la faculté de contracter mariage en France, doit être capable des sûretés qui découlent du fait même du mariage.* Mais il nous semble impossible d'admettre cette règle, qui ne repose sur aucun texte de loi ni même sur aucun document historique

140. *Droit antérieur au Code civil.* — I. L'hypothèque légale des mineurs et des interdits, de même que celle des femmes mariées, tire son origine de la législation romaine. Déjà dans le droit des jurisconsultes classiques, un *privilége* était accordé aux pupilles sur les biens de leurs tuteurs, et aux personnes placées en curatelle, soit comme prodigues, soit à raison d'une infirmité de corps ou d'esprit, sur les biens de leurs curateurs. On décidait de même au profit de l'impubère, dans le cas où, sans être véritablement son tuteur, quelqu'un avait géré ses affaires *pro tutore* ou *ex officio amicitiæ*. D'après Papinien et Ulpien, tous ces priviléges étaient exclusivement attachés à la personne des incapables, et ne passaient point

---

sainement étudié (ceux que l'auteur cite n'ont trait qu'à des questions d'interprétation de contrats). M. Tessier ajoute que cette décision serait surtout hors de doute *si le mari, à l'époque du mariage, résidait en France, ou s'il avait l'intention de s'y établir : car* alors, dit-il, l'hypothèque légale *ne viendrait pas simplement comme une suite et un accessoire du mariage, mais d'après la maxime que tout ce qui est d'usage dans les pays où l'on contracte entre tacitement dans les conventions des parties.* A cela nous répondrons qu'en matière de conventions matrimoniales on a toujours admis que la volonté des parties devait s'interpréter, non par la loi du lieu où se fait le contrat, mais par la loi du lieu du domicile du mari (V. Pothier, *Communauté*, n°s 18 et 21 ; M. Fœlix, *Traité du droit international privé*, n° 66, p. 118 et suiv.); or M. Tessier n'exige même point que les époux étrangers dont il parle aient acquis en France un domicile proprement dit.

à leurs héritiers (1). Dans la plupart des cas, ils furent, avant même le privilége de la femme mariée, convertis en hypothèques : il y a une loi de Constantin qui porte que les biens du tuteur ou du curateur sont affectés *pignoris titulo* aux créances des mineurs (2). Quant aux fous, c'est Justinien qui leur a attribué une hypothèque tacite sur les biens de leurs curateurs (3).

II. Dans notre ancien droit français, ce fut un point de jurisprudence universelle que de reconnaître au mineur une hypothéque *taisible* ou légale sur les biens de son tuteur (4). Cela était admis même en pays de nantissement, où la publicité hypothécaire était de droit commun, et l'on y disait : *Droit réel est acquis au mineur sans qu'il soit besoin de nantissement* (5). Cette hypothèque était vue avec une telle faveur qu'elle se conservait même dans le cas où les biens du tuteur étaient confisqués pour crime (6). De son côté, le tuteur qui, par le résultat du compte, se trouvait créancier de son mineur, avait hypothèque sur les biens de celui-ci (7).

---

(1) V., sur tous ces points, LL. 19, § 1, 20, 21, 22 et 23, ff., *De reb. auct. jud. possid.* (XLII, 5). Add. L. 42, ff., *De admin. et peric. tut.* (XXVI, 7), et L. 15, ff., *De curat. fur. et al.*, etc. (XXVII, 10).

(2) L. 20, Cod., *De admin. tut. vel curat.* (V, 37). V. aussi L. 5, Cod., *De legit. tut.* (V, 30), et L. un., § 1, Cod., *De rei uxoriæ act.* (V, 13).

(3) V. L. 7, § 5 *in fine*, et § 6, Cod., *De curat. fur.* (V, 70).

(4) V. Loysel, *Inst. cout.*, liv. III, tit. VII, règle 497; Pothier, *Traité de l'hypothèque*, chap. 1, sect. 1, art. 3, et *cout. d'Orl.*, tit. XX, n° 18; Basnage, *Hypoth.*, part. 1, chap. 6.

(5) V. Cout. de Vermandois (art. 124), d'Amiens (art. 139), de Reims (art. 182) et de Péronne (art. 269); comp. ci-dessus, n° 122, et p. 241, note 5.

(6) V. Jean Desmares (déc. 244), Brodeau sur Louet (lettre **H**, somm. 23).

(7) On n'était pas d'accord sur le point de savoir si cette dernière hypothèque remontait, comme celle du pupille, à l'ouverture de la tutelle, ou si elle ne prenait rang que du jour de la reddition du compte. V. Brodeau sur Louet (*loc. cit.*), Basnage (*loc. cit.*), Pothier, *Hypoth.*, chap. 1, sect. 1, art. 3.

Quant aux personnes interdites pour démence, nos anciens auteurs les assimilent généralement aux mineurs, et les indiquent comme ayant une hypothèque légale sur les biens de leurs curateurs (1).

III. Sous l'empire du droit intermédiaire, l'existence d'une hypothèque légale au profit des mineurs et des interdits fut positivement reconnue par la loi du 11 brumaire an VII (art. 21, n° 2).

141. *Code civil.* — L'article 2121 du Code, nous le savons déjà, comprend dans l'énumération des hypothèques légales celle des mineurs et des interdits sur les biens de leur tuteur. Lors des travaux préparatoires du Code, ce point ne fut pas même discuté; l'hypothèque des personnes placées en tutelle fut acceptée d'un consentement unanime. Mais nous verrons plus tard que les avis furent partagés quant au rang de collocation qu'il fallait lui attribuer.

Nous savons aussi que cette hypothèque est *générale* comme celle de la femme mariée. Aux termes de l'article 2122, tous les immeubles présents et à venir du tuteur sont affectés à la garantie des droits du mineur ou de l'interdit.

142. *Des personnes dont les immeubles sont grevés de l'hypothèque.* — Dans le système du Code civil, les tuteurs ordinaires des mineurs (nous ne parlons pas encore de la tutelle *officieuse*) sont ou *légitimes* ou *nommés* soit par le survivant des père et mère, soit par le conseil de famille (C. civ., liv. I, tit. X, ch. II, sect. 2, 3 et 4); au contraire, les tuteurs des personnes interdites par justice pour imbécillité, démence ou fureur, sont toujours nommés par le conseil de famille, sauf que le mari est le tuteur légitime de sa femme interdite (C. civ., art. 505 et 506). Le

---

(1) V. **Basnage** et **Pothier** (*loc. cit.*).

Code pénal, révisé par la loi du 28 avril 1832, a créé (art. 29) une nouvelle espèce de tutelle, qui s'applique aux individus condamnés pour crime à certaines peines et placés en état d'interdiction légale pendant qu'ils les subissent. La loi dit qu'il *sera nommé* à ces condamnés un tuteur et un subrogé tuteur pour gérer et administrer leurs biens, dans les formes prescrites pour la nomination des tuteurs et subrogés tuteurs aux interdits (1). Tous ces divers tuteurs de mineurs et d'interdits sont soumis à l'application générale de l'article 2121 (2). L'hypothèque aura aussi lieu sans difficulté dans les cas suivants :

I. D'après l'article 396 du Code, lorsque la mère tutrice qui se remarie est maintenue dans la tutelle par le conseil de famille, ce conseil lui donne nécessairement pour cotuteur son nouveau mari, et celui-ci devient solidairement responsable avec sa femme de la gestion *postérieure au mariage.* Ce cotuteur est un véritable tuteur, qui doit faire conjointement avec sa femme tous les actes relatifs à la tutelle. Ses immeubles sont donc grevés d'hypothèque légale au profit des enfants mineurs de sa femme (3).

---

(1) Il nous semble que la tutelle légale de la femme mariée interdite pour crime doit appartenir à son mari. Les motifs qui ont dicté l'article 506 du Code civil se présentent ici avec toute leur force : le mari n'est-il pas toujours le protecteur naturel de sa femme, et l'intervention d'un tiers dans les affaires de celle-ci ne serait-elle pas inconvenante pendant le mariage ? Nous regrettons que MM. Chauveau et Hélie, dans leur savante *Théorie du Code pénal*, n'aient pas examiné cette question de tutelle, et n'aient fait non plus aucune mention de l'hypothèque légale.

(2) Il est fort douteux que le législateur de 1832 ait bien eu conscience de la nouvelle hypothèque légale qu'il introduisait par la nouvelle rédaction de l'article 29 du Code pénal.

(3) Nous trouvons dans le droit romain une décision analogue : V. L. 6, Cod., *In quib. caus. pign.* (VIII, 15).

II. Même décision à l'égard du *protuteur*. Aux termes de l'article 417, le tuteur et le protuteur sont indépendants et non responsables l'un envers l'autre pour leur gestion respective. Le protuteur est donc un véritable tuteur quant aux biens dont il a l'administration, et dès lors il est compris dans les termes de l'article 2121.

III. Enfin, en ce qui concerne le *tuteur officieux*, les mêmes raisons se présentent. Il a l'administration des biens du pupille (V. art. 365), et il doit en rendre compte (V. art. 370). En se chargeant de la tutelle officieuse, il s'est par là même placé sous l'empire de l'article 2121 (1).

Voici d'autres solutions, données en sens inverse, qui ne peuvent, non plus, être sérieusement contestées.

IV. L'hypothèque légale ne frappe pas les biens du *curateur* donné au mineur émancipé (C. civ., art. 480 et 482), ni du *conseil judiciaire* nommé aux prodigues et aux faibles d'esprit (C. civ., art. 499 et 513) (2). Ce ne sont point là des *tuteurs*, des représentants de la personne; leurs fonctions se bornent, soit à l'assister dans ses actes ou dans certains actes, soit à surveiller l'emploi des capitaux reçus par elle (3).

V. L'hypothèque n'existe même pas sur les biens de l'*administrateur provisoire*, qui peut être nommé par le tribunal, pendant le cours de la procédure en interdiction et après le premier interrogatoire, pour prendre soin

---

(1) V., sur tous ces points, MM. Grenier (tome Ier, p. 620); Persil (*Rég. hyp.*, art. 2121, n°s 32, 33 et 37; *Quest.*, t. Ier, p. 267 et 268); Duranton (t. III, n° 341; t. XIX, n°s 309, 310 et 311); Troplong (t. II, n°s 421 et 425).

(2) Ni, à plus forte raison, du simple *conseil* nommé par le père à la mère survivante et tutrice de ses enfants (V. C. civ., art. 391 et 392).

(3) V. Merlin (*Répert.*, v° *Hypoth.*, sect. 2, § 3, art. 4, n° 3), M. Persil (*Rég. hyp.*, art. 2121, n°s 29 et 31), M. Duranton (t. XIX, n° 314), M. Troplong (t. II, n° 423).

de la personne et des biens du défendeur (C. civ., art. 497). Ce n'est point là un tuteur, puisque l'interdiction n'est pas encore prononcée et qu'on ne sait même pas si elle le sera jamais; or, nous l'avons vu, l'hypothèque ne peut avoir lieu que dans les cas autorisés par la loi (V. l'art. 2115, et ci-dessus, n° 130, p. 229 et suiv.). D'ailleurs, l'administrateur n'est choisi que pour peu de temps, et sa charge se borne à faire les actes les plus nécessaires. Aussi la question a-t-elle été plusieurs fois jugée en ce sens (1).

Nous allons maintenant examiner à part plusieurs questions, qui ont été ou qui sont encore débattues dans la théorie ou dans la pratique.

Première question. L'hypothèque légale du mineur ou de l'interdit frappe-t-elle les biens du subrogé tuteur?

La négative nous paraît certaine. Le subrogé tuteur est le surveillant naturel du tuteur, mais il n'est point lui-même investi de la tutelle. Ses fonctions, dit l'article 420 du Code civil, consistent à agir pour les intérêts du mineur lorsqu'ils sont en opposition avec ceux du tuteur; il reçoit les états de situation de la gestion de celui-ci, aux époques déterminées par le conseil de famille, et doit même, au besoin, provoquer sa destitution. Il doit aussi, dans tous les cas où la tutelle est vacante ou abandonnée, provoquer la nomination d'un nouveau tuteur. Enfin il intervient dans certains actes d'une importance particulière (2). Ces fonctions-là sont bien différentes de celle du tuteur, qui est le représentant naturel et permanent du mineur, qui est investi de toutes

---

(1) V. Montpellier, 14 janvier 1823 (Sir., 23, 2, 222); req. rej., 27 avril 1824 (Sir., 24, 1, 268). V. aussi MM. Aubry et Rau (t. II, p. 124).

(2) V. C. civ., art. 420, 424, 446, 448, 450, 451, 452, 453, 459, 470, 1442, 2137, 2142 et 2194; C. de proc., art. 883 et 962.

ses actions, chargé d'administrer tous ses biens, et comptable de toutes les valeurs qu'il doit recevoir pour lui.

Nous voyons d'ailleurs que, dans les deux premières rédactions de l'article 2135 (art. 44 du projet), on avait admis l'hypothèque légale sur les immeubles du subrogé tuteur, *pour le cas où d'après les lois il devient responsable envers le mineur;* et que, sur les observations du tribunat, cette disposition fut supprimée : « On ne doit pas admettre contre les subrogés tuteurs, disait le tribunat, l'hypothèque légale que le projet de loi établit à l'égard des tuteurs et des maris. Il est de l'intérêt de la société de dégager, autant que possible, les immeubles des hypothèques. Or, il n'y a pas de nécessité d'imprimer l'hypothèque légale sur les biens du subrogé tuteur; mais, pour la sûreté de sa responsabilité à cet égard, il est raisonnable de se contenter de l'action que le mineur peut exercer contre lui, lorsqu'il y a lieu à réclamer cette responsabilité. On devrait craindre d'ailleurs que les citoyens ne fissent tous leurs efforts pour éloigner d'eux les fonctions de subrogé tuteur, s'ils devaient être grevés d'une hypothèque aussi générale(1).» Et en effet la plupart des interprètes décident sans difficulté que les biens du subrogé tuteur ne sont point, comme ceux du tuteur, affectés de l'hypothèque légale (2).

Cependant M. Persil (3), après avoir admis en principe que l'hypothèque n'atteint point les biens du subrogé tuteur, ajoute qu'il en doit être autrement lorsque, par exception, le subrogé tuteur est devenu *comptable* du mineur ou de l'interdit. Avant tout, est-il vrai,

---

(1) V. Fenet, t. XV, p. 414.

(2) V. MM. Grenier (t. Ier, p. 274); Merlin (*Rép., loc. cit.*); Duranton (t. XIX, n° 313); Troplong (*Hyp.*, n° 422).

(3) *Rég. hyp.*, art. 2121, n°s 27 et 28.

comme le pense M. Persil, que le subrogé tuteur puisse jamais, en sa seule qualité de subrogé tuteur, gérer les biens du mineur ou de l'interdit, percevoir des sommes ou des valeurs, et devenir ainsi comptable? Il nous paraît certain que non. Arrêtons-nous sur les exemples donnés par M. Persil. Il suppose, en premier lieu, que le tuteur a des intérêts contraires à ceux du mineur ou de l'interdit, par exemple à l'occasion d'un partage de biens dont il es c - propriétaire avec ce mineur ou cet interdit. Mais en pareil cas le subrogé tuteur n'a d'autre fonction que de figurer dans le partage au nom de l'incapable, et le tuteur n'en doit pas moins continuer à administrer, même pendant l'instance, les biens qui sont indivis entre lui et la personne qu'il représente? Pour deuxième exemple, M. Persil indique le cas où le tuteur est accusé comme suspect. Mais nous ne voyons pas qu'aux termes de la loi ce tuteur doive être remplacé, tant que sa destitution n'a pas été prononcée (C. civil, art. 405); et, alors même, la gestion doit être confiée à un *nouveau tuteur*, soit *définitif*, si le tuteur destitué acquiesce à la délibération du conseil de famille, soit *provisoire*, s'il y a refus d'acquiescement, et qu'avant l'homologation du tribunal le conseil de famille croie devoir ordonner l'exécution provisoire de sa délibération (V. C. civ., art. 447 et 448; C. de proc., art. 135, n° 6). Allons plus loin, et admettons que le subrogé tuteur doive quelquefois prendre en main la gestion temporaire des biens : il ne résulterait point encore de là que l'hypothèque légale lui soit applicable. Nulle part, en effet, la loi n'a distingué entre telle ou telle partie des fonctions du subrogé tuteur, lui imposant, à raison de certains actes, la charge d'une garantie hypothécaire dont elle le dispenserait pour les autres. Cette distinction, faite par des interprètes du Code, serait donc purement arbitraire. On n'en trouve d'ailleurs de traces ni dans le projet du Code, qui admettait l'hypothèque pour tous les cas où le subrogé tuteur devient *responsable*, ni dans les observations du tribunat, qui a fait retrancher cette disposition du projet, à l'effet *de dégager, autant que possible, les immeubles des hypothèques, et d'empêcher que les citoyens ne fissent tous leurs efforts pour éloigner d'eux les fonctions de subrogé tuteur.*

Seconde question. L'hypothèque légale existe-t-elle sur les immeubles du père, qui pendant son mariage administre les biens de ses enfants mineurs?

Cette question, qui a été longtemps débattue, ne l'est plus devant les tribunaux, grâce à l'autorité de la cour de cassation, qui l'a décidée, avec raison, dans le sens de la négative. On avait prétendu que l'administration du père durant le mariage est, sauf le mot, une véritable *tutelle,* qui comporte les mêmes pouvoirs, entraîne les mêmes obligations, soumet à la même reddition de compte, et qui dès-lors doit offrir au mineur les mêmes garanties. On convenait pourtant que cette administration du père se distingue de la tutelle proprement dite, par l'absence d'un subrogé tuteur permanent. On reconnaissait aussi qu'il y aurait quelque difficulté à déterminer dans ce cas le rang de l'hypothèque légale : car l'article 2435 n'en parle point et fait dater celle des mineurs du jour de l'*acceptation de la tutelle* (1).

---

(1) V., en ce sens, M. Persil (*Rég. hyp.*, sur l'art. 2121, n° 36), et un arrêt de la cour de Toulouse, du 22 déc. 1818 (Sir., 19, 2, 201). — On peut rapprocher de cet arrêt le vœu émis par la faculté de droit de Toulouse, dans son travail adressé à M. le garde des sceaux, sur le projet de réforme hypothécaire. D'après le projet de la faculté, les enfants mineurs auraient hypothèque légale sur les biens du père administrateur. A une époque où tous les esprits sont frappés des inconvénients que présente le système des hypothèques générales et occultes, le législateur ne voudra probablement pas donner de l'extension à ce système, tel qu'il a été organisé par le Code

L'opinion qui a triomphé est fondée sur le principe incontestable que l'hypothèque ne doit pas être étendue d'un cas à un autre. La loi l'a établie sur les biens des *tuteurs;* or, ce n'est qu'à la mort de l'un des époux que commence l'état de choses légalement qualifié *tutelle.* Cela est dit en termes formels dans l'article 390 du Code, tandis que l'article 389 donne au père, durant le mariage, le simple titre *d'administrateur.* Et cette distinction a bien été faite avec réflexion et de propos délibéré : car le tribunat, en proposant l'article 389, qui n'existait pas dans le projet du Code, dit expressément que *le père ne doit pas être assujetti durant le mariage à toutes les conditions et charges que la loi impose au tuteur ; que cela répugnerait à tous les principes constamment reçus.* La même idée se retrouve dans l'exposé des motifs présenté par M. Berlier sur le titre *De la minorité, de la tutelle et de l'émancipation :* « Tout mineur, dit-il, n'est pas nécessairement en tutelle... La tutelle commence au décès du père ou de la mère : car alors, en perdant un de ses protecteurs naturels, le mineur réclame déjà une protection plus spéciale de la loi (1). »

Cette pensée de M. Berlier est parfaitement développée par notre savant collègue M. Aubry, lorsqu'il dit : « Tant que le père et la mère du mineur sont vivants, ses intérêts sont à la fois garantis par l'affection paternelle, par la tendresse maternelle, et par l'amour conjugal, dont les enfants sont à la fois le gage et le soutien. La mère est-elle décédée, les droits du mineur ne sont plus protégés que par l'affection paternelle, protection souvent insuffi-

---

civil. V. l'article que nous avons publié dans la *Revue de droit français et étranger* (t. II, p. 835), à propos du rapport, très-remarquable d'ailleurs, de la faculté de droit de Toulouse.

(1) V. Fenet, t. X, p. 639.